Jutta Jarosch

Alles Ansichtssache ...

... jedes Ende ist ein neuer Anfang

Biographische Erzählungen

© Februar 2024

3. erweiterte Ausgabe
(Erstausgabe Oktober 2018)

Autorin und Herausgeberin:
Jutta Jarosch, Mittagstraße 13a
90451 Nürnberg

Titelfoto: Elfriede Heißwolf
Umschlaggestaltung: Jutta Jarosch

Alle Rechte vorbehalten.
Der Abdruck, auch teilweise, erfordert
die Genehmigung der Autorin.

ISBN: 978-3-9826030-2-5

Über die Autorin:

Als Tochter einer Elterngeneration, die stark von der Kriegszeit geprägt war, wurde Jutta Jarosch 1950 in Nürnberg geboren, arbeitete nach ihrem Schulabschluss, der Mittleren Reife, zunächst als Kontoristin im Werkzeug- und Maschinenbau, später dann bei einem großen Immobilienunternehmen als Sachbearbeiterin und anschließend als Quereinsteigerin nach dem Besuch der IHK-Abendschule dann als Objektmanagerin für die Immobilienverwaltung eines bekannten Versicherungsunternehmens. Sie rauchte bis zu ihrer Schwangerschaft lange Jahre Pfeife, engagierte sich einige Zeit ehrenamtlich im TSV Pyrbaum sowie bei der Schützengilde und in ihrer Arbeitswelt auch viele Jahre als Betriebsrätin.

Schon seit ihrer Jugend schreibt sie gelegentlich Gedichte, Lyrik und Kurzgeschichten. Sie war lange Zeit Mitglied im Werkkreis Literatur der Arbeitswelt. In mehreren Anthologien wurden bereits einige ihrer Kurzgeschichten und Gedichte (auch Mundart) gedruckt.

Über ihren 2005 verstorbenen Ehemann *Walter Zahorka*, den liebenswert schlitzohrigen tschechisch-deutschen Lyriker, begeisterten Segelflieger, Fallschirmspringer, Journalisten und Aktivisten, der auf einem Benefiz-Fußmarsch durch Italien und danach auf einer Protest-Fahrradtour 12.000 km durch Nordeuropa für den inhaftierten Vaclav Havel unterwegs war, diesen Schriftsteller, der in Nürnberg als »Poesie-Pilot« bekannt war, verfasste Jutta Jarosch die humorvolle Biografie „Nürnberg liegt in Tschechien", die sie 2017 herausgegeben hat.

Durch Walter Zahorka lernte sie auch den im Exil lebenden Journalisten und Schriftsteller Vu Thu Hien kennen, der sie darum bat, die deutsche Übersetzung seiner politischen Memoiren zu überarbeiten, die von einem vietnamesischen Landsmann stammte und damals teilweise nur schwer zu verstehen war. Auf ihrem täglichen Arbeitsweg von mehreren Stunden Bahnfahrt Nürnberg-Stuttgart-Nürnberg verbrachte Jutta Jarosch dann etwa zwei Jahre damit, diese Übersetzung zu bearbeiten. Aber erst im Herbst 2017 veröffentlichte sie, ebenfalls im Selbstverlag, diese von ihr neu bearbeitete deutsche Übersetzung, den Tatsachenroman ‚*Nacht mitten am Tag*'. Der Roman beschreibt sehr anschaulich die politischen Verhältnisse und das System unter Ho Chi Minh und seinen Nachfolgern im damaligen Nordvietnam, vor allem aber die Lebensumstände des Autors Vu Thu Hien und seiner Leidensgenossen in neun Jahren Lagerhaft, nachdem er 1967 als angeblicher ‚Revisionist' verschleppt worden war.

Der Sinn für Gerechtigkeit, gepaart mit möglichst viel Humor in allen Lebenslagen, war und ist schon immer ein Anliegen der Autorin.

***

Vorbemerkung und Danksagung:

Wir Menschen werden – ein jeder in seine Zeit hinein - geboren, entwickeln uns, werden beeinflusst von anderen Menschen und von der Geschichte, bekommen unsere eigene Lebensgeschichte, begegnen einander, beeinflussen damit uns und andere. Diese stellen uns vor immer neue Herausforderungen, machen uns glücklich (oder auch nicht) und manchmal verlassen sie uns wieder. Jeder Einzelne hat sein Schicksal, ist einzigartig – und doch verbindet ihn vieles mit den Schicksalen anderer.

Die Geschichten, die ich zu Papier gebracht habe, erzählen Ihnen, liebe Leserinnen und Leser, von Erlebnissen und Zeitumständen, von Menschen mit den unterschiedlichsten Charakteren, die alle irgendwann und irgendwie miteinander zusammenhängen - vom Beginn des letzten Jahrhunderts bis in unsere Gegenwart, versehen mit manchen Fragezeichen, mit oft humorvollem, manchmal aber ironischem und auch sehr nachdenklichem Blick auf viele kleine Stärken und Schwächen. »Wo Menschen sind, da menschelt es!«

Alle Geschichten, die in diesem Buch zusammengeführt wurden, haben sich tatsächlich ereignet und wurden frei nacherzählt. Beinahe alle Namen der darin handelnden Personen wurden geändert. Ähnlichkeiten mit noch lebenden oder bereits verstorbenen Personen wären deshalb rein zufällig.

Mein besonderer Dank gilt meiner Geburtshelferin, meiner inzwischen leider verstorbenen Cousine Irmgard. Erst ihre detailreichen Erzählungen - und besonders ihre zahlreichen Notizen und Anmerkungen zu meinem Manuskript - haben es mir ermöglicht, viele interessante kleine Begebenheiten aus früherer Zeit zu beschreiben.

Jutta Jarosch
im Mai 2023

Beteiligte Personen:

die Schwiegermutter	Henriette
ihr Sohn, der (4.) Ehemann	Hannes
die Schwiegertochter	Julia
ihre Mutter	Gunda
ihr Vater	Theo
ihre Großmutter	Margarete
ihr Sohn	Christian
seine Lebensgefährtin	Inge
die Tochter von Hannes	Eva
ihr Mann	Andreas
ihr Bruder	Bruno
eine Cousine	Adelheid
die Schwägerin	Helga
deren Mann	Paul
der jüngere Schwager	Norbert
der ältere Schwager	Willi (Wilhelm)
der Schwiegervater	Kurt
Bruder der Schwiegermutter	Emil
1. Ehemann	Bernd
seine Mutter	Margarete
2. Ehemann	Herbert
3. Ehemann	Walter
die Freundin	Karin
eine Kollegin	Dunja
der Freund aus Nizza	François
der indische Brieffreund	Sen
dessen Geschäftsfreund	Mr. Karmakar

Der Ausblick, den sie von dieser Swimmingpool-Terrasse genießen konnte, war einfach herrlich. Von der mit schattenspendendem Grün umgebenen Balustrade der hochgelegenen Hotelterrasse sah Julia hinüber auf diese langgestreckte bogenförmige Bucht mit dem hellen Sandstrand, an dem sich zu dieser heißen Mittagsstunde nicht allzu viele Menschen tummelten.

Der freundliche junge Barkeeper machte gerade seine Runde und fragte auch bei ihr nach, ob sie noch einen Cocktail haben wolle. Sie warf einen kurzen Blick auf ihr fast leeres Glas und überlegte kurz, doch dann entschied sie sich, jetzt lieber ein Mineralwasser zu bestellen. Als der junge Mann weitergegangen war, sah sie sich um und entdeckte im Swimmingpool ihren Ehemann, der gerade auf den malerisch integrierten künstlichen Wasserfall zu schwamm. Hannes liebte es, in seiner Freizeit - und ganz besonders im Urlaub - einfach in der Sonne auf der faulen Haut zu liegen und zu lesen, nur ab und zu unterbrochen durch eine Abkühlung im Pool.

Aber Julia hatte es auch diesmal wieder geschafft, ihn doch zu einer mehrtägigen Rundreise zu überreden, damit sie von Land und Leuten mehr sehen konnte als nur den Hotelkomplex und den Strand. Eigentlich war Hannes zwar auch an den Kulturen anderer Länder interessiert, aber nach seiner Ansicht musste man das ja nicht übertreiben. Ihm hätte es genügt, drei bis vier Tage unterwegs zu sein. Doch als Julia das Programm für diese Kurztour las, hatte sie energisch protestiert. Diese Vier-Tage-Tour war in ihren Augen der reine Touristenkitsch. Und so hatten sie sich dann dazu entschlossen, mit dem Reisebus doch sieben Tage lang von Süd nach Nord durch das Land zu fahren. Ihre Entscheidung hatten sie beide nicht bereut, denn die Eindrücke, die sie vermittelt bekamen, waren überwältigend: sechsspurige Stadtautobahnen in der Millionen-Metropole Bangkok, auf denen während der Rushhour totales Chaos zu herrschen schien, das sich aber durch sehr rücksichtsvolles und vernunftgesteuertes Verhalten aller Verkehrsteilnehmer ohne größere Probleme beinahe wie von selbst in die richtigen Bahnen lenken ließ; das riesige Areal des herrlichen Königspalastes, zu dem man mit dem Fährboot gelangen konnte, und in den Ebenen vor den weit auseinander liegenden Städten die Pracht der buddhistischen Tempel- und Klosteranlagen, die vor Jahrhunderten dort gebaut worden waren.

Natürlich durfte die Affenhorde, die eine der kleineren Tempelruinen bevölkerte, nicht ausgelassen werden. Prompt turnte einer dieser kleinen Frechdachse nach einem Bad im Lotosblumen-Becken wieselflink auf Hannes' Schulter herum und ein anderer fand es ganz toll, ein junges Mädchen kräftig an ihren blonden langen Haaren zu ziehen...

Auf den Märkten in mehreren Städten wurden neben vielen auch bei uns bekannten Köstlichkeiten noch andere Lebensmittel angeboten, die viele Europäer abgeschreckt hätten: verschiedenste frittierte Insekten beispielsweise, die neuerdings auch bei uns immer wieder als Proteinreserven der Zukunft diskutiert wurden, und... abgehäutete Ratten.

Julia erinnerte sich daran, dass ein alter Kollege aus ihrer Berufsanfangszeit davon erzählt hatte, wie Ratten und Igel von den russischen Soldaten in Lehm eingepackt und dann ins offene Lagerfeuer geworfen worden waren. Wenn man diese Lehmkugeln nach einer bestimmten Zeitdauer zerschlug, dann blieb das Fell bzw. die Stachelhaut im Lehm hängen und das gegarte Fleisch konnte verzehrt werden, nicht nur in Kriegszeiten.

Auch den herrlichen Ausblick auf das ‚Goldene Dreieck', das der Fluss an den Grenzen von Myanmar, Laos und Thailand bildete, und die Flussfahrt zur laotischen Seite konnten sie genießen, bevor sie dann in einem Elefanten-Camp vor Staunen nicht glauben wollten, was sie da zu sehen bekamen: diese Elefanten spielten nicht nur Fußball, nein, sie malten auch Bilder! Mit den Pinseln, die ihre Mahouts in die entsprechende Farbe tauchten, malte jeder einzelne Elefant ein ganz eigenes Bild: blühende Bäume, aber auch die rückseitig betrachtete Silhouette eines Elefanten war dabei!

Wie lange mochten die Dickhäuter dafür wohl geübt haben? Ihre Pinselstriche und –tupfer saßen jedenfalls punktgenau.

Es gab allerdings auch Menschen, die die Meinung vertraten, dass solche Elefanten-Camps abgeschafft werden sollten, weil das Tierquälerei wäre.

Julia hatte aber nicht den Eindruck gewonnen, dass die Elefanten dort schlecht behandelt würden. Für sie klang die Aussage der Reiseleitung sehr plausibel, dass die Dickhäuter, die im Alltagsleben ihren früheren Platz als ‚Arbeitselefanten' schon lange verloren hatten, hier mit abwechslungsreicher Betätigung sowohl für ihren eigenen Lebensunterhalt als selbstverständlich auch für den ihrer Mahouts, Ihrer Pfleger und Lehrer, sorgen konnten.

Hätte man – was Europa anbetraf – auch verbieten sollen, dass Pferde vor Kutschen gespannt wurden oder gefällte Bäume aus Wäldern herauszogen?

Es waren mehrere lange Überlandfahrten gewesen, zu denen sie häufig schon sehr früh aufstehen mussten. Gestern waren sie nun endlich in dem Hotel angekommen, in dem sie sich erholen und all diese gesammelten neuen Eindrücke fürs Erste verarbeiten wollten.

Julia machte es sich jetzt im Schatten bequem und warf dabei einen verstohlenen Blick auf einen Mann mittleren Alters, der zufällig mit einem Glas in der Hand von der Bar zurückkam und es drei Liegen weiter auf einem kleinen Holztisch abstellte, bevor er sich wieder auf seine Liege niederließ. Das ausdrucksstarke Gesicht dieses nicht zu großen Mannes unter seinen leicht melierten Haaren fand sie sehr interessant. Sie wäre neugierig gewesen, mehr über diesen Menschen zu erfahren.

Doch sofort wandte sie ihren Blick wieder ab und lachte beinahe laut über sich selbst. Hatten grau melierte Haare sie nicht schon immer neugierig gemacht? »So etwas Dummes«, sagte sie sich; warum war das so geblieben, obwohl sie doch längst wusste, dass graue Haare noch lange keine Garantie für Lebenserfahrung waren, geschweige denn für Verlässlichkeit?

War sie vielleicht manchmal nur auf der Suche nach neuer Bestätigung? Aber hatte sie die jemals nötig gehabt? Immer schon war Julia sehr eigenständig gewesen und hatte größten Wert darauf gelegt, unabhängig zu sein, selbst ‚ihren Mann' stehen zu können. Sie wollte nie das typische Weibchen sein, wie es für andere Frauen offenbar so erstrebenswert war. Ursächlich dafür war möglicherweise das Verhalten ihres Vaters gewesen, der sie bei all seinen Do-it-yourself-Aktionen nur sehr bedingt hatte mithelfen lassen; stattdessen sagte er einmal unwirsch zu ihr: »Geh' mir aus der Sonne!«, worüber Julia sehr beleidigt und auch traurig war. Hätte er das auch gesagt, wenn sie ein Junge gewesen wäre?

Trotzdem (oder gerade deshalb) hatte Julia schon immer wesentlich mehr Interesse an handwerklichen Dingen als an diesem ewig gleichen Haushaltskram, den sie nur deshalb abarbeitete, weil sie als weibliches Wesen in der Hausfrauenrolle zwangsläufig dafür zuständig sein durfte und weil er sich nun einmal partout nicht von selbst erledigte; denn spätestens seit den Zeiten der Gebrüder Grimm gab es leider keine Heinzelmännchen mehr!

Wollte sie testen, ob sie auch mit ihrer Figur, die so gar nicht der damals in der Modebranche umjubelten ‚Twiggy', diesem plattgedrückten Waschbrett entsprach, Chancen hatte?

Zwar saß Julia ganz gerne an der Nähmaschine, war aber noch nie davon begeistert, schon wieder irgendetwas putzen zu müssen, und wirklich begierig darauf, ständig neue Rezepte auszuprobieren, war sie auch nie gewesen. Sie kochte durchaus ganz gerne, auch nach den von ihrer Mutter übernommenen Rezepten, sah aber lieber mal im Kühlschrank nach, was denn gerade zur Verfügung stand und machte daraus dann etwas Schmackhaftes. Daran hatte sie schon immer ihren Spaß gehabt. Viel lieber aber hatte sie, natürlich auch aus Kostengründen, ihre Waschmaschine auf den Kopf gestellt und den kleinen Pumpenmotor ausgetauscht, als sie feststellen musste, dass die Wasserlache, die sich neuerdings unter der Maschine sammelte, nur von einer defekten Dichtung dieses Motors stammen konnte.

Im Jahr vorher hatte der durchgerostete Heizstab dieser Waschmaschine einen Kurzschluss verursacht und die Reparatur durch den Kundendienst hatte ein ziemliches Loch in ihre Haushaltskasse gerissen. Doch Julia hatte dem Monteur sehr genau dabei zugesehen, wie er diese Maschine zerlegte. Sie traute es sich deshalb diesmal durchaus zu, den Dichtring an dem Pumpenmotor selbst auszutauschen. Sie wollte nicht schon wieder achtzig Mark nur für An- und Abfahrt des Kundendienstes bezahlen müssen. Zu dumm nur, dass ihr Mann seine Tasche, in der er diesen kleinen Motor zu dem Ersatzteilhändler mitnehmen wollte, nur eben mal ganz kurz auf dem Eckpfeiler eines Gartenzauns abgestellt hatte, weil er noch schnell im Garten nach dem Rechten sehen wollte, bevor der Bus kommen würde. Als er nur wenige Augenblicke später zurückkam, war seine Tasche ... weg - der Pumpenmotor und seine Hausschlüssel natürlich auch! Julia wartete deshalb vorsichtshalber auf einen Schlosser, der das Wohnungstürschloss auswechseln musste – man konnte ja nie wissen. Aber anstelle einer Gummidichtung musste Bernd nun einen neuen Pumpenmotor bestellen. C'est la vie!

Der Deckenlampe in der Küche verpasste Julia eines Tages einen Vorstarter, weil der Leuchtring schon zweimal geplatzt war, und die Kaffeemaschine bekam auch einen neuen Schalter eingebaut, den man damals als Ersatzteil noch in dem kleinen Elektro-Fachgeschäft in der Innenstadt bekommen konnte. Dort war sie auch kompetent und fachgerecht beraten worden, woran es denn überhaupt liegen könne.

Spontan kam ihr bei diesen Erinnerungen in den Sinn: ob das alles auch heute noch so einfach machbar wäre? Viele Geräte konnte man gar nicht mehr aufschrauben, ohne dabei etwas zu zerstören, und die moderne Elektronik hatte dafür gesorgt, dass es billiger war, eine neue Maschine zu kaufen als die alte zu reparieren. War das nun wirklich ein Fortschritt?

Doch war es jemals klug von ihr gewesen, ihrem Ehemann diese männlichen Tätigkeiten abzunehmen – oder sollte sie ehrlicher Weise lieber sagen: wegzunehmen? Darüber hatte sie nie nachgedacht. Sie hatte diese Reparaturen gemacht, weil sie wirklich enormen Spaß daran hatte. Hatte aber vielleicht doch auch ein bisschen der Gedanke mitgeschwungen, (ihrem Vater) sagen zu können: »Siehst Du, ich kann das«!?

Ein Filmbericht über den Stand der Gleichberechtigung in Spanien hatte damals große Belustigung, aber gleichzeitig auch Verärgerung bei ihr ausgelöst. Da hatte ein junger Mann im Interview doch tatsächlich gesagt, eine Frau könne eben nie mit einer Bohrmaschine umgehen! Julia hatte lauthals gelacht über so viel Dummheit und Ignoranz, und weil sie alleine vor dem Fernseher war, rief sie laut: »Besuch uns mal, dann zeige ich Dir den Beistelltisch, den ich gebaut habe!«

Aber von dem anerzogenen Rollenverhalten her war das zumindest für Herbert, ihren zweiten Ehemann, dann sicher ein Auslöser dafür gewesen, dass er sich nach etwas mehr als sieben gemeinsamen Jahren offenbar überflüssig fühlte.

Hätte sie tatsächlich eine Woche (oder auch länger) darauf warten sollen, dass *er* die Sache erledigen würde, wenn er nach einer ganzen Arbeitswoche in München, wohin er vier Jahre vorher versetzt worden war, am Wochenende nachhause kam? Sie jedenfalls hatte geglaubt, dass sie ihm einen Gefallen tun würde, wenn sie ihm solche Kleinigkeiten abnahm.

Derartige Probleme hatte Julia mit ihrem dritten Ehemann Walter nie; denn in technischen und handwerklichen Dingen hatte er die berühmten »zwei linken Hände«. Man sah es seinen feingliedrigen schmalen Händen auch sofort an, dass ihr Besitzer viel eher den geistig arbeitenden Menschen zuzuordnen war.

Walter fand es prima, dass Julia lästige Reparaturarbeiten von ihm fernhielt. Und noch besser fand er es, dass sie für ihn ein stärkeres Seil von der Decke zu einer Seite des Regals spannte, in das sie in gleichmäßigen Abständen Knoten gemacht hatte, damit er sich beim Aufstehen daran hochziehen konnte; denn es war ihm in angetrunkenem Zustand gelungen, beim Sturz auf einer Treppe sich die Wirbelsäule anzubrechen.

Von all diesen Fertigkeiten und Begabungen seiner neuen Frau hatte Hannes noch keine Ahnung, als er fast dreißig

Jahre nach seiner ersten Hochzeit die zweite Ehe mit Julia einging. Für ihn war seine Frau bis dahin diejenige gewesen, die unterstützt werden musste, die an Eisenmangel litt, die nicht so belastbar war, wie er es ausdrückte. Hannes hätte sich sehr gewünscht, dass sie ihm den Rücken frei halten würde. Als Selbständiger mit mehreren Angestellten hatte er, neben seinem eigenen Hausbau, schließlich noch genügend andere Dinge zu tun. Doch er kümmerte sich auch um den Garten und kochte für die Kinder, während Bettina mit dem Hund spazieren ging und dann ihre Ruhe brauchte ...

Julia allerdings konnte es zuerst gar nicht fassen, dass sie in ihrer umgebauten und neu eingerichteten Küche nun plötzlich nicht mehr erwünscht war. Es gab darüber anfangs sehr oft heftige Auseinandersetzungen, die Julia schon nach wenigen Monaten Ehe zu dem Schluss kommen ließen, dass sie Hannes wohl am besten dort hätte lassen sollen, wo er sich nach seiner Scheidung häuslich eingerichtet hatte.

Doch Julia wollte nicht gleich wieder das Handtuch werfen. Sie ging in sich und sagte sich, dass sie in dieser neuen Lebensphase nun vielleicht in Sachen Partnerschaft endlich etwas dazulernen sollte.

Wollte sie das?

Nun ja, sie wollte es zumindest versuchen.

*

Ganz sicher fehlte ihr die diplomatische Klugheit, die ihre Mutter ihr schon während ihrer Teenagerzeit dringend anempfohlen hatte und mit der sie ihren Vater ‚um den Finger' wickeln sollte. Um den Finger wickeln?! Julia hatte darauf sehr verärgert, geradezu empört reagiert. Sie hatte ihrer Mutter geantwortet: »Wenn er Nein sagt, dann eben nicht, und wenn er mir etwas nicht freiwillig gibt, dann soll er es bleiben lassen!«

Trotzdem trug sie damals dann die schicken türkisfarbenen Schuhe nicht mehr zu den brandneuen Jeans, weil ihr Vater das in sehr aufgebrachtem Ton verboten hatte. Julia hatte diese Kombination super toll gefunden, aber täglich Streit mit ihrem Vater wollte sie deshalb nicht riskieren.

Wie schwer von Begriff sie damals doch gewesen war! Genau das war es ja offenbar, was der Vater unterbinden wollte: dass sie damit toll aussah. Seine Tochter war »in diesem gefährlichen Alter«, und sie sollte die jungen Männer nicht noch zusätzlich provozieren. Aber das verstand Julia damals noch nicht. Es hatte ja auch niemand für nötig befunden, mit ihr darüber zu reden, weder Vater noch Mutter, und mit ihren wenigen engeren Schulfreundinnen besprach sie solche Dinge nicht mehr, seit die es mit Gespött und Getuschel abgetan hatten, als sie ihnen erzählte, dass ein Mann sie zu Tode erschreckt hatte, der sein nacktes Glied vorzeigte.

Am späten Nachmittag war das passiert, als sie auf dem Heimweg war von den Zusatzkursen in Mathe, Geometrie und Englisch. Es war ein angenehmer Sommertag gewesen und sie hatte es genossen, durch die schmalen Wege zwischen den Gärten der Häuser zu gehen, dort die gepflegten Blumenbeete zu betrachten und dabei die Vögel in den Bäumen und manchmal auch Eichhörnchen zu beobachten. Nach dem anstrengenden Unterricht war das Balsam für ihre Seele, Entspannung pur.

An diesem Tag aber hatte sie schon auf dem Weg, der am Alten Kanal entlangführte, bemerkt, dass bereits längere Zeit ein Mann hinter ihr herlief, und Unruhe darüber war in ihr aufgestiegen. Doch der Mann hatte Julia nach einiger Zeit überholt und war völlig normal an ihr vorbei gegangen.

Nachdem sie in die Gartenwege abgebogen war, erkannte sie nun vor sich diesen Mann wieder, der zunächst langsam vor ihr herlief. Als sie sich bis auf etwa zwei Meter genähert hatte, blieb er plötzlich stehen, drehte sich um und hielt ihr seine entblößte Männlichkeit entgegen.

Von Exhibitionisten hatte Julia bis dahin noch nie etwas gehört, stattdessen aber in den Nachrichten von Männern, die Kinder überfallen und sogar getötet hatten. Sie war wie erstarrt stehengeblieben und in ihrem Kopf überschlugen sich die Gedanken: Dieser Mann versperrte den schmalen Weg zwischen den Gartenzäunen in voller Breite. Was, wenn der Kerl jetzt ein Messer ziehen würde? Würde sie denn überhaupt irgendjemand hören, wenn sie hier um Hilfe rief?

Der Mann machte einen kleinen Schritt und eine Drehung zur Seite und sagte: »Komm, ich lass dich vorbei.« Sollte sie das glauben? Zögernd und voll Misstrauen setzte Julia einen Fuß vor, und sofort stellte dieser Mann sich ihr wieder in den Weg. Da erinnerte sich Julia im Bruchteil einer Sekunde daran, dass wenige Meter hinter ihr ein anderer Gartenweg abzweigte. Blitzschnell dreht sie sich um und rannte und rannte und rannte ...

Sie glaubte tatsächlich, um ihr Leben laufen zu müssen. Ihre Lungen keuchten und heftiges Seitenstechen machte sich bemerkbar, als sie endlich auf der Straße vor den Häusern angekommen war. Obwohl kein Mensch auf der Straße zu sehen war, fühlte sie sich hier doch in Sicherheit. Mit zitternden Knien ging sie die restliche Strecke nach Hause und schloss die Wohnungstür auf.

Ihre Mutter hatte heute einen ihrer freien Tage und war in der Küche mit den Vorbereitungen für das Abendessen beschäftigt. Wie sonst auch stellte Julia ihre Büchertasche ab, zog ihre Schuhe aus und ... sagte der Mutter kein Wort von dem, was gerade vorgefallen war.

Erst einige Zeit danach erfuhr sie, dass man solche Leute Exhibitionisten nannte, und dass die normalerweise harmlos waren. Aber das änderte nichts an ihrer tiefen Verletzung darüber, dass die Schulfreundinnen sie deswegen ausgelacht hatten. Konnte sie solchen Freundinnen noch irgendetwas anvertrauen? Hatten die ihre Angst gar nicht ernst genommen!

Ihre Enttäuschung darüber war groß. Ob es daran lag, dass sie, trotz ihrer Zeit im Kindergarten, als Einzelkind keinerlei Übung und Erfahrung darin besaß, wie mit Auseinandersetzungen und Meinungsverschiedenheiten umzugehen war?

Vielleicht wäre es auch später noch in dem einen oder anderen Fall doch hilfreich gewesen, von anderen einen Gedankenanstoß zu bekommen, zumindest aber darüber nachzudenken, ob sie die Sache auch von einem anderen Standpunkt aus betrachten sollte...

Julia erinnerte sich daran, dass eine ihrer früheren Schulfreundinnen vor nicht allzu langer Zeit bei einem Sommertreffen davon erzählt hatte, sie habe sich immer Rat und Unterstützung von ihren drei Geschwistern eingeholt, wenn etwas geschehen war, das sie in eine schwierige Lage gebracht hatte, wenn sie also Entscheidungshilfen brauchte.

Andere um Rat und Unterstützung bitten? Das setzte voraus, dass man diesen Menschen Vertrauen schenkte, und daran mangelte es Julia sehr. Weshalb – das konnte sie sich nie recht erklären. Hatte das prinzipielle Misstrauen ihres Vaters, der während des Krieges keine allzu guten Erfahrungen mit seinen Mitmenschen gemacht hatte, auf sie abgefärbt? Jemandem damals etwas ‚im Vertrauen' zu sagen, konnte sehr gefährlich sein.

Spitzel, Gesinnungsschnüffler gab es überall. Und fremden Menschen, vielleicht sogar Kriegsgefangenen, irgendeine Art von Hilfestellung zu geben, war lebensgefährlich.

Im Geiste sah Julia plötzlich einen kleinen runden Laib Brot vor sich, der wie ein Rad an einem Bordstein entlangrollte ...

Ein Trupp Kriegsgefangener, so hatte es Julias Mutter erzählt, musste die Straße an ihrem Haus vorbeimarschieren. Oma Margarete und auch ihre Kinder waren entsetzt darüber, wie dürr, wie ausgemergelt diese Männer waren, und obwohl ihre Lebensmittel rationiert und knapp bemessen waren, schlich die Großmutter mit zwei kleinen runden Broten die Treppe hinab, um sie von dort – gut versteckt hinter der nur spaltbreit geöffneten Haustüre, über das Pflaster in Richtung dieser Elenden rollen zu lassen.

Auch jeder dieser Männer wusste genau, dass keiner es sehen durfte, wenn einer von ihnen das Brot aufhob und schnell unter seinem zerlöcherten Mantel versteckte. Die Wachen hätten ihn brutal geschlagen, vielleicht sogar erschossen, und wäre der ‚Spender' erwischt worden, hätte man ihn sofort verhaftet und vor den Volksgerichtshof gestellt.

Mitgefühl durfte man mit dem Feind nicht haben, denn sonst galt man selber als Volksfeind!

*

Noch heute war Julia ziemlich fassungslos, wenn sie an einen Winter-Nachmittag zurückdachte, an dem sie mit einer etwas jüngeren Freundin, die zufällig ebenfalls Julia hieß, auf dem Nachhauseweg von der Schule an dem kleinen runden

Brunnen vorbeigekommen war, der an einer Straßenbiegung stand und auf dessen Säule, versehen mit einer Inschrift zum Gedenken an die Toten der Weltkriege, eine vergoldete Friedenstaube thronte.

Obwohl das Wasser aus diesem Brunnen im Herbst abgelassen worden war, lagen in dem Brunnenbecken vom Regen und Schnee des Winters zu dieser Zeit zerbrochene kleine Eisschollen, und beide hatten sie es lustig gefunden, darauf herum zu springen, bis plötzlich diese andere Julia unglücklich ausrutschte oder stolperte und sich beim Hinfallen die Nase an der Kante eines hochstehenden Eisstücks anstieß. Die Nase hatte zwar einen Kratzer, sah auf den ersten Blick jedoch nicht weiter schlimm aus und beide waren sie ganz normal nach Hause gegangen.

Doch als Julia am nächsten Tag von der Schule kam, fragte ihre Mutter vorwurfsvoll, warum sie denn dieser anderen Julia einen großen Eisbrocken auf die Nase geschlagen habe. Deren Großmutter habe sich bei ihr darüber beschwert. Da fiel Julia aus allen Wolken. Sie erzählte die Geschichte, wie sie sich tatsächlich zugetragen hatte, und ihre Mutter glaubte ihr auch. Doch Julia ‚zwei' blieb bei ihrer Darstellung, und Julia ‚eins' musste einen Tag später zu dieser anderen Julia und deren Großmutter gehen und sich ‚um des lieben Friedens willen' mit einer Tafel Schokolade entschuldigen - für etwas, das sie gar nicht getan hatte.

Das blieb ihr im Gedächtnis - genauso wie der Verlust ihrer Teddys, ihrer Puppen (mit denen sie eigentlich nie so recht etwas anfangen konnte, denn nichts, aber auch gar nichts machten die von selbst!) und ihres Stoffhundes, den Julia sehr in ihr Herz geschlossen hatte.

War das Schulkind Julia zu dieser Zeit einfach noch nicht bereit, solche Dinge loszulassen? War der kleine weiße Plüschpudel für sie der heißgeliebte Ersatz für einen echten Hund, den sie sich lange sehnlichst wünschte?

Die Nachbarn, die in der Wohnung unter ihnen wohnten, hatten einen schwarzen Pudel im Kleinformat, mit dem Julia oft Spazierengehen durfte. Berry hieß der quirlige kleine Zwergpudel, der ihre Schritte genau erkannte, wenn sie die Treppe hinaufging, und sich schon vernehmlich darauf freute, dass sie jetzt bald mit ihm Gassi gehen würde.

Wenn Berry wieder einmal auf Freiersfüßen unterwegs war und ein paar Tage nicht nach Hause kam, machte Julia sich nach ihm auf die Suche und fand ihn auch regelmäßig irgendwo. Dann rief sie ihn und der kleine Hund kam auf dem Bauch zu ihr angekrochen. Sie trug ihn dann auf dem Arm nach Hause und bat die Nachbarin inständig, dass sie ihn bitte nicht schimpfen und auch nicht betrafen solle.

Ihren weißen Plüsch-Ersatzpudel aber schenkte die Mutter eines Tages völlig überraschend der Tochter einer anderen Nachbarin, als diese mit ihrem kleinen Mädchen auf eine Tasse Kaffee zu Besuch gekommen war. Julia wurde dazu gar nicht erst gefragt, und das Nachbarsmädchen freute sich so über dieses Geschenk, dass Julia nicht zu protestieren wagte. So trauerte sie still ihrem Stoffpudel nach, den sie so gerne gekuschelt und gestreichelt hatte, und ihrer Mutter vergaß sie diese Aktion lange nicht.

Noch weniger allerdings vergaß Julia den Tag, an dem sie einige Jahre später der Mutter ihre ganze Fotosammlung über ihren Lieblingsstar herausgeben musste und nichts dagegen tun konnte, dass ihre verärgerte Mutter alle diese für Julia so kostbaren Schätze kurzerhand auf Nimmerwiedersehen in die Mülltonne warf...

Während ihr diese melancholischen Gedanken durch den Kopf gingen, hatte Julia gar nicht bemerkt, dass inzwischen der junge Barkeeper schon mit seinem Tablett herumging. Nun stellte er das gewünschte Mineralwasser auf den Beistelltisch und legte ihr die kleine Mappe mit der Rechnung vor, die sie – mit kleinem Zuschlag für sein Trinkgeld - rasch quittierte. Als er mit strahlendem Lächeln wieder weiter ging, nahm sie einen kühlen Schluck, sah auf und überlegte kurz, ob es jetzt vorteilhaft wäre, die Holzliege ein wenig weiter in den Schatten des nächsten Baumes zu schieben.

Da kam auch schon Hannes vom Pool zurück, trocknete sich oberflächlich mit dem Handtuch und ließ sich dann mit einem leichten Stöhnen der Entspannung auf seine Liege fallen. »Das Wasser ist herrlich angenehm temperiert«, sagte er mit aufforderndem Seitenblick. »Willst du nicht auch mal ein paar Züge darin schwimmen? « Schmunzelnd erwiderte Julia: »Du weißt doch, dass ich mir nichts daraus mache. Aber«, vertröstete sie ihn, »vielleicht probiere ich es später einmal aus. «

In seiner Familie waren anscheinend alle richtige Wasserratten! Auch seine Tochter Eva und die beiden noch kleineren Söhne, Julias angeheiratete Enkel, tobten sich gerne im Wasser aus und Schwiegersohn Andreas hielt da natürlich mit.

Ob das auch auf Bruno zutraf, den Erstgeborenen von Bettina und Hannes, das wusste Julia nicht. Mit Bruno hatte Hannes nur wenig Kontakt. Sein Sohn war normalerweise zwar ein ganz netter Mensch, hatte aber eine sehr merkwürdige Lebensauffassung, in der Eigenverantwortung nicht vorkam – schuld waren immer die anderen, allen voran sein Vater. Hannes hatte es sich bis heute nicht erklären können, woran das lag. Seine Tochter hatte sich völlig normal entwickelt und pflegte regelmäßig guten und engen Kontakt mit ihm. Bruno aber ...

Auch Bruno hatte ein Kind. Doch mit der Mutter seiner kleinen Tochter, mit der er einige Zeit in der Nähe von Köln lebte, hatte es viel zu oft und viel zu massiv Auseinandersetzungen gegeben, bis sie ihn schließlich vor die Tür setzte. Sein Lebensstil, der fatale Ähnlichkeiten mit dem eines Messies aufwies, war daran wohl auch nicht unschuldig. Seitdem war er wieder in ‚den Schoß' seiner Mutter zurückgekehrt und hatte nur sehr sporadisch telefonischen Kontakt mit seinem Kind, und den auch nur über den Umweg ‚Oma'. Doch wenn er danach für lange Zeit wieder nichts mehr von sich hören ließ, dann war seine kleine Tochter sehr traurig, und ihre Mutter hielt es deshalb für besser, er solle es lieber gleich ganz bleiben lassen …

Es war Hannes nicht gelungen, seinen Sohn zu bewegen, endlich eine Langzeit-Therapie durchzuziehen, nachdem Bruno auch bei seiner Mutter wieder einmal aggressiv geworden war. Über eine Stunde hatten sie mit Engelszungen auf ihn eingeredet, Hannes und mehrere Ärzte der Universitätsklinik. Doch Bruno sagte: »Ich lasse mich nicht einsperren!«

Das konnte keiner verstehen, denn darum ging es doch gar nicht, im Gegenteil: Bruno sollte geholfen werden, sich aus seinem eigenen Gefängnis zu befreien, aus dieser unglückseligen, immer wiederkehrenden tiefen Depression, die nach Ansicht aller Experten der Grund für seine völlige Antriebslosigkeit war. Unter Einwirkung von Alkohol schlug das dann aber schnell in Aggression um. Doch auch seiner Schwester Eva war es nicht gelungen, ihn von der Notwendigkeit einer professionellen Therapie zu überzeugen.

Eva war das genaue Gegenteil von Bruno: immer aktiv, immer einfallsreich und unternehmungslustig. Mit Intelligenz und viel Energie hatte sie es bis zur Marktleiterin eines großen Drogeriemarktes gebracht, hatte Andreas geheiratet und mit ihm zwei Söhne bekommen, Jan und Marco.

Es war eine Patchwork-Familie, denn Andreas hatte aus seiner ersten Verbindung bereits einen Sohn, der aber zunächst bei seiner Mutter lebte. Das Verhältnis dieser Mutter zu ihrem Sohn war jedoch ein sehr merkwürdiges. Außenstehende gewannen den Eindruck, dass der Sohn für die Mutter als Sündenbock herhalten musste für das Zerwürfnis, das zwischen Andreas und seiner ersten Frau bestand. Schließlich hatte Andreas es endlich geschafft, seinen Sohn zu sich in die neue Beziehung mit Eva zu nehmen. Doch das geschah genau zu Beginn der Pubertät, was die Situation für alle Beteiligten nicht gerade leichter machte.

Kurz vor der Geburt ihres zweiten Sohnes Marco wäre es dann beinahe dazu gekommen, dass diese junge Familie auseinandergebrochen wäre. Bis dahin war das Verhältnis zwischen dem jungen Paar völlig normal, von zeitweiligen Belastungen durch Meinungsverschiedenheiten abgesehen, wie es sie in jeder Partnerschaft kurzfristig immer wieder gibt.

Doch dann hatte Evas Mutter sehr merkwürdige Behauptungen über Andreas in die Welt gesetzt. Für die Wohnung der beiden - im Haus der Mutter – bestand ein schriftlicher Mietvertrag. Nun sollte es da plötzlich einen angeblich ‚gefälschten' Mietvertrag geben, der interessanter Weise aber die genau gleiche Gesamtmiete auswies...? Bettina wollte ein geschreddertes Exemplar des angeblich richtigen Mietvertrages im Papierkorb neben Andreas' Schreibtisch gefunden haben, an einem Platz im Keller, der für jeden im Haus zugänglich war. Doch welchen Sinn das Ganze eigentlich gehabt haben sollte, das konnte auch sie ihrer Tochter nicht erklären.

Vollkommen am Boden zerstört und in größter Verzweiflung hatte Andreas bei Hannes und Julia Hilfe gesucht und den beiden unter Tränen sein Herz ausgeschüttet. Sein Schwiegervater war zwar bisher nicht unbedingt sein bester Freund gewesen, doch er wusste nicht, an wen er sich sonst hätte wenden können.

Hannes hielt es zunächst nicht für gänzlich unwahrscheinlich, dass Andreas ein bisschen gemogelt haben könnte, aber er hätte völliges Verständnis dafür gehabt, wenn

Andreas es sich nicht gefallen lassen wollte, für den großzügigen Wasser- und Stromverbrauch von Evas Bruder ganz alleine die Gesamtlast tragen zu müssen; denn es gab keine Zwischenzähler, und Bruno musste keinen Cent an Bettina bezahlen. Aber Andreas hatte von Anfang an beteuert, kein Wort an dieser Beschuldigung sei wahr. (Erst lange Zeit danach wollte er sich vage daran erinnert haben, dass Bettinas Steuerberaterin einmal dazu geraten hätte, die Nettomiete für ihre Tochter geringer anzusetzen...).

Bettinas Verhältnis zu ihrem Schwiegersohn war nicht unbelastet, denn Andreas erlaubte sich vermutlich manchmal spöttische Kritik. Dafür hatte er eine sehr seltsame Art, die nicht jeder mochte. Da wollte Bettina diesen Vorwurf eines angeblichen Betrugs wohl gerne nutzen und ihren Schwiegersohn, ohne genaueres Abwägen der möglichen negativen Folgen für Eva, endlich in die Wüste schicken. Sie sagte ihrer Tochter, dass *sie* und ihr Sohn Jan selbstverständlich hier wohnen bleiben könnten, aber Andreas müsse ausziehen... Zu diesem Zeitpunkt hätte ihn das völlig ruiniert.

Vollkommen aufgelöst hatte Eva ihrem Vater davon erzählt und unter Tränen verzweifelt ausgerufen: »Ich weiß ja gar nicht mehr, wem ich noch glauben soll!«

Julia hatte es zuerst einmal die Sprache verschlagen - und dann hatte sie es für dringend geboten gehalten, sich einzumischen. Sie sagte: »Wenn ihr beiden Euch selber überhaupt noch eine Chance geben wollt, dann müsst ihr so schnell wie möglich raus aus diesem Haus und in eine andere Wohnung ziehen.«

Das war auch Hannes' Überzeugung. Er griff zum Telefon und wusch seiner Ex-Frau ordentlich den Kopf.

Wie konnte eine Mutter von ihrer eigenen und mit dem zweiten Kind schwangeren Tochter verlangen, dass sie mit nun bald zwei Kindern alleine dastehen sollte? Wegen eines angeblich gefälschten Schriftstücks, das keinerlei erkennbare praktische oder sonstige Auswirkungen für sie hatte?

Ob Bruno, der Andreas noch nie hatte leiden können, sich dabei insgeheim die Hände gerieben und bei seiner Mutter eifrig ein Feuerchen geschürt hatte ...? Diesen Schwager, der im Gegensatz zu ihm zielstrebig und verantwortungsbewusst war, hätte er vermutlich am liebsten verprügelt.

Kurz vor Ablauf der Frist, die Bettina gesetzt hatte, war Andreas zu einem Freund gezogen, um weiteren Ärger zu vermeiden, und der kleine Jan war sehr, sehr traurig, weil Papa nicht mehr da war.

Lange Wochen des Hoffens und Bangens vergingen, und es hatte nicht so ausgesehen, als ob Eva wieder zu sich käme; denn sie fühlte sich hin-und hergerissen, wollte aber nicht, dass ihr Vater sich ‚einmischte'. Sie selbst suchte sich jedoch unter ihren Freundinnen »Beraterinnen«, doch ausgerechnet solche, die selbst gerade Trennungen hinter sich oder noch vor sich hatten - und allem Anschein nach auch eine männerfeindliche Grundeinstellung ... Eine dieser vermeintlichen ‚Freundinnen' hätte sehr gerne mit Eva eine Wohngemeinschaft gebildet - völlig uneigennützig natürlich!

Doch nach dem Urlaub, den sie schon vor längerer Zeit gebucht hatten und den die kleine Familie nun trotzdem gemeinsam am Mittelmeer verbrachte, hatte sich dann Gottseidank alles wieder eingerenkt. Die beiden hatten sich endlich in aller Ruhe und Ausführlichkeit ausgesprochen und waren bald danach tatsächlich in ein anderes Zuhause umgezogen!

Die Distanz wirkte Wunder. Evas Mutter Bettina hatte sich nach einigen Monaten mit dem Schwiegersohn doch wieder vertragen und war, nachdem es nun auch einen neuen Enkelsohn gab, oft und gerne bereit, einen oder beide Enkel zu beaufsichtigen, wenn Eva berufliche Termine wahrnehmen musste. Ihre stressige Arbeit im Drogeriemarkt hatte Eva -

schon aus zeitlichen Gründen - endlich eingetauscht gegen eine weitgehend selbständige Tätigkeit für eine renommierte Krankenkasse. Da konnte sie nun vieles auch von Zuhause abarbeiten und hatte viel mehr Zeit für ihre beiden Kinder.

Etwa vier Jahre später hatte Eva dann definitiv festgestellt, dass sie sich von den manchmal eigenartigen Denkmustern und Verhaltensweisen ihres Mannes doch nicht länger beeinträchtigen lassen wollte. Sie entschied sich für eine Trennung und wollte mit ihren Kindern wieder in das Haus ihrer Mutter mit einziehen.

Hannes und Julia akzeptierten diese Entscheidung, denn dieses Mal hatte Eva sie ohne Einwirkung von außen selbst getroffen, und dass sie Eva nun die für sie und die Kinder nötige Unterstützung anboten, war völlig selbstverständlich.

Allerdings hatte in der Zwischenzeit nicht nur Julia den Eindruck gewonnen, dass Eva die (längst aus der Mode gekommene) anti-autoritäre Erziehung praktizierte.

Ob das an der sehr modernen digital-geschädigten Verhaltensweise lag, dass man die neusten E-Mails und WhatsApp-Nachrichten für wichtiger hielt als das, was die Kinder gerade machten? Oder wollte man sich lieber nicht durch konsequente Maßnahmen unbeliebt machen?

Wie diese Kinder sich wohl erst in der Pubertät benehmen würden, wenn sie jetzt schon nicht auf das hörten, was die Eltern sagten? Na, zum Glück würden Oma und Opa dieses Problem auf wenige Stunden eingrenzen können …

Zu der Jahreszeit, in der Opa Hannes - schon wegen des miserablen deutschen Wetters, vorwiegend aber aus geschäftlichen Gründen, - sich in aller Regel seinen Fernreise-Urlaub gönnte, war es zuhause in Deutschland noch Winter. Trotzdem - oder gerade deswegen - waren dort nun Hallenbadbesuche für die Enkel Jan und Marco angesagt; denn sie sollten schließlich gut genug geübt sein im

Schwimmen - für den nächsten Sommerurlaub am Mittelmeer!

Gut geübt hatte Julia auch mit Jan, dem älteren der beiden Enkel. Der war zwar erkennbar ein As in Mathematik, hatte jedoch dringenden Nachholbedarf im Lesen und Schreiben, und für Julia, die im Gegensatz zu Jans anderen Omas schon seit Jahren ihren Ruhestand genoss, war es eine Selbstverständlichkeit gewesen, dem Enkelkind diese Unterstützung zu geben. Sie war sehr froh, dass sich bei Jan nach etwa einem halben Jahr dann die entsprechenden schulischen Erfolge einstellten, und sie waren alle sehr stolz auf ihn, weil er so tapfer durchgehalten hatte - und das, obwohl Oma Julia manchmal sehr streng mit ihm gewesen war!

»Weißt du, Jan,« hatte sie zu ihm gesagt, »ich schimpfe nicht mit dir, weil ich böse auf dich bin. Ich möchte nur, dass du dich beim Üben mit mir auf das konzentrierst, was wichtig ist, und dass du das Schreiben bald so gut kannst, dass deine Lehrerin mit dir zufrieden ist.« Und dann war Julia in sich gegangen und hatte sich fest vorgenommen, noch viel mehr Witz in diese leidigen Übungen zu bringen ...

Sie hatte diese junge Familie genauso ‚adoptiert', wie sie das damals auch mit der Tochter von Herbert getan hatte – damals, als Conny bei ihrer Mutter in München ‚rausgeflogen' war, weil sie ständig Krach mit dem Stiefvater hatte, und dann war sie außerdem auch noch schwanger geworden ... und hatte das Kind bei Julia und Herbert bekommen.

Ihr Verlobter, der damals als selbständiger Gebäudereiniger arbeitete, saß zu dieser Zeit bereits im Gefängnis. Wegen angeblicher Brandstiftung war er zu zwei Jahren Haft verurteilt worden. Zwei sogenannte Freunde hatten behauptet, er habe ihnen in einer Kneipe erzählt, dass er seinen Video-Verleih selber angezündet habe. Einen Benzin-Reservekanister hatte man dann auf seinem Dachboden gefunden - aber was konnte das beweisen? Auch in der kleinen Scheune bei Herbert und Julia gab es einen solchen Reservekanister!

Für diese abgebrannte Videothek hatte zwar eine Feuerversicherung bestanden, jedoch mit erheblicher Unterdeckung. Weshalb also sollte Udo dieses Feuer gelegt haben, wenn er dadurch selber großen finanziellen Schaden erlitten hatte?

Ausschlaggebend für seine Verurteilung waren nur die Aussagen dieser beiden ‚Freunde' … und trotz der Anstrengungen seines Rechtsanwaltes gelang es Udo nicht, ein Wiederaufnahmeverfahren zu erreichen.

Kurz nach seiner Haftentlassung hatte Conny dann den Vater ihrer kleinen Tochter geheiratet und war wieder nach München gezogen.

Julia hatte nach ihrer Trennung von Herbert noch einige Male Kontakt. Sie hatte Conny zusammen mit ihrem Sohn Chris sogar ein paarmal besucht. Doch nach weiteren zwei Jahren hatte Conny einen neuen Partner. Danach war der Kontakt abgebrochen. Julia fiel ein, dass auch Chris, der damals einen sehr guten Draht zu Conny gehabt hatte, nichts mehr von ihr hörte …

Hannes griff gerade nach seinem e-reader und machte sich daran, in dem Kriminalroman weiterzulesen, den er vor zwei Tagen neu heruntergeladen hatte. Julia blieb bei ihrem Taschenbuch und las darin ebenfalls in einem Krimi, den sie sehr spannend und genial geschrieben fand, weil diese amerikanische Autorin, Rita Mae Brown, zum einen ganz beiläufig sehr viel Interessantes über die Region erzählte, in der die Geschichte spielte, und zum anderen ein großartiges

Gespür dafür hatte, die Charaktere der Beteiligten zu beschreiben.

Vor allem jedoch fand Julia es äußerst amüsant, wie die Heldin der Handlung von ihren vierbeinigen Hausgenossen - zwei Katzen, einem Hund, einem Opossum und auch einer Eule – der Lösung des Falles näher gebracht wurde.

*

Katzen hatte Julia sehr in ihr Herz geschlossen, seitdem ihre damalige Arbeitskollegin bei ihr angefragt hatte, ob sie nicht ein junges Kätzchen haben wolle; denn Annemaries Katze hatte Junge bekommen. Julia sollte sie am nächsten Wochenende in dem Wochenendgarten der Kollegin in der Fränkischen Schweiz besuchen und sich dort eine der kleinen Katzen aussuchen.

Drei kleine Katerchen waren es, die sich dort ausgelassen in der Wiese tummelten: ein graues und zwei rot-weiß getigerte kuschelige Pelzknäuel. Je länger Julia die Drei bei ihren spielerischen Rangeleien beobachtete, desto schwerer fiel es ihr, eine Entscheidung zu treffen. Doch als Annemarie dann auch noch bemerkte, dass die anderen beiden eben »weg« müssten, wenn sich kein anderer Abnehmer mehr fände, da stand für Julia fest, dass sie alle drei nehmen würde.

Die kleinen Kater waren gerade sechs Wochen alt und Julia besprach mit Anneliese, dass sie ihr die Katzen bringen sollte, wenn sie zehn Wochen waren. Bis dahin machte Julia sich erst einmal mit einschlägiger Ratgeber-Literatur darüber schlau, was kleine Katzen denn so alles brauchten und wie man mit ihnen umgehen sollte; denn diese drei Kater würden Freigänger sein, das stand fest. Es wäre auch völlig unmöglich gewesen, die Balkontüre von Julias Wohnung ständig geschlossen zu halten. Ihre Wohnung lag im Erdgeschoß, umgeben von zahlreichen Reihenhausgärten, und auf der gegenüberliegenden Seite der Straße befand sich ein kleiner Friedhof mit Baumbestand. Dort hatte Julia schon oft andere Katzen umherstreichen sehen.

Die drei vierbeinigen Brüder hatten sich schnell und gut eingewöhnt, doch alle Drei hatten sie sehr unterschiedliche Charaktere. Vor allem einer der rot-weiß getigerten, den sie Whisky getauft hatte, war sehr schnell beleidigt, wenn er nicht ihre volle Aufmerksamkeit bekam. Eines Tages bemerkte Julia, dass Whisky an einer Stelle seitlich am Bauch etwas Hartes unter der Haut hatte, das sie nicht einordnen konnte. Der Tierarzt stellte fest, dass Whisky von einem Luftgewehr angeschossen worden sein musste und entfernte das Geschoss. Weil der Kater sich deshalb einige Tage nicht an der Operationsstelle lecken sollte, verpasste man ihm um den Kopf einen Kunststofftrichter, der über das Halsband befestigt war. Darüber war Whisky endgültig tödlich beleidigt.

Nachdem er stundenlang mit diesem Trichter rückwärts durch die Wohnung gezogen war – in der Hoffnung, dieses scheußliche Ding wieder los zu werden -, entschloss sich der eigenwillige und offensichtlich sehr nachtragende Kater dazu, in andere Gefilde auszuwandern. Nachdem er einige Tage später diesen Trichter wieder »abgeben« durfte, suchte Whisky sich in der näheren Nachbarschaft ein neues Zuhause und neue Besitzer.

Rusty, der andere rot-weiße Bruderkater, war sehr gemütlich und vielleicht etwas tollpatschig – zu tollpatschig; denn er lief eines Tages in einer der Seitenstraßen in ein Auto und starb kurz darauf nur wenige Meter weiter hinter der Hecke eines Vorgartens. Darüber war Julia lange Zeit sehr traurig.

Tiger, der schöne und sehr anhängliche grau-getigerte Kater, den Julia vom ersten Moment an sehr liebte, hatte sich einmal mit einem gebrochenen Bein über die Katzentreppe am Balkongeländer nach Hause geschleppt. Sofort hatte Julia ihn in einen bequemen Korb gelegt und war mit ihm zum Tierarzt gefahren. Die notwendige Operation hatte der graue Stubentiger sehr gut überstanden und war durch ihre Pflege noch zutraulicher geworden, als er es ohnehin schon war. Doch eines Tages verschwand er spurlos.

Es war an einem Abend, an dem Julia nach wochenlangem Stress sehr, sehr müde war. Sie sah, wie Tiger auf die Katzenklappe zulief und wollte ihm noch zurufen: »Tiger, bitte bleib doch da!« Aber es gelang ihr vor Erschöpfung nicht einmal, ihre Lippen zu bewegen. Und so schlüpfte der Kater durch seine Katzentüre ... und kam nie wieder.

Bei dieser Erinnerung war es Julia ganz plötzlich wieder sehr schwer ums Herz geworden, und beinahe hätte sie auch heute wieder geweint, so sehr geweint wie damals. Tagelang war sie durch die Straßen und Wege der Nachbarschaft gegangen und hatte nach ihrem Kater gerufen, doch es blieb vergebens. Sie war sehr traurig. Tiger war zwar tätowiert, aber trotzdem konnte sie nicht erfahren, was mit ihm passiert war. Diese Art von Ungewissheit war kaum zu ertragen. Damals ahnte Julia noch nicht, wie oft ihr dieses furchtbare Gefühl noch bevorstehen würde...

Zwei Monate später hatte es an ihrer Türe geklingelt. Draußen stand ihr Nachbar – mit einem zusammengerollten Pelzknäuel auf dem Arm, das er ihr freudestrahlend in die Hände drückte. Diese süßen Katzenaugen in diesem blaugrauen Kuschelfell hatten es Julia so sehr angetan, dass sie gar nicht Nein sagen konnte!

Cindy, das Findelkind aus der Gerasmühle, durfte bei Julia einziehen. Das fand die Nachbarskatze aus dem ersten Stock aber gar nicht gut, denn die hatte sich, nachdem sie bemerkt hatte, dass alle drei Kater nicht mehr vorhanden waren, schon recht häuslich bei Julia eingerichtet. Offenbar gefiel es Tiggy hier besser als bei ihrer eigenen Besitzerin. Dort gab es nämlich einen schwarzen Kater, der ihr Konkurrenz machte, und außerdem auch noch einen Hund.

Tiggy versuchte schon nach kürzester Zeit, die ‚neue' Konkurrenz zu vertreiben. Sie fauchte die kleine Cindy böse an, wenn diese zum Futternapf kam.

Doch da mischte sich Julia ein, denn das ging entschieden zu weit. Sie schimpfte mit Tiggy deswegen lautstark, verjagte sie mit den Worten: »Merke Dir eines: *hier* bin *ich* die Oberkatze!«, und scheuchte sie manchmal durch die ganze Wohnung. Nach etwa drei Wochen hatte Tiggy dann begriffen, dass sie mit dieser blaugrauen Konkurrentin wohl würde leben müssen. Die Katzen arrangierten sich.

Cindy war eine Schönheit. Das blieb auch den Katern in der Nachbarschaft nicht lange verborgen, und noch ehe Julia daran denken konnte, Cindy kastrieren zu lassen, war die junge Kätzin trächtig.

Als es an der Zeit war, wurde Cindy unruhig und schlich ständig um ein Schränkchen herum, das in Julias bescheidener kleiner Hobby-Kunstgalerie mitten im Raum stand und das an der Rückseite eine Öffnung hatte, durch die Cindy früher gerne ins Innere geschlüpft war. Nun aber war der schwangere Bauch dafür zu kugelig geworden.

Zum Glück hatte dieser kleine Schrank an der Vorderseite eine Schiebetüre und Julia, die ihre Cindy genau beobachtet hatte, öffnete am Abend dieses Tages diese Schiebetüre und sagte zu ihrer Katze: »Da drin kannst Du es dir bequem machen.« Sie legte noch einige Handtücher hinein und ging dann schlafen.

Einige Stunden später wachte Julia durch ein sehr leises Geräusch auf. Sie lauschte und war sicher, ein feines Fiepen vernommen zu haben. Vorsichtig näherte sie sich diesem besagten Schränkchen und spähte hinein.

Da versuchten gerade vier winzige und noch blinde Kätzchen, die Zitzen ihrer Mutterkatze zu finden. Entzückt beobachtete Julia eine Weile das Geschehen, dann half sie dem kleinsten Katzenbaby dabei, die noch freie Milchquelle zu finden und ging wieder schlafen.

Wenige Monate danach beobachtete Julia über mehrere Tage einen fremden Kater, der stark hinkte. Als sie nach einigem Abwarten sicher war, dass kein Mensch sich um das Tier kümmerte, fragte sie ihren Tierarzt, was man da machen könnte. Dieser gab ihr eine Lebendfalle mit, die sie mit Futter bestückte und auf ihrem Balkon aufstellte. Und tatsächlich – am nächsten Tag konnte sie den verletzten Graugetigerten, der eine entzündete Bisswunde hatte, zum Tierarzt bringen. Sie holte ihn dort auch wieder ab und sollte ihn eine Woche nicht nach draußen lassen. Also verschloss sie auch die Katzentüre. Sie musste jedoch gar nicht befürchten, dass er ausbüxen würde, denn der Kater war sehr scheu und versteckte sich unter Julias Bett.

Nach zwei Tagen fand Julia dann unter dem Tisch etwas Weißes und stellte fest, dass der Kater sich den Verband heruntergerissen hatte. Am Telefon sagte der Tierarzt aufgeregt, da müsse sofort ein neuer Verband angelegt werden, damit es keine Infektion gäbe! Da überlegte Julia in aller Ruhe, ob es wirklich notwendig wäre, das Tier schon wieder in Stress zu versetzen. Dann sagte sie: »Wissen Sie, diesmal vertraue ich auf die Selbstheilungskräfte der Natur.«

Als etwa zehn Tage um waren, öffnete sie auch die Katzentüre wieder und ließ den Fremdling seiner Wege ziehen. Sie stellte ihm aber regelmäßig ein Schüsselchen mit Futter auf ihren Balkon, und jeden Tag schob sie diesen Napf näher an den Eingang heran. Schließlich stellte sie das Futter immer weiter ins Zimmer herein und Fritzi, wie sie den Kater inzwischen getauft hatte, wurde von Tag zu Tag zutraulicher und... blieb.

Julia hatte es schon lange vermutet: er war der Vater der niedlichen grau-getigerten Katzenbabys.

*

»Ich denke gerade an so viele Ereignisse aus meiner Kindheit, aber es kommt mir dabei so vor, als wäre ich das nicht selbst, den ich auf diesen Bildern sehe, sondern ein völlig Fremder, den ich von fern beobachte.«

Julia versuchte zu verstehen, was Hannes damit ausdrücken wollte. »Findest du das denn nicht völlig normal?«, fragte sie vorsichtig. »Es sind schließlich Jahrzehnte vergangen, in denen du vieles erlebt und dazugelernt hast.«

»Ja, aber der, den ich da sehe – das bin nicht ich! Der kommt mir so fremd vor«, erwiderte Hannes. »Ich weiß noch genau, was ich damals dachte, ich weiß auch, was ich gefühlt habe, und doch bin ich das nicht, den ich in diesen Bildern da sehe! Es ist, als würde ich mir im Kino einen Film anschauen oder ein Buch lesen. Ich kann diese Emotionen, die mich damals bewegten, einfach nicht mehr spüren - nicht mehr in dieser Intensität wie damals! Das ist sehr schade...« murmelte Hannes, und seine Stimme verriet dabei, dass es ihn stark bewegte und traurig machte.

Julia streichelte sanft seinen Arm und lehnte sich leicht an ihn. »Wenn ich es mir genau überlege«, sagte sie zögernd, »dann geht es mir aber genauso. Ich sehe mir auch als eine außenstehende Betrachterin zu. Ich bin aus dieser alten Haut doch schon lange herausgewachsen.«

Hannes schluckte mit Beklemmung in der Kehle, bevor er antwortete. »Ich will ja gar nicht sagen, dass ich etwas bereue oder dass ich etwas ändern möchte. Es ist alles gut so, wie es ist. Wenn ich die Möglichkeit hätte, das alles noch einmal zu erleben, dann bin ich sicher, dass ich alles wieder genauso machen würde – einige Kleinigkeiten vielleicht ausgenommen. Aber wenn ich diese Kleinigkeiten anders machen würde, dann wäre das ja nicht mehr ich – nicht mehr mein Leben. Nein, es ist alles gut so, wie es ist!

Und trotzdem kann ich nicht verstehen, warum ich auf diesen Bildern von früher einen Fremden sehe! Das bin ich nicht mehr! Es ist wie ein Kinofilm.«

»Was hättest du denn ändern wollen? Was bewegt dich dabei am meisten?«

»Ich hatte ja gar keine Möglichkeit dazu, ich bin ja gar nicht gefragt worden – damals, als meine erste Freundin unser Baby abtreiben musste. Wir waren ja beide erst sechzehn, als es passierte, und ihre Mutter hat sie mit nach Holland genommen, aber mich hat keiner gefragt! Es gibt so viele Männer, die froh sind, wenn die Frau das Kind abtreibt, aber ich durfte dazu überhaupt keine Meinung abgeben, weil sie mich nicht gefragt haben!

Deshalb habe ich dann zwei Jahre später zu Bettina auch gleich gesagt, dass ich zu ihr stehen werde, wenn sie das Kind bekommen will. Aber eigentlich waren wir beide auch damals noch viel zu jung dafür. «

Julia sagte nichts. Sie hielt nur tröstend seine Hand und wollte Hannes in seinen intensiven Gedanken nicht stören.

»Weißt du«, fuhr er fort, »der Vater meiner ersten Freundin hatte nur diese eine Tochter - von seiner zweiten Frau, die selber zwei Buben mit in die Ehe gebracht hatte. Jetzt hätte er also ein eigenes Enkelkind haben können, und finanziell wäre das für diese Familie überhaupt kein Problem gewesen, denn sie hatten Geld wie Heu. Aber der Mutter war ich nicht gut genug. Sie hatte schließlich reich geheiratet, und ich war nur der Sohn eines Handwerkers...«, sagte er mit einem hörbaren Kloß im Hals.

„Später hat meine Freundin dann einen anderen Mann geheiratet, aber sie konnte kein Kind mehr bekommen, und ein paar Jahre später ist sie noch sehr jung an Krebs gestorben."

*

Seine Mutter wusste bis heute nichts davon. Keiner in seiner Familie hat etwas davon erfahren. Er hat sich niemandem anvertraut. Er hatte sich mit diesem bitteren Geheimnis sehr alleine gefühlt. Wem hätte er das denn erzählen sollen?

Erst dreißig Jahre später, als seine Ehe mit Bettina geschieden wurde, fand Hannes plötzlich heraus, dass er mit seiner Mutter über alles, wirklich alles reden konnte. Es verblüffte ihn unbeschreiblich, dass er ihr von den intimsten Dingen erzählen konnte und sich von ihr verstanden fühlte. Seine Mutter spendete ihm den Trost, den er in dieser Situation dringend brauchte.

Nur zehn Jahre danach saß er mit seiner Schwester und einem Bestatter zusammen an einem Tisch, denn sie sollten Vorsorge treffen für den Fall, dass Henriette, die bereits das stolze Alter von zweiundneunzig Jahren erreicht hatte, eines nicht mehr fernen Tages sterben würde. Das Pflegeheim hatte um diese Vorsorge gebeten, damit man wisse, welches Bestattungsunternehmen gerufen werden sollte, wenn es so weit wäre. Seine Schwester war fest davon überzeugt, dass die Mutter in dem schon vorhandenen Grab beigesetzt werden wollte, in dem schon ihr Ehemann Kurt und auch ihr Sohn Willi begraben waren.

Hannes sah das zwar anders; denn zu seinem eigenen Ärger hatte man auch die beiden Schwägerinnen seiner

Mutter dort mit bestattet, die seine Mutter beide nicht hatte leiden können. Doch gegen das Argument der Schwester, dass es hohe Zusatzkosten verursachen würde, wenn man dieses Grab nun auflösen und ein neues Urnengrab kaufen würde, wusste er nichts einzuwenden.

An diesem Abend sagte er zu Julia, er selber wolle unter keinen Umständen in ein solches Grab, und dieses ganze Bimbamborium mit Trauerfeier und Leichenschmaus wolle er schon überhaupt nicht! Er wollte am Liebsten in diesem wunderschönen Friedwald in der Pfalz unter einem Baum begraben werden, von dem aus er diese herrliche Aussicht auf die Burg Trifels genießen dürfe, und dort könne er auch sicher sein, dass man ihn nicht nach zehn Jahren schon wieder ausbuddeln würde! Ob er von dieser Aussicht wohl wirklich etwas haben würde, wenn …?

Dem Tod war Hannes inzwischen schon einige Male von der Schippe gesprungen. Wahrscheinlich, so meinte er, habe auch er sieben Leben – wie eine Katze. Einmal hätte es ihn beinahe erwischt - damals, als er mit der Schleifmaschine an einige frei aus der Wand herausragende Elektroleitungen geriet, die nicht durch Klemmen gesichert waren. Er schilderte Julia, wie er von dem ihn durchfließenden Strom zitternd und wie gelähmt da stand, unfähig, diese verdammte Maschine loslassen zu können und mit dem Gedanken, dass er jetzt gleich tot sein würde. Irgendwann war er dann ohnmächtig geworden, und als er auf dem Fußboden wieder aufwachte, da konnte er es gar nicht fassen: die Schleifmaschine stand jetzt neben ihm. Irgendeiner seiner Kollegen, die in anderen Räumen zu tun hatten, war wohl aufmerksam geworden und hatte vermutlich die Sicherung abgeschaltet…

Jahre später hatte er die Diagnose Diabetes II bekommen und musste sich nun regelmäßig Insulin spritzen. Das funktionierte im Grunde genommen ganz gut. Er hatte dazu auch genaue Anweisungen bekommen. Doch wenn ein Diabetiker die Absicht hat, etwas zu essen, sich dafür die voraussichtlich erforderliche Menge an Insulin spritzt, dann aber doch nichts isst, bekommt er zwangsläufig Unterzucker, und das wird schnell lebensbedrohlich. Hannes musste diese Erfahrung mitten zwischen den Regalen eines Supermarktes machen. Plötzlich wurde ihm schwarz vor Augen, und als er wieder wach wurde, war der Notarzt bei ihm. Die Supermarkt-Angestellte hatte Gottseidank blitzschnell richtig reagiert und den Rettungsdienst gerufen.

Einige Wochen später geschah genau dasselbe in demselben Supermarkt noch einmal. Seitdem wurde er bei seinen Einkäufen etwas misstrauisch immer genau beobachtet – man konnte ja nie wissen!

*

Sie konnte sich gar nicht mehr daran erinnern, wann sie plötzlich derart sonnenhungrig geworden war. Niemals vorher hatte sie es für möglich gehalten, dass ein tagelang bedeckter Himmel ihr aufs Gemüt schlagen würde. Im Gegenteil – als Teenager hatte sie oft daran gedacht, wie interessant es sein musste, selbst einmal in die Arktis zu gehen, um dort die Polarnacht zu erleben. Schließlich war sie schon immer ein Nachtmensch gewesen, da konnten so ein paar Monate Dunkelheit doch gar keine Rolle spielen, oder?

Aber seit einigen Jahren war das ganz anders. Ob das an ihrem fortschreitenden Alter lag?

Alter – das war doch eigentlich lächerlich. Sie war vor wenigen Tagen gerade einmal Fünfundfünfzig geworden, eine Schnapszahl! Und ganz sicher kein Grund, von Alter zu reden. So unternehmungslustig wie jetzt hatte sie sich schon lange nicht mehr gefühlt!

Trotzdem war sie plötzlich ständig hungrig nach Sonne, nein, eigentlich eher nach Licht - Tageslicht oder auch angenehme Beleuchtung, aber eine bestimmte Mindesthelligkeit musste es immer sein. Lag es vielleicht daran, dass das Büro, in dem sie arbeitete, nach Norden lag und sie nur am späten Nachmittag ein wenig reflektiertes Licht von den Gebäuden gegenüber abbekam? Natürlich hätte sie ihre Mittagspause dazu nutzen können, diesen Lichtmangel durch tägliche Spaziergänge auszugleichen. Aber dummerweise hatte sie als Pendlerin zwischen zwei weit auseinander liegenden Städten einen Vertrag mit flexibler reduzierter Arbeitszeit und für den Arbeitsweg feste Fahrpläne. Mittagspausen kamen daher für sie nur selten in Frage, denn sonst wäre sie erst zwei Stunden später zurück nachhause gekommen – nach sehr oft sehr anstrengenden Tagen wie jenen, an die Julia sich auch Jahre später noch manchmal erinnerte:

Wohnungsbewerber hatten sich vorgestellt: eine sehr nette junge Familie mit drei noch kleinen Kindern. Sie hatten die frei werdende Wohnung im Dachgeschoß sofort mieten wollen. Diese gefiel ihnen sehr gut, und in diesem Haus wohnte außerdem auch bereits eine Verwandte. Beide hatten zwar nur ein geringes Einkommen, denn der Mann war arbeitslos geworden, doch immerhin verdiente die junge Frau als Büroangestellte ausreichend.

Als der Mietvertrag unterschrieben war und der Einzug erfolgen sollte, wollte Julia den Beleg über die Zahlung der vereinbarten Kaution sehen. Sie bekam per Fax die Kopie eines entsprechenden Überweisungsbeleges, und so wurde die Wohnung termingerecht übergeben. Drei Wochen später rief der Mieter an und bat um ein Gespräch vor Ort.

Obwohl der Sanitärfachmann schon mehrfach zu diesen Leuten gekommen war und genau erklärt hatte, wie das Gerät bedient werden musste, beklagten sich die Mieter, dass der Durchlauferhitzer noch immer nicht richtig funktioniere. Es käme so heißes Wasser, dass die Kinder sich verbrühen könnten. Julia dachte sich, dass diese Mieter wahrscheinlich mit der Bedienung dieses Gerätes überfordert waren, sagte zu, einen neuen Durchlauferhitzer zu bestellen und wollte sich verabschieden. Da bat der Mieter Julia ins Wohnzimmer, wies mit der Hand auf die schräge Wand gegenüber dem Fenster und sagte, hier sei es ja viel zu dunkel. Er verlange, dass hier noch ein Fenster eingebaut würde...

Im ersten Moment dachte Julia, sie hätte wohl nicht richtig gehört. Dann sagte sie, die Mieter hätten die Wohnung doch vorher besichtigt. Warum sie denn gemietet hätten, wenn es ihnen hier zu dunkel ist? Das, so erklärte der Mann, läge daran, dass die Besichtigung in den Abendstunden stattgefunden habe - nach Julias Erinnerung war es Spätnachmittag gewesen. Der Mann beharrte nun darauf, dass hier unbedingt ein Fenster eingebaut werden müsse. Da antwortete Julia energisch, dass ihre Firma das ganz sicher nicht tun würde, es sei denn, er - der Mieter - würde die voraussichtlichen Kosten von zwanzigtausend Mark selber bezahlen. Gerade im Dachbereich seien für einen solchen nachträglichen Fenstereinbau enorme Nebenarbeiten nötig, denn das Dach musste ja dicht bleiben.

Da sagte der Mieter vorerst einmal nichts mehr.

Die nächste Mietlastschrift wurde nicht eingelöst, doch da befand Julia sich gerade im Urlaub. Als sie wieder im Büro war, stellte sie fest, dass auch die folgende Miete nicht bezahlt wurde. Wegen der vielen zu bearbeitenden Rückstände, die sich wegen ihres Urlaubs angesammelt hatten, kam sie aber erst zu Beginn des dritten Monats dazu, eine Mahnung zu schreiben.

In der Zwischenzeit hatten sich die Nachbarn bei der Hausmeisterin massiv darüber beschwert, dass diese neuen Mieter durch sehr lautstarke Streitereien (mit äußerst unflätigen Worten) spätabends Ruhestörungen verursacht hätten. Außerdem würden deren Kinder ständig im Treppenhaus herumtoben und überall Schmutz hinterlassen. Die höfliche Aufforderung, die Julia daraufhin schrieb, zeigte keine Wirkung.

Misstrauisch geworden, fragte Julia nun bei der Bank nach, ob die Mietkaution inzwischen gebucht worden wäre. Da erfuhr sie, dass keine Kaution eingegangen war.

Die Mieter wiesen diese Behauptung in einem zweiseitigen Brief in unverschämtem Ton zurück: »Es ist Ihre Schuld, dass sie das Geld nicht bekommen haben, Sie hätten es abbuchen müssen! Im Moment können wir keine drei Mieten nachbezahlen. Warten Sie ab bis zum 15., dann können Sie die laufende Miete abbuchen!«

Julia war perplex.

Sie hatte in dieser Hinsicht schon sehr viel erlebt, aber das schlug dem Fass den Boden aus.

Julia schickte einen ausführlichen weiteren Mahnbrief. Um die Sache nicht eskalieren zu lassen, bot sie – schon wegen der drei Kinder - darin Ratenzahlung für die Mietrückstände an. Doch der Mieter rief am übernächsten Tag an, regte sich furchtbar über die Hausmeisterin und diesen Brief auf und behauptete, alles wäre bezahlt. Julia bat darum, er solle zuerst einmal seine Kontoauszüge prüfen.

Die Hausmeisterin hatte von anderen Nachbarn erfahren, dass diese Mieter sich angeblich ein Kindermädchen leisteten; allerdings würde dieses Kindermädchen seine Zeit weniger mit den Kindern auf dem Spielplatz als vielmehr mit dem Mieter in der Wohnung verbringen...

Kurz darauf ging eine Zahlung über zwei Monatsmieten ein und in den folgenden zwei Monaten wurde die laufende Miete auch bezahlt. Im darauffolgenden Monat blieb die Miete wieder aus, und die Kaution sowie die dritte noch rückständige Miete waren auch noch offen. Da blieb Julia kein anderer Weg, als diesen Mietern fristlos zu kündigen. Doch es passierte nichts. Die Mieter blieben wohnen. Was da zu tun war? Räumungsklage...

Auf den Brief des Rechtsanwalts schrieb die Mieterin, sie habe mit dieser Wohnung nichts mehr zu tun. Sie habe sich von ihrem Mann getrennt und die Mietschulden gingen sie nichts an. Der Begriff ‚gesamtschuldnerisch' war ihr offenbar fremd.

Auf die Klageerhebung folgte ein Verhandlungstermin, bei dem die Mieterin, die sich mit ihrem Mann wieder zusammengetan hatte, sehr aufgebracht behauptete, sie hätte doch längst alles bezahlt und sie habe auch Belege dafür. An allem wäre nur diese Objektmanagerin schuld, weil die ständig Mahnungen geschickt habe.

Da erklärte die Richterin ganz unmissverständlich, dass sie diesen Behauptungen der Mieter keinen Glauben schenken könne. Sie wies darauf hin, welche Zusatzkosten für die Beklagten noch entstehen würden, wenn sie sich einem Anerkenntnisurteil widersetzten und es auf einen weiteren Gerichtstermin ankommen lassen wollten. Da gab die Mieterin schließlich kleinlaut bei.

Das Anerkenntnisurteil erging und war nach seinem Inkrafttreten gleichzeitig auch ein Räumungsurteil. Dazu hatte die Richterin die Mieter schon bei der Urteilsverkündung ausdrücklich darauf hingewiesen, dass sie sich nun schnellstmöglich eine andere Wohnung suchen müssten. Der Rechtsanwalt schickte nach Eingang des vollstreckbaren Urteils seine Kostenrechnung und fragte nach, ob er den Gerichtsvollzieher mit der Zwangsräumung beauftragen solle. Julia bejahte und wartete... und wartete...

Auf Nachfrage beim zuständigen Gerichtsvollzieher erfuhr der Anwalt schließlich, dass dieser die Räumung erst in vier Wochen durchführen könne. Natürlich bekamen diese Terminmitteilung auch die verurteilten Mieter. Zehn Tage vor dem angesetzten Räumungstermin teilte die Mieterin telefonisch mit, sie sei schwanger und habe von ihrem Arzt ein Attest, dass sie nicht umziehen könne. Julia bestand darauf, dass ihr dieses Attest schriftlich vorgelegt würde, und zu ihrer Kollegen sagte sie: »Wetten, dass Frau XY erst jetzt zum Arzt geht?« Prompt erhielt sie am nächsten Tag per Fax ein Attest – mit dem Datum genau dieses Tages. Darin bestätigte der Arzt nur, dass Frau XY schwanger war.

Unvorsichtigerweise rief Julia die Mieterin deshalb an und sagte ihr, dass von der von ihr behaupteten Gesundheitsgefährdung nichts in diesem Attest stünde. Am nächsten Tag kam dann ein neues Fax mit einem neuen Attest, wonach die Mieterin unter Depressionen litt und ein Umzug für sie gesundheitliche Probleme bereiten würde. Der Gerichtsvollzieher, den Julia daraufhin befragte, teilte mit, dass er unter diesen Umständen Räumungsaufschub gewähren müsse, jedoch nicht bis zur Geburt des Kindes. Es könne sich höchstens um vier Wochen handeln. Die Mieter, die nun sagten, sie hätten bereits eine neue Wohnung, bekamen diese Fristverlängerung schriftlich mitgeteilt.

Der Gerichtsvollzieher fuhr in Urlaub und hatte einen neuen Räumungstermin für sechs Wochen später angesetzt. Die Hausmeisterin wurde gebeten, bei den Mietern noch einmal darum zu bitten, dass eine Kopie von deren neuem Mietvertrag vorgelegt werden sollte; denn dann könnten sie sich die voraussichtlich hohen Räumungskosten, die sie selber tragen müssten, ersparen.

Eine Woche vor diesem neuen Räumungstermin kam ein Fax der Mieterin mit der Mitteilung, sie habe zum nächsten Ersten einen Mietvertrag für eine andere Wohnung. Julia bat um eine Kopie, um die Räumung absagen zu können. Da erklärte die Mieterin, sie bekäme diesen Mietvertrag erst einen Tag vor dem Räumungstermin. Der Unterschriftsberechtigte sei gerade in Urlaub. Als Julia nachhakte, wer denn der neue Vermieter wäre und auch dessen Adresse haben wollte, sagte die Frau, es handele sich um eine Erben-gemeinschaft und den Namen des Unterschriftsberechtigten wisse sie nicht. Telefonnummer? Nein, die habe sie leider auch nicht...

Da stand für Julia fest: kein Wort davon stimmte.

Sie teilte der Mieterin - per Fax, das die Hausmeisterin in den Briefkasten der Mieter einwarf, - mit, dass die Vertragskopie spätestens vier Tage vor Räumungstermin auf ihrem Tisch liegen müsse; andernfalls würde die Räumung durchgeführt werden.

Die Mieterin fragte bei der Hausmeisterin nach, wohin die Leute bei einer Räumung denn immer gebracht würden, doch die wusste das auch nicht und verwies auf den Gerichtsvollzieher oder das Sozialamt. Der Herr vom Amt rief Tags danach bei Julia an und fragte empört, ob sie denn tatsächlich eine Hochschwangere auf die Straße setzen wolle. Daraufhin entrüstete sich Julia, diese Leute hätten schließlich nun wirklich genug Zeit bekommen, um sich eine andere Wohnung zu suchen. Sie habe vor diesem neuerlich aufgeschobenen Termin schon einmal vier Wochen Aufschub gewährt und bis heute keinen Beweis für einen neuen Mietvertrag über eine andere Wohnung. Die Wohnung müsste geräumt werden.

Eine halbe Stunde später rief der Dienststellenleiter bei Julia an und war sehr aufgebracht darüber, dass sie diese hochschwangere Frau auf die Straße setzen wollte. Mit dieser Geschichte würde die Frau an die Presse gehen!

Vorsichtiger geworden, befragte Julia nun noch einmal den Rechtsanwalt, ob und welche Vorschriften es in einem solchen Fall gäbe. Doch der verneinte und gab den Rat, die Sache endlich durchzuziehen. Diese Mieter hätten ja die Möglichkeit gehabt, beim Amtsgericht selbst einen Antrag auf Räumungsschutz zu stellen.

Kaum war dieses Telefonat beendet, da rief auch schon die betreffende Mieterin wieder an und teilte mit, sie habe die Sache jetzt an die Presse gegeben und RTL – Herr Jauch – habe ihr auch schon einen Termin gegeben. Der Gerichtsvollzieher rief gleich danach bei Julia an und erklärte, die Zeitung habe bei ihm nachgefragt, ob das mit dieser Räumung tatsächlich stimme. Er habe dazu jedoch keine Auskunft gegeben.

Nun besprach Julia die Angelegenheit unverzüglich mit ihrem Vorgesetzten und dieser holte sich Rat – oder Anweisung? – bei seinem Regionalleiter. Das Ansehen, das die Firma in der Öffentlichkeit genoss, stand auf dem Spiel; denn ungeachtet dessen, ob die Geschichte der Mieterin stimmte oder nicht – bei den Lesern und/oder Zuschauern würde der negative Aspekt hängen bleiben, der das Image der Firma beschädigen könnte. Die Anweisung lautete daher, dass die Räumung bis acht Wochen nach der Niederkunft aufgeschoben werden sollte...

Und was Julia nicht mehr für möglich gehalten hatte, trat ein: die Mieter gaben die Wohnung tatsächlich acht Wochen später freiwillig zurück... und hatten sogar renoviert! Noch mehr Schulden wollten sie sich ganz offensichtlich nicht mehr leisten.

Ob die neue Wohnung dieser Leute nun hell genug war und auch Dachfenster hatte?!

*

Zumindest im Sommer konnte Julia den von ihr als bedrückend empfundenen Lichtmangel mit längeren abendlichen Rundfahrten mit dem Fahrrad oder mit

Spaziergängen rund um die Gärten ihrer Nachbarschaft wettmachen.

Dabei hatte sie noch bis vor kurzem die Gesellschaft ihres Mannes gehabt, der sie oft von der S-Bahn-Station abgeholt hatte. Im Spätsommer letzten Jahres hatte er dann einmal die Bemerkung gemacht, dass er wohl doch nicht mehr so viel Kondition habe wie früher und dass das Fahrradfahren ihn jetzt viel mehr anstrenge.

Am letzten Februar-Wochenende des folgenden Jahres, als er morgens auf dem Gehweg vor dem Haus mit dem Straßenbesen den Schnee der vergangenen Nacht wegkehrte, hatte er danach plötzlich starke Brustschmerzen bekommen. Da hatte Julia sofort zum Telefon gegriffen und den Notarzt gerufen, weil sie befürchtete, er habe einen Herzinfarkt. Der Arzt und die Rettungssanitäter konnten dafür nach gründlicher Untersuchung jedoch keinen Anhaltspunkt finden. Sie schlugen deshalb vor, er solle mit ins Krankenhaus kommen und sich dort - für alle Fälle - eingehender untersuchen lassen.

In der Klinik war an diesem Sonntag unglaublich viel los, so viel, dass Walter zwei Stunden später noch immer in der Notaufnahme lag, wo er noch einmal ein EKG bekommen hatte, das gerade ab gestöpselt wurde, als Julia bei ihm eintraf. Aber erst weitere zwei Stunden später konnte er auf ein Zimmer in der Kardiologie verlegt werden.

Nach wie vor klagte er über Schmerzen in der Brust, obwohl er schon mehrmals Schmerzmittel bekommen hatte. Als der Stationsarzt endlich zur Visite vorbeikam und ihm mit der Hand den Rücken abklopfte, rief Walter: »Hier tut es immer noch weh, da hatte ich mir doch den Wirbel gebrochen!« Der Arzt stutze kurz, sagte »Aha« und erklärte, dass es morgen dann weitere Untersuchungen geben werde.

Julia aber war heftig erschrocken und hatte sich gedacht: »Mein Gott, Walter, jetzt hast du den Arzt vielleicht total in die Irre geführt ... das hättest du nicht sagen sollen!«

Erschrocken war Julia etliche Monate vor Walters Zusammenbruch schon einmal, und zwar über eine Grafik, die er von einem Freund mit ungarischer Abstammung bekommen hatte. Walter hatte diesen Freund darum gebeten, von ihm ein Bild für die Umschlagrückseite seines Lyrikbandes zu fertigen, der sich gerade in Vorbereitung befand und der den Titel »Erschlossene Landschaften« bekam. Dieser Ungar war Julia irgendwie unheimlich. Er sprach ständig von tieftraurigen Dingen und von berühmten französischen Dichtern, die im Wahnsinn geendet hatten und deren düstere Gedichte er auswendig rezitierte.

Als dieser sehr anhängliche Künstler dann seine wirklich kunstfertige Grafik vorlegte, da fuhr Julia wie ein Blitz der Gedanke durch den Kopf: »Mein Gott – das sieht ja aus wie eine Totenmaske!«

Ihrem Mann sagte sie darüber nichts, doch ihre Betroffenheit hielt an. Immer, wenn sie dieses Bild sah, kam derselbe Gedanke in ihr hoch und saß wie ein Alb auf ihrer Brust.

Walter aber war begeistert gewesen von diesem Werk. Es kam auf die Umschlagrückseite seines ersten Taschenbuches, das (leider mit einigen groben Druckfehlern) im Sommer 2002 veröffentlich wurde.

Julia brachte ihm jetzt noch einmal ein Glas Mineralwasser an sein Bett und wollte sich für diesen Abend verabschieden. Da sagte Walter zu ihr: »Ich danke dir für alles, was du für mich getan hast.«

Julia war entsetzt über diesen Satz, der nach endgültigem Abschied klang. Sie fragte: »Was soll denn das heißen?« und sprach mit scherzhaftem Ton und einem aufmunternden Lächeln weiter: »Reiß' dich bloß am Riemen! Du musst mich noch mindestens weitere zehn Jahre ärgern!« Walter lächelte schwach und sagte dann: »Schriftsteller … soll auf meinem Grabstein stehen, ‚Schriftsteller'.« Betroffen und beschwichtigend antwortete sie ihm, dass er jetzt doch erst einmal das Ergebnis der morgigen Untersuchung abwarten solle. Es sei ja kein Herzinfarkt festgestellt worden, und es werde schon alles wieder gut werden. Dann gab sie Walter noch einen letzten Kuss und fuhr schweren Herzens nach Hause.

Auf dem Heimweg machte sie sich Gedanken darüber, ob sie trotz der weit fortgeschrittenen Abendstunde das Gespräch mit dem zuständigen Arzt hätte suchen sollen; denn sie konnte sich nicht erklären, warum Walter trotz des Schmerzmittels, das er über eine Kanüle verabreicht bekam, immer noch Schmerzen hatte. Doch der Arzt hatte ohnehin zu viel Stress gehabt, und offenbar war ja nichts Lebensbedrohliches festgestellt worden. Julia gab sich mit der Hoffnung zufrieden, dass das Schmerzmittel bald wirken würde.

Am Morgen des nächsten Tages rief sie in ihrem Büro an und bat darum, heute einen Urlaubstag nehmen zu dürfen. Als aber um die Mittagszeit das Telefon klingelte und der diensthabende Arzt bei ihr anrief, da war es für ihren Krankenbesuch bereits zu spät. Der Arzt teilte ihr bedauernd mit, dass Walter um 11:43 Uhr gestorben war.

Fassungslos, beinahe sprachlos hatte sie am Telefon nur geflüstert: »Das gibt es doch nicht, das kann doch gar nicht sein«!

Dann war sie tränenüberströmt losgefahren, um sich ein allerletztes Mal von ihrem toten Mann zu verabschieden.

*

Ich habe ihm nie eine Chance gegeben«, sagte ihre Freundin Karin, »denn seit dem Tag, an dem er mir erzählte, dass er damals bei den Aussiedlern Bücher konfisziert hat, war er für mich erledigt. Meine Mutter hat jahrzehntelang ihren Büchern und Gedichtbänden nachgetrauert, die man ihr damals bei der Vertreibung abgenommen hatte und für die sie nirgends mehr Ersatz finden konnte. Und er war für mich von da ab auch einer von denen, die meiner Mutter so in der Seele wehgetan haben.«

Darüber hatte die Freundin noch nie zuvor mit ihr gesprochen. Immer hatte Julia das Gefühl gehabt, dass Karin eine ihr unerklärliche Feindschaft empfand gegenüber dem Mann, den sie geheiratet hatte. Walter, der als engagierter Journalist nach dem Prager Frühling aus Tschechien emigriert war, konnte zu Karin noch so freundlich und charmant sein - sie reagierte beinahe immer feindselig. Zuerst hatte Julia ihrem Mann deswegen Vorwürfe gemacht, er solle die Freundin nicht ständig mit seinen Geschichten über Literatur zuschütten. Doch nach einiger Zeit, in der sie die Verhaltensweisen der beiden beobachtet hatte, beschloss sie, ihre Freundin künftig nur noch alleine zu treffen, die Anwesenheit ihres Mannes dabei möglichst zu vermeiden. Die seit Jahrzehnten bestehende sehr enge Freundschaft hatte einen Knacks bekommen.

Auch bei ihrer serbischen Freundin Dunja hatte Julia vor Jahren eine widersprüchliche Verhaltensweise feststellen müssen. Obwohl Dunja mit vielen Leuten aus den anderen ehemals jugoslawischen Nationalitäten durchaus befreundet war, hatte sie damals, als der Bosnienkrieg ausbrach, ebenfalls uralte Geschichten und Vorurteile aus der nationalen serbischen Geschichte aufgetischt. Was die unerbittlichen blutigen Rivalitäten aus der Geschichte des Balkans betraf, glaubte auch sie alles, was in den Schulbüchern ihrer Kindheit gestanden hatte.

War das zur Schulzeit von Julias Eltern anders gewesen?

Dass daran im Interesse der jeweiligen Machthaber etwas ‚geschönt' war, glaubten auch damals nur einige wenige.

Die Serben hatten den Traum gehabt, ihr zerstörtes Großreich (wenigstens teilweise) neu zu schaffen. Diese faschistischen Kroaten mit ihrer Ustascha waren an allem schuld – die Kroaten, die angeblich ‚verlogenen' rachsüchtigen Muslime - und natürlich Amerika, das sich in alles einmischte. Dunjas Familie war felsenfest davon überzeugt, dass die ‚Verschwörungstheorien', die neuerdings über die Rolle Amerikas und die der NATO verbreitet wurden, auf Tatsachen beruhten.

Über einen solchen Unsinn hatte Julia sich heftig aufgeregt. Doch sie hatte nicht Geschichtswissenschaften studiert, und beweisen ließ sich weder das eine noch das andere … oder doch?

Erst vor einigen Jahren hatte sich - sehr spät - herausgestellt, dass der Irakkrieg auf Lügen des Amerikanischen Geheimdienstes fußte.

Konnte es auch in diesem Fall raffiniert platzierte Manipulation gewesen sein? Wenn UNO-Blauhelme ein Massaker an Muslimen nicht verhinderten, wem sollte man da noch Glauben schenken?

Zumindest hatte Dunja zwei Flüchtlingsfamilien aus dem Kosovo in dem Haus ihres Vaters Zuflucht gewährt. Dort in der Vojvodina konnten sie sich eine neue Existenz aufbauen.

Der Bruder ihres bosnischen Mannes aber musste noch wenige Tage vor dem Ende dieses unseligen Krieges auf tragische Weise sein Leben lassen.

Konnte man den Nachbarn, die heute dort lebten, auf ewige Zeiten hunderte von Jahren zurückliegende Taten und Untaten ihrer Vorfahren anlasten? Hatten auf dem Balkan wirklich immer nur die anderen, allen voran die muslimischen Osmanen und später die Kroaten, Gräueltaten begangen?

Wenn keine dieser Volksgruppen dazu bereit war, längst Vergangenes endlich vergangen sein zu lassen, konnte dann die Zukunft der Kinder jemals besser werden? *Auf welcher Basis sollte da Frieden wachsen?*

Gab es Leute, die daran gar kein Interesse hatten? An Waffen wurde schließlich überall auf der Welt gut verdient!

Bei der Suche nach einer plausiblen Antwort stieß Julia auf eine von der Fakultät für Gesellschaftswissenschaften der Universität Duisburg-Essen, Standort Duisburg, genehmigte Dissertation mit der Bezeichnung »*Der nationale Diskurs unter Einfluss von Kriegspropaganda, Kirche und Folklorismus - Zur Entwicklung serbischer Selbstwahrnehmung*«, die von *Srdjan Petkovic* zur Erlangung des Dr. phil. an der Universität Duisburg Essen veröffentlicht wurde. Darin heißt es unter anderem:

>> ... Problematisch ist auch die Unterstellung, bei ethnopolitischen Konflikten liege prinzipiell eine Versagung von Grundbedürfnissen nahe, womit andere Erklärungen sofort in den Hintergrund treten[21]. Gleichwohl macht dieses Konzept mit guten Gründen darauf aufmerksam, dass die Konfliktgegenstände auf verschiedenen Ebenen angesiedelt sind und es gerade bei ethnopolitischen Auseinandersetzungen darauf ankommt, auch die tieferliegenden Motive des Konfliktverhaltens zu thematisieren.

Neben der Frage der Anerkennung der anderen ethnischen Identitäten ist ein zweites charakteristisches Merkmal ethnopolitischer Auseinandersetzungen diejenige nach der „historischen Wahrheit": Wer hat zuerst dieses Territorium besiedelt? Wer hat „Schuld" an der Zuspitzung des Konflikts? Wer hat wem im Laufe des Konflikts was angetan? Es gibt die verbreitete Einstellung, dass es doch leicht sein müsste, den Konflikt friedlich beizulegen, wenn es gelänge, die Gegenseite und eventuelle dritte Parteien von der eigenen „historischen Wahrheit" zu überzeugen. Diese Haltung wird nicht selten mit einer solchen Unerbittlichkeit verfolgt, dass sie die Konflikte oft genug weiter anheizt. Vermutlich ist es richtig, dass eine dauerhafte Versöhnung nur möglich ist, wenn an den historischen Verletzungen gearbeitet wird, was ohne eine Aneignung der gemeinsamen Vorgeschichte nicht möglich ist. Entscheidend ist dabei jedoch die Haltung: Geht es um Rechtfertigung als Konfliktstrategie oder um Aufklärung als Problemlösung? <<

Hatten auf dem Gebiet der heutigen Bundesrepublik Deutschland noch vor wenigen Jahrhunderten zwischen allen Landesfürsten – Bayern, Braunschweiger, Preußen ... - nicht ebenfalls immer wieder kriegerische Auseinandersetzungen stattgefunden, bei denen es um Einflusssphären, politische Bündnisse und – ganz nebenbei - auch um Landgewinn und Profit ging?

*

Die Frage, die sich Julia bei diesen abwägenden Gedanken aufdrängte, war die, ob überhaupt eine andere Nation als die der Deutschen es jemals als ihre Aufgabe gesehen hatte, Vergangenheit aufzuarbeiten - schonungslos. Vergangenheit – hatten sie die nicht alle, und ganz besonders die ehemaligen Kolonialmächte, ob nun in Südamerika, in Afrika, in Indien oder in Indonesien?

Geschichte erzählte im Grunde genommen immer davon, dass jede vergangene Epoche von ‚ihrem' Zeitgeist geprägt war. Hatten nur die Deutschen die große Herausforderung angenommen, sich der Frage zu stellen nach Ursachen und Wirkung?

Walter, der böhmisch-deutsche Tscheche, hatte ihre Freundin Karin nie beleidigt, ihr nie etwas getan, was ihre Feindseligkeit ihm gegenüber gerechtfertigt hätte. Nach all den langen Jahren, in denen sie mit Karin nun schon befreundet, ja, geradezu eng verbunden war, fragte sich Julia mit einem Mal ernüchtert, was für eine Freundschaft das sein konnte, wenn man über ein derart wichtiges Thema nicht sprach …

Hatten Karins Mutter und der Großvater immer nur von ihren eigenen Befindlichkeiten erzählt und nie etwas davon, wie es ihren tschechischen Nachbarn seit 1938 ergangen war? Hatten sie davon wirklich nichts gewusst?

Ohne Frage - auch Julia fand es schrecklich und völlig inhuman, dass die damals erst drei Jahre alte Tochter von Karins Mutter während der Vertreibung an Lungenentzündung sterben musste, weil die Tschechen damals nicht bereit waren, ihnen heißes Wasser zu geben, geschweige denn, Mutter und Kind in ihr geheiztes Haus zu lassen. In einem eiskalten Kuhstall und ohne ärztliche Hilfe waren sie sich dort völlig selbst überlassen gewesen, und – schlimmer noch – die Mutter musste ihr totes Kind dann mit ihren bloßen Händen verscharren. »Němce swině« - das ‚Deutsche Schwein' - fassten die Tschechen nicht an …

Aber gab es für echte und dauerhafte Versöhnung denn etwas Wichtigeres als gegenseitiges Verzeihen? Auch auf tschechischer Seite gab es viele ehrliche Menschen, die das barbarische Verhalten mancher ihrer Landsleute sehr bedauerten, die sich dafür schämten.

Es irritierte Julia sehr, dass Karin sich mit Scheuklappen in den Schmollwinkel der Beleidigten zurückgezogen hatte, anstatt sich (so objektiv wie irgend möglich) darüber zu informieren, welche Hintergründe das Schicksal ihrer Mutter gehabt hatte.

Mit Erschrecken stellte sie fest, dass es anscheinend eine automatische Weitergabe von Vorurteilen, von Ablehnung, ja sogar von Hass von der einen Generation an die nächste gab - ohne dass diese nächste Generation persönlich irgendwelche negativen Erfahrungen gemacht hatte. Alleine die mündliche Weitergabe genügte, Erzählungen aus der Vergangenheit, von Erlebtem oder Gehörtem. In beinahe jedem Einzelfall wurde das sehr einseitig betrachtet, stets aus dem Blickwinkel des Erzählenden.

Wieder einmal fragte sie sich, ob die Menschen überall auf der Welt wirklich unfähig waren, Geschichte und Geschichten kritischer zu überdenken, sich auch eigene Fehler einzugestehen, die dann zwangsläufig Folgen gehabt hatten? Welchen Grund konnte dieser damals aufgeflammte Hass, diese Verachtung, diese Unmenschlichkeit gehabt haben?

Ließ jeder Mensch sich leicht manipulieren? Und... konnte sie sich selbst davon ausnehmen?

Schon vor vielen Jahren fand Julia bei einem Besuch in Marienbad (Mariánské Lázně) im benachbarten Broumov in einer sehr sehenswerten alten kleinen Holzkirche, der ‚Friedhofskirche der Jungfrau Maria unter den Linden', ein Buch mit dem Titel:

»*Das LOS der deutsch-tschechischen Nachbarschaft*«, in dem der Theologe Dr. Jiři Otter einen hochinteressanten »kleinen Spiegel der gemeinsamen Geschichte über zwölf Jahrhunderte« zusammengestellt hat. Dort wird im letzten Drittel u.a. folgendes berichtet:

... Im Februar 1937 versuchte die ČSR-Regierung noch einen friedlichen Ausgleich mit der deutschen Minderheit ... durch Verhandlungen über die Verbesserung der wirtschaftlichen Verhältnisse ... die Leiter der SdP waren gegen den angebotenen Ausgleich und begannen direkte Verhandlungen mit Hitler über die Annektierung des Sudetenlandes …

… Anfang September 1938 steigerte Hitler seine Forderungen bis zur vollen Autonomie für das Sudetenland

… Nach Hitlers Rede … organisierte Konrad Henlein (Führer der Sudetendeutschen Partei, SdP) einen bewaffneten Putsch, der jedoch durch die ČSR-Organe unterdrückt wurde. Die SdP wurde verboten und ihre Leiter flüchteten nach Bayern, wo sie mit Hilfe der NSDAP freiwillige terroristische Freikorps organisierten. Die Feindschaft auf beiden Seiten zerstörte die restlichen Nachbarschaftsbeziehungen …

… Die beauftragten westlichen Politiker … wollten keinen neuen Krieg mit Deutschland riskieren …

… unterlagen sie schließlich dem faschistischen Druck Hitlers und Mussolinis und vereinbarten im sog. Münchner Abkommen die Abtretung der ČSR-Grenzgebiete an Hitler-Deutschland

… Die ČSR verlor insgesamt 29.000 km² ihres Gebietes mit 3,4 Millionen Einwohnern.

… Tausende tschechische Bürger wurden aus ihren Wohnungen im Grenzgebiet erbarmungslos verjagt und mussten, nur mit den nötigsten Mobilien, in das tschechische Binnenland umziehen, um hier eine neue armselige Existenz zu suchen.

Die Gräueltaten der fanatischen sudetendeutschen Nazis erweckten in den vertriebenen Tschechen und in breiten Schichten der Bevölkerung die Idee einer künftigen gerechten Vergeltung … «

Aus EGO (Europäische Geschichte Online) entnahm sie:
- *Brandes, Detlef: Flucht und Vertreibung (1938–1950)*

\>> In den Jahren 1938 bis 1950 waren zahlreiche Völker und Volksgruppen von Evakuierung, Flucht, Bevölkerungsaustausch, Vertreibung und Zwangsaussiedlung betroffen. Nach dem Abschluss des Hitler-Stalin-Paktes und der militärischen Niederlage Polens führten Deutschland und die Sowjetunion hinter der vereinbarten Demarkationslinie umfangreiche Bevölkerungsverschiebungen durch und setzten die Deportationen auch nach dem deutschen Angriff auf die Sowjetunion fort. *Die Exilregierungen Polens und der Tschechoslowakei gewannen die großen Alliierten für den "Transfer" der Deutschen aus Ostdeutschland und den Sudetengebieten nach dem Ende des Krieges.* Ziel dieser Politik war (*neben der Vergeltung für die Rolle der deutschen Minderheiten bei der Zerschlagung ihrer Nationalstaaten und für die grausame Besatzungspolitik*) die nationale Homogenisierung, von der sich die kleineren Staaten größere Sicherheit erhofften. <<

*

Im Vorwort zu Walters Lyrikband »Leg nicht dein Ohr auf die Gleise« *schrieb sein Freund Manfred Schwab,* was Walter über seine Erlebnisse auf der Flucht aus der damaligen Tschechoslowakei erzählt hatte:

\>> … wollte die fast mittellose Familie in den Flussauen der Sava ein Nachtquartier im Freien beziehen. Aber ein blutrünstiges Mückengeschwader jagte sie fast so rasch in die

Flucht wie in Prag die Rote Armee. Auf der Suche nach einer Notunterkunft liefen sie einem hünenhaft-wohlgenährten katholischen Pfarrer in die hilfsbereiten Arme. Vladimir hieß er, wie der Militärpfarrer im „Schwejk", und er nahm sie mit in sein Haus und rief bei der Messe in seiner „Roten Kirche" zu einer Spendensammlung für die Flüchtlinge auf. Walter fragte den Geistlichen, wieso er denn zu den ihm fremden Menschen so überaus hilfsbereit sei.

„Ja weißt du, Walter", war die Antwort, „wir Kroaten sind eben ein christliches und hilfsbereites Volk. Aber vor unseren Nachbarn, den Slowenen, den Bosniern und besonders vor den Serben müsst ihr euch in Acht nehmen. Da herrscht eine ganz andere Mentalität."

Das Visum ließ auf sich warten, und so beschlossen die tschechischen Flüchtlinge, erst einmal ins slowenische Laibach zu fahren ...

... bis eine Kneipenbekanntschaft, ein alter Briefträger, dem gerade die Frau abhandengekommen war, die Familie bei sich aufnahm und sie sogar nach Österreich schmuggeln wollte, über die grüne Grenze. Doch die war inzwischen weiß – in den Alpen lag bereits Schnee – und Walter mit seinen vier und acht Jahre alten Kindern schreckte vor diesem Abenteuer zurück. Ausgestattet mit einem Brief an den Chef des dortigen Tourismusbüros wollte er sich lieber per Anhalter ins 1.500 Kilometer entfernte Sarajewo durchschlagen und bei einer Tante auf das Zagreber Visum warten. Als er sich bei dem Briefträger und anderen hilfsbereiten Slowenen bedankte, fragte er wieder: „Wie kommt es, dass ihr so freundlich seid zu Menschen, die ihr gar nicht kennt?" und bekam zur Antwort:

„Naja, wir Slowenen haben halt ein weiches Herz. Aber nehmt euch in Acht vor den Kroaten, und besonders vor den Serben, das sind schlimme Burschen!"

Nach viertägiger Fahrt quer durch Jugoslawien erreichte die Familie Sarajewo, die wunderbare Hauptstadt von Bosnien-Herzegowina. Die Tante war bitterarm und konnte den Verwandten weder Bett noch Brot anbieten. Aber im Schriftstellerverband fand Walter Kollegen wie den bosnischen Lyriker Mak Dizdar oder den Schauspieler Finzi, einen Serben, der im gleichnamigen Film den Attentäter von Sarajewo gespielt hatte. Sie übersetzten und veröffentlichten Walters Gedichte und der Chef des Tourismusbüros Ozebih stellte Walter sogar für vier Tage in sein Unternehmen ein, wovon er einen Tag lang Postkarten sortierte und drei Tage mit dem Chef Kaffee und Slibowitz trank und über den tschechischen und den jugoslawischen Weg zum Sozialismus diskutierte. Dafür bekam er ein Monatsgehalt, quasi als brüderlich-sozialistische Fluchthilfe.

Nur das Visum aus Zagreb kam nicht, und so musste sich die Familie wieder auf den Weg machen. Tief gerührt von der Welle der Hilfsbereitschaft, wollte Walter beim Abschied wiederum den Grund für die bosnische Fremdenfreundlichkeit erforschen. Man ahnt, was er zu hören bekam:

„Siehst du, Walter, hier in Bosnien leben die verschiedensten Volksgruppen und Religionen friedlich zusammen. Wir Bosnier sind unvoreingenommene Menschen mit Herz und Gefühl. Aber glaube nicht, dass das überall so ist in Jugoslawien. Nimm dich bloß in Acht vor den Kroaten und Slowenen! Ganz zu schweigen von den Albanern!" ... <<

*

Im Internet hatte Julia unter anderem einen Artikel gefunden, in dem der Sohn sudetendeutscher Eltern, *Johann Neudert*, geboren in dem tschechischen Ort Laubendorf, (s)eine
»*Kurze Geschichte Böhmens und Mährens*«
erläuterte. Er schrieb:

»*Ob man Geschichte objektiv aufschreiben kann, ist ein Streitpunkt unter den Historikern. Ich bemühe mich, sie wahrheitsgemäß darzustellen, bekenne mich aber dazu, dass Gefühle mitschwingen.* «

Nach seinem Bericht >> ...» waren die Tschechen im ab 1867 bestehenden Vielvölkerstaat Österreich-Ungarn schlechter gestellt als die Deutschen.

... machte die um sich greifende Industrialisierung auch nicht vor Böhmen und Mähren Halt... Doch die Tschechen profitierten nur bedingt von diesem Aufschwung, da besonders die Schwerindustrie größtenteils unter deutschem Einfluss stand ...

... Ab Mitte des 19. Jahrhunderts waren viele Tschechen nicht mehr bereit, die wirtschaftliche, politische und kulturelle Zurücksetzung weiter zu ertragen ...

... Mit Hilfe des Münchener Abkommens (September 1938), das die Abtrennung der von Deutschen besiedelten Gebiete der Tschechoslowakei an das Deutsche Reich vorsah, versuchten die Westmächte, einerseits wieder gut zu machen, was sie 1918 an Unrecht hatten geschehen lassen, andererseits aber auch Hitlers Expansionsgelüste zu stoppen.

... Er besetzte 1939 völkerrechtswidrig die Rest-Tschechei und begann den Zweiten Weltkrieg, in dessen Folge es zur Vertreibung von 3 Millionen Sudetendeutschen kam.

... Diese Tatsachen und Geschehnisse, natürlich vor allem

die im 20. Jahrhundert vorgekommenen, und die sich daraus ergebenden Folgen haben das Schicksal meiner Eltern und mein eigenes Schicksal entscheidend bestimmt.

... Dass die heutigen mitteleuropäischen Grenzen als unverletzlich gelten, ist die Einsicht von in die Zukunft schauenden Menschen, *weil die Wiedergutmachung von geschehenem Unrecht neues Unrecht an anderen Menschen bedeuten würde.* ... « <<

Julia sah das genauso.

Unabhängig davon war sie überzeugt, dass das Schicksal von Karins Mutter - das im Vergleich zu dem anderer Vertriebener sogar noch glimpflich verlaufen war - stellvertretend stand für das von Hunderttausenden anderer Sudetendeutscher, die damals alle für ihre eigenen Fehleinschätzungen und -entscheidungen büßen mussten.

Mussten das nicht alle Verlierer überall auf der Welt, und zwar schon seit Jahrtausenden? Sie hatten sich – wissentlich oder nicht – auf die für sie vermeintlich bessere Seite geschlagen und damit auf das falsche Pferd gesetzt – in diesem Fall sogar auf ein Verbrechersyndikat.

War es - nicht nur in ganz Europa - über Generationen hinweg nicht immer schon das machtpolitische (und finanzielle) Kalkül der jeweiligen Landesfürsten, das den Lauf und die Wendungen der geschichtlichen Ereignisse bestimmte, die ihrerseits dann wiederum entscheidenden Einfluss auf das Wohl und Wehe aller Bevölkerungsgruppen gehabt hatten - und damit auch auf die zwischenmenschlichen Beziehungen?

»Mitgefangen – mitgehangen«, so lautete das alte deutsche Sprichwort.

Sicher trug Karins Mutter selbst keine Schuld an all dem Schrecklichen und Bösen, das in Hitlers Angriffskrieg sehr vielen Tschechen von deutscher Seite widerfahren war, aber die Deutschen im Allgemeinen waren es damals sehr wohl, und Karins Mutter war nun einmal eine Deutsche ...

Damals, das war 1945.

Damals, da war Walter Leopold Zahorka, der halbdeutsche Tscheche, dessen österreichischer Großvater selbst als Vertriebener in einem Sammellager starb, den ihre Freundin Karin aber mitverantwortlich machen wollte, gerade einmal zwölf Jahre alt.

Doch erst, als Julia ihre Freundin nach vielen Jahren noch einmal auf dieses Thema angesprochen hatte, kam plötzlich ein langes und sehr aufschlussreiches Gespräch zustande:
In Karins Erinnerung waren die Erzählungen ihrer Mutter, vor allem jedoch die ihres Großvaters übermächtig präsent. Er war ‚ihr' Held, ihr großer Beschützer gewesen, der sie täglich in Schutz genommen hatte vor den Anfeindungen der bayerischen Kinder - ja, der bayerischen Kinder! -, deren Eltern diese ihnen völlig fremden deutschen Flüchtlinge aus dem Osten (auch damals schon) nicht haben wollten, die sie als unerwünschte Zuwanderer betrachtet hatten.
Sie sprachen eine andere Sprache, hatten andere Sitten und Gebräuche und nahmen den Einheimischen Wohnungen, Arbeit und Brot weg, wovon es 1954 auch im bayerischen Greding für alle damals noch zu wenig gab ...

Karins Großvater war selbst schwer traumatisiert.
Wie hätte es auch anders sein können?
Erst hatten ihn die Nazis ins Zuchthaus geworfen, weil er bei einer Parteiversammlung gesagt hatte: »Ihr werdet schon noch sehen, wohin ihr mit eurem Hitler kommt!« ...

Dann hatten ihn die Tschechen nach Kriegsende trotzdem wieder ins Gefängnis gesteckt, denn er war ja Deutscher … den sie aber behalten wollten, weil er Steiger im Erzbergbau war, ein Fachmann also, den sie gut gebrauchen konnten!

Auch seinen Bruder hatten sie ins Gefängnis geworfen, obwohl er schwer krank war. Aber der Großvater durfte ihn trotzdem nicht besuchen - bis zu dem Tag, an dem sein Bruder dann schon im Sterben lag. Da erst ließen die Tschechen ihn zu ihm, und der Bruder starb in seinen Armen.

Wie hätte Karins Großvater da den Glauben an die Menschen, den Glauben an Gerechtigkeit nicht verlieren sollen? Für ihn waren sie alle gleich: die Nazis und die Tschechen …

Unwillkürlich stellte Julia sich die Frage, ob die Menschen im neuen und angeblich vereinten Europa heute anders dachten. Doch sie bezweifelte, dass sich an dieser Grundeinstellung in den Köpfen wirklich etwas Entscheidendes geändert hatte.

Der Taxifahrer, der Hannes und Julia 2015 am Ende ihres kurzen Urlaubs auf der kleinen Insel Gozo vom Fährhafen auf Malta bis zum Flughafen von Valletta gebracht hatte, entpuppte sich im Verlauf ihrer auf Englisch geführten Unterhaltung als Bulgare. Er fragte, was sie denn von Frau Merkel hielten, und schimpfte dann sehr lautstark über die Flüchtlingspolitik dieser Frau Merkel und besonders darüber, dass auch Malta solche Flüchtlinge aufnehmen sollte.

Julia fragte ihn, ob er die mit dem Boot geflüchteten Frauen und Kinder denn wieder zurück ins Meer werfen wolle. Nein, natürlich nicht, aber das seien doch alles nur Parasiten, die auf unsere Kosten leben wollten, Wirtschaftsflüchtlinge! Julia erklärte ihm laut und unmissverständlich, dass sie es völlig richtig fand, dass Europa - und besonders Deutschland - Menschen in kriegsbedingter Not Hilfe gewährte, - dass da aber noch vieles anders zu regeln sein müsse, war auch für sie unbestritten ...

Auf ihre Frage nach den wirtschaftlichen Verhältnissen in Bulgarien antwortete dieser Taxifahrer einige Minuten später im Brustton der Überzeugung, Bulgarien würde auf keinen Fall Flüchtlinge aufnehmen - und rühmte im gleichen Atemzug seinen neu gewählten Präsidenten und den Stolz der Bulgaren auf ihr Vaterland. Da war Julia so wütend geworden, dass sie ... vorsichtshalber dazu nichts mehr sagte.

Als sie danach mit Hannes dann am Check-in-Schalter stand, sagte sie unvermittelt: »Ich hätte ihn fragen sollen, warum er denn auf Malta arbeitet, wenn es in Bulgarien so toll ist! Ist der nicht selber ein Wirtschaftsflüchtling?!«

War Menschlichkeit eine Frage des sozialen Wohlstands? Und was genau bedeutete dieser Begriff?

Plötzlich kam ihr eine Szene in den Sinn, die sich vor ungefähr vierzig Jahren ereignete: Sie hatte in einer Gruppe mit einem jungen Mann diskutiert, der gerade aus Ecuador zurückgekehrt war und die sehr schlechten Lebensumstände der dort lebenden Ureinwohner beklagte. Sie waren gezwungen, ihren Lebensunterhalt mit der Herstellung von Artikeln für den Export zu verdienen, erhielten dafür aber einen unglaublich geringen Lohn, weil diese Artikel in Europa sehr billig verkauft wurden. Deshalb forderte er, die Politiker müssten dafür sorgen, dass die Arbeiter überall auf der Welt endlich gerecht und gleich bezahlt würden.

Julia stimmte ihm zu, sagte jedoch im gleichen Atemzug: „Wenn aber eines Tages alle Arbeiter auf der ganzen Welt dasselbe verdienen werden, sollten wir uns darüber im Klaren sein, dass dann die eine Deutsche Mark, die wir jetzt in der Tasche haben, höchstens noch fünfzig Pfennige wert sein wird.'

Hieß es nicht: »Wo Menschen sind, da menschelt es!«?

Diese Fragen beschäftigten die skeptisch gewordene und kritisch denkende Julia immer wieder aufs Neue.

Doch konnte es darauf überhaupt *die* richtige Antwort geben?

*

Julias Vater hatte des Öfteren eine alte Redensart gebraucht, die lautete: Trau – schau – wem? Vielleicht war es mit ihrem eigenen Vertrauen in andere Menschen auch deshalb nicht sehr weit her.

Sie war ein Einzelkind, ein ‚Schlüsselkind', das die täglichen kleinen Aufgaben, die ihm aufgetragen wurden, gewissenhaft – wenn auch manchmal zögerlich oder sogar etwas widerwillig – erledigte.

Eine Mutter, die mit siebenunddreißig Jahren als Erstgebärende heutzutage als Risikofall eingestuft werden würde, und ein Vater, der nach einer Schussverletzung an der russisch-finnischen Grenze und als späterer Kriegsgefangener in Frankreich mit damals vierzig Jahren auch kein ‚junger' Vater mehr war, solche Eltern verhielten sich bei der Erziehung ihrer Kinder sicher anders als es bei wirklich jungen Eltern im allgemeinen der Fall war.

Die erste ohnmächtige Wut empfand Julia damals, als sie erstaunt beobachtete, wie ihre Mutter einen Leiterwagen zog, auf dem neben irgendwelchen anderen Gegenständen ganz oben auf ihr Puppenwagen thronte, dieser schöne hölzerne Puppenwagen mit dem bunten Klappdach aus Stoff.

Wohin wollte ihre Mutter diesen Wagen denn bringen? Julia war, so schnell es ging, aus dem Haus gerannt und hatte versucht, die Mutter noch einzuholen. Doch die war schon viel zu weit entfernt. Als Ihre Mutter schließlich wieder nach Hause kam, erzählte sie unbekümmert, dass sie alle diese Sachen zum Altwarenhändler gebracht habe, die brauchte doch schon lange keiner mehr ...

Julias Puppen und ihre Teddybären waren auch dabei gewesen. Ihr großer Teddy, dessen Arm der Vater einmal mit einer Ledermanschette ‚operiert' hatte, und der kleine Teddy mit der langen Schnauze, den sie einmal mit der Schere ‚frisiert' hatte – plötzlich waren sie nicht mehr da. Warum hatte keiner Julia danach gefragt, ob sie diese Vertrauten ihrer Kindheit vielleicht noch behalten wollte?

Sie war sehr traurig, und sie war sehr, sehr zornig.

Solchen Zorn und ohnmächtige Wut empfand sie wieder, als sie Teenager war und unsterblich verliebt in den Filmstar, der auf der Leinwand Karl Mays „Winnetou" verkörperte: Pierre Brice. Julia sammelte alle seine Fotos und die Reportagen, die über ihn in der BRAVO veröffentlich wurden. Sie hatte sich einen kleinen Sammelordner angelegt, in dem sie alle diese Schätze verwahrte. Und schließlich nahte der Tag, an dem ihre große Liebe Geburtstag haben würde.

Hatte sie nicht gelesen, dass er ein begeisterter Koch war? Was lag da näher, als ihm ein Paar Topflappen zu häkeln?! Sie arbeitete fleißig daran, um früh genug mit dieser Arbeit fertig zu werden, damit dieses Geburtstagsgeschenk per Post auch rechtzeitig bei ihrem geliebten Star ankommen würde. Doch die Zeit wurde knapp, und sie fand auch keine Gelegenheit, das Päckchen zur Post zu bringen. Deshalb fragte sie ihre Schulfreundin Rita, ob die das nicht für sie erledigen könne. Rita versprach es ihr und nahm das Päckchen mit. Leider hatte keine von beiden eine Ahnung davon, wie viel Porto das kosten würde.

Auf dem Nachhauseweg von der Post begegnete Rita Julias Mutter und erzählte ihr, dass sie von Julia noch drei Mark zu bekommen habe. Die Mutter fragte nach, weshalb, und erfuhr so die Geschichte von dem Geburtstagsgeschenk ihrer Tochter an den Filmstar. Julias Mutter bezahlte das verauslagte Geld an die Schulfreundin, aber sie war offenbar schwer verärgert darüber, dass ihre Tochter von diesem Päckchen kein Wort gesagt hatte.

Solche Heimlichkeiten mussten nach ihrer Logik Konsequenzen haben.

Zur Strafe verlangte die Mutter von Julia, dass sie alle Fotos und Zeitungsausschnitte, ihre ‚gesammelten Werke' über diesen Schauspieler und all die anderen, die Julia bewunderte, an sie herausgeben musste, und das alles warf Julias Mutter dann … in die Mülltonne.

Was würde sie wohl heute mit den gespeicherten Daten auf dem Smartphone ihrer Tochter machen?

Doch Julia wurde sich bei diesen Überlegungen plötzlich bewusst, wie unglaublich stark sich im Lauf der Zeitgeschichte die Wertigkeit von Unterhaltungskunst verändert hatte. Im Mittelalter waren Sänger und Schauspieler wie etwa die der Comedia del'arte in ihrer damaligen Gesellschaft gering angesehen. Sie waren das ‚fahrende Volk', Außenseiter, nichtsnutzige Taugenichtse. Niemand wäre auf die Idee gekommen, ihnen nacheifern zu wollen, geschweige denn, sie als Vorbilder zu betrachten. Wie konnte es eigentlich so weit kommen, dass Sänger und Filmstars heute Millionen verdienten und ihre Fans, einfache Arbeitnehmer und Büroangestellte, sich geradezu darum rissen, ihr schwer verdientes Geld für sündhaft teure Eintrittskarten auszugeben, nur um ‚ihren' Star zu sehen?!

Auch Julia hätte für eine persönliche Begegnung mit ‚ihrem' Pierre Brice viel gegeben … doch eigentlich hätte sie sich das wahrscheinlich gar nicht getraut! Zu den Mädchen, die für ihre Idole hysterisch kreischten und sogar in Ohnmacht fielen, hatte sie nie gehört.

Die logische Schlussfolgerung, die Julia als Teenager aus dem Vorgehen ihrer Mutter zog, war das Für-sich-behalten aller Herzensangelegenheiten. Niemand erfuhr mehr etwas darüber, ihre Mutter nicht und auch kein anderer Mensch. Dabei war sie sich immer darüber im Klaren gewesen, dass jede Entscheidung Konsequenzen hatte, für sie selbst und für andere. Schuldgefühle blieben da manchmal nicht aus.

Aber was spielte das schon für eine Rolle - irgendjemand musste doch einfach schuld sein, oder etwa nicht?!

Der junge rotblonde Tunesier, der in Hammamet jeden Tag kleine Sträußchen von duftendem Yasmin verkaufte, hatte es auf den Punkt gebracht.

Offenbar hatte er sie schon öfter beobachtet, wenn sie morgens um Fünf bei einem ersten Kaffee auf der kleinen Hotelterrasse an der Straße saß und dem allmählichen Erwachen der Stadt zusah; denn er sagte eines morgens zu ihr: »Sie denken zu viel, Madame!«

*

Julias Großmutter, die Mutter ihrer Mutter, war Schneiderin und wohnte als junge Witwe mit ihren sechs Kindern in einer Mansardenwohnung in der dritten Etage eines Gründerzeit-Hauses in der Westendstraße, ganz nahe an der Stadtgrenze zur Nachbarstadt Fürth.

Dieses Haus trug die Hausnummer 13.

In manchen Ländern ist das eine Glückszahl!

Sie war eine geborene Gauck und kam aus einem kleinen Ort im Fichtelgebirge. Ihre Familie war so arm gewesen, dass die Eltern ihre Tochter Margarete schon mit dreizehn Jahren bei einer wohlhabenden jüdischen Familie ‚in Stellung' gegeben hatten, als Hausmädchen also. Den sehr geringen Lohn für ihre Arbeit musste Margarete zuhause abgeben, denn die übrige Familie hatte ja sonst nichts.

Als sie in späteren Jahren dann in einer Nürnberger Gastwirtschaft in der Dooser Straße arbeitete, schickte ihre Mutter an jedem Zahltag regelmäßig ihre Brüder vorbei, damit sie auch dort Margaretes vollen Lohn ‚kassierten', denn zuhause wollten schließlich alle etwas zu essen bekommen!

Nach ihrem dritten unehelichen Kind – und nachdem sie endlich die städtische Standesamtsgebühr bezahlen konnten, für die sie beide lange gespart hatten -, durfte Margarete endlich ihren Johann heiraten, der ein sehr gutmütiger und fröhlicher Mensch war, obwohl er selber keine allzu schöne Kindheit gehabt hatte. Er war ein sehr aufgeschlossener junger Mann, vielseitig begabt und handwerklich geschickt – trotz eines fehlenden Fingers. Den hatte ihm sein Stiefvater beim Holzhacken abgehackt.

Als der Nürnberger Ortsteil Buchenbühl in seiner Entstehungsphase war, da war es sein Traum gewesen, für sich und seine Familie dort ein kleines Häuschen zu bauen. Doch diesen Traum konnte er nicht verwirklichen, denn er hatte als Glasschleifer gearbeitet und starb schon 1924 an der gefürchteten Staublunge.

Sechs Kinder hatte Margarete ihm geboren: Konrad, Leonhard, Anni, Elise, Luise und Kunigunde. Alle seine Kinder hatten ihn sehr geliebt.

Nach dem frühen Tod ihres Mannes musste Margarete ihre Kinder nun ganz alleine mit Näharbeiten durch diese schwere Zeit bringen, denn von der winzigen Witwenrente hätte sie sich und ihre Kinder nicht ernähren können. Es gab weder Grundsicherung noch gab es Hartz IV, und »Tafeln« existierten damals auch nicht!

Ihre Wohnung war gerade groß genug, um dort auch eine Nähmaschine aufstellen zu können. Also arbeitete die Schneiderin - im Sommer wie im Winter - in einer Ecke der kleinen Drei-Zimmer-Wohnung unter dem Dach.

Von einem Nürnberger Puppenhersteller hatte sie geraume Zeit einen Auftrag, der nicht allzu schlecht bezahlt wurde. Sie fertigte aus Stoff Puppenkörper und -Gliedmaßen, also Arme und Beine. Die fertig genähten Gliedmaßen, die je nach Größe der Puppe auch sehr klein sein konnten, mussten ihre Kinder dann ‚umdrehen', die Innenseite also nach außen wenden, damit die Nähte versteckt waren und diese Arme und Beine dann ausgestopft werden konnten.

Doch die Freude über diesen Auftrag währte nicht sehr lange, denn es wurde behauptet, dass diese Puppen den markenrechtlich geschützten Käthe-Kruse-Puppen zu ähnlich seien. Der Puppenhersteller musste sein Unternehmen schließen, und Margarete hatte plötzlich keinen Verdienst mehr.

Gerade einmal 10 Pfennige waren noch in ihrem Portemonnaie – und im Küchenschrank fand sich noch etwas Gries ... Da schickte sie eines ihrer Kinder zum Metzger, um für 5 Pfennige Nierenstollen zu kaufen.

»Nierenstollen« hatte Adelheid auf ihren Notizzettel geschrieben. Julia erinnerte sich genau: Nierenstollen!? Sie hatte überlegt, was das denn wohl gewesen sein konnte. Diesen Begriff hatte sie noch nie gehört! Aber sie war der Sache auf den Grund gegangen und hatte ‚gegoogelt'. Das Ergebnis ihrer Suche lautete: talgiges Fett um die Rinderniere – ein Schlachtabfall also!

Ihre Großmutter hatte damit für sieben Personen eine ‚geröstete Gries-Suppe' gekocht, damit die hungrigen Mägen nicht länger knurrten!

»Zu manchen Zeiten waren unsere Altvorderen wahre Überlebenskünstler«, sagte sich Julia mit andächtiger Bewunderung.

Ihre Mutter hatte erzählt, dass Margaretes Töchter mit Nähseiden, fertig genähten Schürzen und auch mit Stoffresten oft bei den Bauern in der Umgebung auf ‚Hamstern' gegangen waren, wie man die Tauschgeschäfte von Materialien gegen Lebensmittel wie Milch, Eier, Mehl, Wurst, Brot, Obst und Gemüse nannte.

Für die meisten Leute war es sehr schwierig, ausreichend frische Lebensmittel zu bekommen - während des Krieges und auch noch lange Zeit danach; denn ab 1938 wurde alles über die vom Dritten Reich ausgegebenen Lebensmittelkarten streng rationiert. Jede Person durfte von allen Grundnahrungsmitteln immer nur eine bestimmte Menge ausgehändigt bekommen, Kinder weniger als Erwachsene, Schwerarbeiter mehr als Büroangestellte. Bei seinem Lebensmitteleinkauf musste jedermann dafür die entsprechende Anzahl an Marken vorlegen: für Butter, für Fleisch, für Milch, für Zucker und für Brot.

Konrad, Gundas ältester Bruder, war mit seiner Frau Sofie nach München gezogen. Sofie hatte in Erlangen eine Schwester, die sie manchmal besuchte, um in deren Gastwirtschaft mitzuhelfen. Auf dem Rückweg nach München besuchte sie dabei auch immer ihre Schwiegermutter Margarete in Nürnberg.

Als Konrad in den Krieg ziehen musste, wurde er in Frankreich stationiert und hatte seiner kleinen fünfjährigen Tochter Helga von dort zu Weihnachten einen putzigen Pelzmantel geschickt, den das kleine Mädchen bei ihrem nächsten Besuch bei Oma trug. Adelheid, die zum Brotkaufen geschickt wurde, nahm Helga mit zu dem Bäcker an der Ecke. Dort war die Bäckersfrau so begeistert von diesem hübschen kleinen Mädchen mit dem ebenso hübschen Pelzmäntelchen, dass sie das Kind sogar hinter die Theke rief, um sie eingehend betrachten zu können.

Diese Gelegenheit aber nutzte Adelheid sehr geschickt, denn die Bäckerin hatte in ihrer Begeisterung über diesen schönen kleinen Pelzmantel gar nicht darauf geachtet, die Brotmarken des Mannes, der vor Adelheid an der Reihe gewesen war, gleich von der Theke wegzuräumen. Blitzschnell legte die schlaue Adelheid ihre eigenen Brotmarken dazu, und so brachte sie an diesem Tag die doppelte Ration an Brot nach Hause.

Darüber war die ganze Familie überglücklich, denn endlich konnte sich jeder einmal so richtig sattessen!

In der großen Wohnküche von Omas Drei-Zimmer-Mansardenwohnung gab es eine Waschgelegenheit mit fließendem Wasser und für das wöchentlich fällige Bad wurde dort eine große Zinkwanne aufgestellt, in der sich alle der Reihe nach von Kopf bis Fuß reinigen konnten – mit demselben Wasser - und Kernseife.

Duschgel? Shampoo?

So etwas kannte damals noch keiner... und nur bei Bedarf goss die Großmutter noch heißes Wasser nach.

Die zugehörige Toilette - ein früher übliches Plumpsklo - lag gemeinschaftlich im Treppenhaus, eine halbe Treppe tiefer auf dem Treppenabsatz zwischen den Stockwerken. Doch immerhin gab es - nebeneinander - zwei davon, denn zumindest gehörte zu jeder Wohnung ein eigenes Klo - mit eigenem Schlüssel!

Als Julia, die auf ihrer Liege am Pool in der Zwischenzeit nun auch das zweite große Glas Mineralwasser ausgetrunken hatte, an diese Zeit zurückdachte, da fiel ihr lachend wieder ein, mit welchem Unbehagen sie dort bei Oma die Toilette aufsuchte. Nur durch ein sehr kleines Lüftungsfenster und einen schmalen Spalt über der Brettertüre kam damals überhaupt Licht in diese Örtlichkeit, und auch durch die Türritzen fiel aus dem Treppenhaus nur sehr spärlich etwas davon herein. Die elektrische Glühlampe war nur eine düstere Funzel von höchstens fünfundzwanzig Watt, und diese Funzel erlosch viel zu schnell nach nur wenigen Minuten, denn das Treppenhauslicht war mit einer Schaltuhr gekoppelt, um Strom zu sparen. Wer also nachts zur Toilette musste, der brauchte deshalb eine Begleitung, wenn er sich nicht in völliger Dunkelheit wieder zurücktasten wollte - einen Treppenabsatz hinauf! Diesen Weg nahm also nur in Kauf, wer es unbedingt musste ... für das ‚große Geschäft'. Das ‚kleine Geschäft' war da viel einfacher zu händeln: die Jungs konnten dafür bequem das gusseiserne Waschbecken in der Küche »zweckentfremden«, und für die Mädchen stand da - sozusagen als Nachtgeschirr-Ersatz - ein von irgendwo übriggebliebener Stahlhelm zur Verfügung, den man dann ebenfalls in diesen ominösen Ausguss entleerte ...

An einem großen Nagel am Türpfosten hingen in diesem Plumpsklo immer zerschnittene Zeitungen, die man als Toilettenpapier benutzte – Druckerschwärze inbegriffen.

Das Klo selber war ein großes kreisrundes Loch in einem Holzbrett, das einen so großen Durchmesser besaß, dass Julia immer fürchtete, eines Tages einmal dort hineinzufallen, wenn sie bei der Großmutter zu Besuch war. Auf dem Loch lag ein entsprechend großer schwerer Holzdeckel, den sie erst aufheben und wegstellen musste, bevor sie sich auf dieses Loch setzen konnte. Doch sobald dieser Deckel geöffnet war, dann stank es gewaltig herauf aus dem Fallschacht, der sich direkt über der Fäkaliengrube befand, und diesen ‚Duft' liebten besonders die fetten Schmeißfliegen sehr. Sie summten der armen Julia dann scharenweise um die Nase.

Ein Gang zu Omas Toilette war für das kleine Mädchen deshalb jedes Mal ein Abenteuer in einer anderen Welt.

Zuhause, in den Nachkriegshäusern der Gartenstadt am Südfriedhof, da gab es zum Glück schon ein richtiges Spülklosett!

Das war in dem - wenn auch sehr kleinen - Bad mit Badewanne integriert, und heißes Wasser zum Duschen lieferte dort schon ganz bequem der kleine Gas-Durchlauferhitzer, der in der dahinterliegenden Küche installiert war.

*

In dieser kleinen Küche gab es unter dem Fensterbrett einen nicht sehr tiefen Einbauschrank mit Regalen und einer Lüftungsöffnung an der Außenwand. Dort konnte man mit einem Metallschieber regulieren, ob und wie viel frische Luft in diesen Schrank gelangen sollte, denn dieses Schränkchen war die ‚Speisekammer' und ersetzte den noch nicht existenten Kühlschrank. Die Butterdose stellte Julias Mutter im Sommer zuerst in ein Gefäß mit kaltem Wasser, bevor sie die Butter dann in diesen Vorratsschrank beförderte.

Gleich in der Ecke neben dem alten Küchenbuffet hatte viele Jahre später endlich auch eine elegante schmale Wäscheschleuder Platz, die ihr Vater - zu Gundas großer Freude! - zusammen mit einer modernen Waschmaschine günstig bei Siemens erstanden hatte.

Diese Schleuder löste eine höchst interessante Konstruktion ab, mit welcher bis dahin die nasse Wäsche geschleudert worden war: eine schwere, etwa kniehohe Metalltrommel mit nach oben und unten abgerundetem Gehäuse, deren unterer Schwerpunkt der mittig eingebaute Motor war.

Diese kleine Zentrifuge hatte Theos Freund kurz nach dem Krieg über einige Jahre in seiner kleinen Autoreparaturwerkstatt hergestellt. Julias Vater hatte dafür extra ein dickes Schaumstoffpolster besorgt, in das er mittig dann ein Loch schnitt, worin der Motor Platz hatte. Auf dieses Polster stellten sie diese Maschine, bevor der Stecker in die Steckdose durfte; denn wenn diese Schleuder nicht möglichst gleichmäßig mit der Wäsche beladen wurde, dann bekam sie beim Rotieren eine beängstigende Unwucht und schlug manchmal mit dem unteren Rand auf dem Boden auf.

Eine Bremse besaß dieses utopisch anmutende Gerät auch nicht. Man musste also den Stecker ziehen und abwarten, bis die Schleuder zum Stillstand gekommen war. Das dauerte ... und dauerte ...

So viel Geduld hatte Julia aber nicht!

Trotz der ausdrücklichen Warnung ihrer Mutter, die gesagt hatte, sie dürfe da auf keinen Fall hineinlangen, denn dieses Ding würde ihr den ganzen Arm abreißen, wollte sie das ganz genau wissen: sie legte ihre Handballen auf den oberen Gehäuserand und bog ihre Fingerkuppen ganz leicht nach unten um, bis sie den abgerundeten Rand der laufenden Trommel spürte. Dann dosierte sie den Druck ihrer Finger auf diesen Rand, ließ ihn an ihren Fingern mehr oder weniger stark schleifen, ließ immer wieder los und griff von neuem hinein, so lange, bis die Trommel mit der geschleuderten Wäsche zum Stehen kam.

Das blieb ihr Geheimnis!

Bevor diese sehr effiziente, aber nicht ungefährliche Wäscheschleuder angeschafft worden war, die im Waschkeller zum Einsatz kam, war der Waschtag noch ein regelrechter Kraftakt, für den man sich auch noch rechtzeitig - also lange vorher - in einen Kalender eintragen musste, damit man das Waschhaus benutzen konnte.

Julia hatte die Wäsche mit ihrer Mutter monatlich selbst noch in dem großen Waschbottich aus Beton gewaschen, der im Gemeinschafts-Waschkeller stand. Auf welche Art dieser große runde Bottich beheizt wurde, damit man die weiße Bettwäsche darin kochen konnte, daran erinnerte sich Julia heute nicht mehr. Doch sie sah es in Gedanken noch ganz deutlich: die ganze Waschküche wurde dann zum Dampfbad!

Lachend wischte sich Julia bei den Bildern, die sie von dieser anstrengenden Prozedur noch vor Augen hatte, über die - damals schweißnasse - Stirn:

Mit einer großen Holzzange holten sie gemeinsam die dampfenden schweren Wäschestücke aus diesem Kessel wieder heraus und ließen sie in eine Zinkwanne mit kaltem Wasser fallen. Danach mussten die tropfnassen Laken und Überzüge vor dem Aufhängen an der Leine erst einmal ausgewrungen werden. Dazu packte ihre Mutter das eine Ende des Wäschestücks, Julia das andere, und dann drehten sie das Teil - jeweils in die Gegenrichtung!

Wer wäre da über die Erfindung der Waschmaschine nicht froh gewesen?! Ersparte sie den Frauen doch nicht nur sehr viel Zeit, sondern auch schwere körperliche Arbeit!

Aus dem Waschhaus ging es mit dem voll beladenen Wäschekorb dann drei Stockwerke hoch in den Dachboden. Dort, in diesem Gemeinschaftsbereich, waren Haken in die dicken Holzbalken geschraubt, an denen jedes Mal jeder seine eigene Wäscheleine aufspannte - und auch ordentlich wieder abwickelte ...

Die kleine Zwei-Zimmer-Wohnung mit Balkon, die im zweiten Stockwerk direkt unter dem Wäschetrockenboden lag, hatten Gunda und Theo in der Gartenstadt - nach langer Wartezeit, die sie als ‚Untermieter' überbrücken konnten - 1953 endlich bekommen; denn zu ihrem Glück hatte

Kunigunde schon vor Beginn des Krieges zusammen mit ihrem ersten Mann Heinrich Genossenschaftsanteile an der »Wohnungsbaugenossenschaft Gartenstadt« gekauft.

Julia, die evangelisch Getaufte, war dort bis zu ihrer Einschulung in den Kindergarten gegangen - in den katholischen ... Der öffnete seine Pforten für sie schon um 5:30 Uhr. Da konnte Gunda endlich wieder arbeiten und etwas dazu verdienen.
.

*

Mit den Tugenden und Fähigkeiten, die Henriette von ihrer eigenen Mutter erlernt hatte, schaffte sie es trotz aller finanziellen Probleme immer wieder, die Mägen ihrer vier Kinder satt zu bekommen. Sie wusste eben noch aus der Kriegszeit, wie man aus wenigen Zutaten viel Sättigendes zaubern konnte.

Ihrer Tochter Helga drückte sie eines Tages ganze zwei Mark in die Hand und sagte: »Mehr habe ich heute nicht, schau dich um, was du dafür bekommst.« Helga kam mit einem Kilo Lauchstangen zurück, und so gab es an diesem Tag nichts weiter als geschmorten Lauch und eine Scheibe Brot vom Vortag für jeden.

Wer sich damit wohl heutzutage noch zufrieden geben würden?

Auch Henriettes mittlerer Sohn Hannes würde sich darüber lautstark beschweren. Das tat er schon damals. Er hob die Deckel hoch, warf einen kritischen Blick in die Kochtöpfe seiner Mutter hinein und verschwand, mit einem Esslöffel bewaffnet, zu einer der befreundeten Nachbarfamilien. Dort ließ Hannes sich gerne verwöhnen, wenn ihm das, was er in den Töpfen seiner Mutter vorgefunden hatte, nicht gefiel. Eine der Nachbarinnen hatte er mit seinem jungenhaften Charme offenbar so bezaubert, dass sie ihm einmal zu seinem Geburtstag ein ganzes Hähnchen briet – nur für ihn alleine! Zu dieser Zeit war ein Brathähnchen noch eine eher seltenere und leckere Delikatesse.

Seine sehr eigenen Vorstellungen davon, was er jeweils nach getaner Arbeit essen wollte, hatte Hannes sein Leben lang beibehalten. Julia konnte inzwischen ein langes Lied davon singen; denn drei Jahre nach Walters Tod hatte sie ihn geheiratet.

Er war selbständiger Parkettleger-Meister, wie sein Vater. Auch sein älterer Bruder Wilhelm hatte dieses Handwerk gelernt, im Betrieb des Vaters mitgearbeitet und diesen nach dem Tod des Vaters dann übernommen.

Bis zu diesem Zeitpunkt hatten die beiden Brüder mit dem Vater gemeinsam viele Schwierigkeiten gemeinsam geschultert. So hatte Kurt eines Tages die Ausschreibung des verantwortlichen Architekten für den Parkettboden im Nürnberger Opernhaus für sich entschieden und den Auftrag angenommen. Er staunte jedoch nicht schlecht, als er im Zuschauerraum dann nichts anderes vorfand als – Sand! Eine riesige sandige Wüste lag vor ihm, auf die er seinen Parkettboden aufbringen sollte, aber wie?!

Sein Sohn Hannes hatte gerade das Studium als Bauingenieur abgebrochen und stattdessen bei ihm zu arbeiten begonnen, um seine sehr junge Familie ernähren zu können. Von diesem Studium her wusste Hannes zum Glück, wie mit einem Nivelliergerät umzugehen war, damit schräg verlaufende Ebenen entstehen konnten, und so stand er also täglich – mehr oder weniger geduldig – auf der Bühne des Opernhauses, hantierte mit diesem Nivelliergerät, diskutierte die vorliegenden Pläne selbstbewusst und energisch mit dem Architekten, der offensichtlich von der Praxis noch nicht viel

Ahnung haben konnte, und gab seine Anweisungen für die notwendigen Unterkonstruktionen, damit nirgends Stolperfallen entstehen konnten. Alle standen unter erheblichem Zeitdruck, denn der Eröffnungstermin nahte unaufhaltsam!

Mit viel Schweiß, der loyalen Unterstützung aller bei Kurt beschäftigten Arbeiter und vielen Wochenendarbeiten hatten sie es dann gerade doch noch geschafft, mit allen Arbeiten rechtzeitig fertig zu werden.

Nicht auszudenken, wie es geendet hätte, wenn die hohe Konventionalstrafe fällig geworden wäre! Das hätte Kurt vermutlich völlig ruiniert!

Hannes hatte sich bereits vor langer Zeit eines Tages entschieden, dass er seine eigene Firma gründen und nicht mehr nach der Pfeife des Vaters tanzen würde.

Selbständig gemacht, auf seine eigenen Füße gestellt hatte Hannes sich eigentlich schon viele Jahre früher, im jugendlichen Alter von zwölf Jahren. Da hatte er beschlossen, sein Taschengeld mit dem Vertrieb von Zeitschriften aufzubessern. Dafür hatte er sich die Zustimmung seiner Mutter eingeholt und dann alles Notwendige selbst gemanagt. Er kassierte die Zeitungsgebühren bei seinen Kunden persönlich und rechnete immer korrekt ab.

Für seine Mutter und deren Schuhgeschäft war er trotz seiner vielseitigen Tätigkeiten in der näheren Umgebung allerdings nie ein Aushängeschild gewesen; denn Hannes zog es schon in seiner Schulzeit vor, barfuß zu laufen. Das irritierte die Lehrer sehr. Der Rektor fragte nach, ob er sich denn keine Schuhe leisten könne. Aber Hannes antwortete sehr selbstbewusst: »Barfuß laufen ist gesund«! Dagegen wusste niemand etwas einzuwenden …

Auch modisch ging Hannes schon immer seine eigenen Wege. Er trug breite bunte Hosenträger - lange bevor diese für einige Zeit allgemeingültige Mode wurden - und hatte schulterlange, stets sehr gepflegte Haare, für die er immer eine Bürste in seiner Brusttasche mit sich trug - rosafarben!

Als er Jahrzehnte später Julia zum ersten Mal zu einem Bummel durch ein Weinfest einlud, da war seine Haarpracht allerdings schon seit langem kurz geschnitten und er hatte sich »in Schale« geworfen: schwarze Hose, schwarze Schuhe, weißes Hemd ... Seine alte Freundin und Nachbarin hatte ihm dringend geraten, sich für dieses ‚Date' ordentlich anzuziehen. Julia dagegen kam, ausnahmsweise früher als sonst, direkt von ihrem Arbeitsplatz zu diesem Treffen und trug ein ganz normales einfaches T-Shirt zu ihrer Jeans.

Sie war darauf eingestellt, einen Mann zu treffen, den sie in den vergangenen Jahren immer wieder einmal beruflich kontaktiert und wenige Male auch bei seiner Arbeit angetroffen hatte, wenn er - nach seiner Angebotsabgabe und Auftragserteilung durch sie - in einer der Wohnungen, die Julia verwaltete, in seiner Arbeitshose mit dem Schleifen und neu Versiegeln eines Parkettbodens beschäftigt war. Ihre Freundin und Kollegin Dunja, die ihr unterstellte Hausmeisterin, hatte sie eine Woche vor dieser Verabredung gefragt, ob sie von Hannes eine SMS bekommen habe. Verwundert hatte Julia das verneint und nachgefragt, was er denn geschrieben hätte. Dunja wunderte sich nun ebenfalls und erzählte, dass Hannes bei ihr angerufen und erklärt hatte, es sei ihm furchtbar peinlich, dass er ihrer ‚Chefin' eine SMS mit einer Einladung geschickt hatte. Er wollte sich dafür entschuldigen. Entschuldigen? Weshalb? Wofür?

Dunja kannte Hannes schon eine Ewigkeit, und sie erzählte Julia von Höhen und Tiefen seines Handwerkerlebens und davon, dass er jetzt von seiner Frau geschieden wäre und seelisch wohl gerade in einem Tief stecke. Julia, die selbst gerade das Ende einer sehr intensiven, aber leider kurzen

Beziehung verarbeiten musste, sagte daraufhin zu ihrer Freundin, ein persönlicher Erfahrungsaustausch über private zwischenmenschliche Probleme könne ja sicher nicht schaden. Etwas nervös und angespannt griff sie zu ihrem Mobiltelefon und wählte die eingespeicherte Nummer.

Am anderen Ende der digitalen Leitung meldete sich Hannes und Julia sagte in geschäftsmäßigem Ton zu ihm: »Ich habe zwei Dinge mit Ihnen zu besprechen, einmal geschäftlich und einmal privat.« Dann fragte sie zuerst nach, ob Hannes in der kommenden Woche Parkettarbeiten in einer jetzt leeren Wohnung ausführen könne, damit der Nachmieter fristgerecht einziehen konnte. Als das geklärt war, sagte sie: »Dunja sagt, Sie hätten mir eine SMS geschrieben? Ich habe aber keine bekommen.« Hannes fing gerade mit einer etwas unbeholfenen Entschuldigung an; da unterbrach ihn Julia mit den Worten, dass er sich dafür doch nicht zu entschuldigen brauche und dass sie es - im Gegenteil - als Kompliment verstehen würde, dass er ihr eine Einladung geschickt habe. Nur, dass diese SMS bei ihr nicht angekommen sei … aber das könne man ja bei einer Tasse Kaffee in den nächsten Tagen persönlich besprechen.

Die verschollene SMS kam nie an. Hannes hatte sie in seiner Nervosität an die Festnetznummer von Julias Büro geschickt …

So war es zu dieser Verabredung gekommen, die eigentlich bei einer Tasse Kaffee hätte stattfinden sollen. Weil der Spätnachmittag aber bereits fortgeschritten war und ein paar Straßen weiter gerade ein Weinfest im Gange war, entschlossen sie sich nach kurzer Überlegung dazu, ihre Unterhaltung lieber dort bei einem Glas Wein zu führen.

Nach den ersten paar Metern, die sie gemeinsam dort hin gingen, ließ Hannes' Nervosität etwas nach und er plauderte in lockerem Ton über … Arbeit, Schule, Familie, Krankheit, Operationen, Umzug, Freunde, Musik, Urlaub … und plauderte und erzählte so charmant und so witzig, dass Julia ihn irgendwann nach dem zweiten oder dritten Glas Rotwein ganz unvermittelt fragte: »Wie alt bist Du eigentlich?«

Als er ihr sein Alter nannte und sie feststellen musste, dass er neun Jahre jünger war als sie, nickte Julia bedächtig mit dem Kopf, zog ihre Augenbrauen hoch und erwiderte mit bedauerndem Schmunzeln: »Das habe ich befürchtet. Du bist viel zu jung für mich!«

»Weshalb«? entgegnete Hannes blitzschnell und fuhr fort: »Wenn wir uns gut verstehen, dann spielt das für mich doch überhaupt keine Rolle!«

In diesem Moment klingelte sein Telefon, und die Freundin, die ihm dringend geraten hatte, sich heute ordentlich anzuziehen, erkundigte sich nach dem Erfolg seines Dates. Mit glücklich lächelndem Gesicht, einen strahlenden festen Blick auf sein Gegenüber heftend, erklärte Hannes: »Ich glaube, wir sind jetzt ein Paar!«

*

Spätestens an dem Tag, an dem sie ihr am Telefon eine eigenartige, aber spannende Geschichte erzählte, wurde Julia schlagartig bewusst, dass im Kopf ihrer Schwiegermutter einiges schief lief.

Sie startete ihren Laptop, googelte unter dem Stichwort ‚Verfolgungswahn' und wurde fündig: die Beschreibung der Symptome glich stark dem Verhalten, das ihre Schwiegermutter seit längerer Zeit an den Tag legte. Nach Expertenmeinung war Verfolgungswahn demnach eine der vielen Spielarten von beginnender Demenz. Sofort griff sie zum Telefon und rief ihre Schwägerin Helga an.

»Hast Du einen guten Draht zur Hausärztin deiner Mutter?«, fragte sie sehr bestimmt und fuhr fort: »Du musst unbedingt mit dieser Ärztin sprechen. Deine Mutter leidet definitiv unter Verfolgungswahn!« Sie wartete kurz ab, welche Reaktion erfolgen würde, doch es herrschte erschrockenes Schweigen. Und so berichtete sie ihrer Schwägerin in kurzer Zusammenfassung, was die Schwiegermutter vor weniger als zwanzig Minuten erzählt hatte. Sie konnte am Telefon spüren, dass die Schwägerin erkennbar tief betroffen war und diese versprach ihr auch, sich sofort mit der Hausärztin in Verbindung zu setzen.

Nach einer halben Stunde rief ihre Schwägerin zurück und sagte: »Du wirst es nicht für möglich halten, aber meine Mutter ist seit gestern im Krankenhaus. Ich habe erfahren, dass sie sich selbst dort eingewiesen hat, und zwar wegen Herzbeschwerden!« Helga wollte noch am selben Nachmittag in das Krankenhaus fahren und dort mit der behandelnden Ärztin sprechen. Dann würde man weiter sehen.

Die behandelnde Ärztin hatte sofort begriffen, worauf es hier zu achten galt, veranlasste entsprechende Untersuchungen, und bereits drei Tage später erfolgte Henriettes Verlegung in die Gerontopsychiatrie des Städtischen Klinikums.

Das war ein geschlossener Bereich. Als Besucher musste man dort vor der Sicherheitsglastüre warten, bis eine der Schwestern oder ein Pfleger sich die Zeit nehmen konnte, an der Tür nach dem Anliegen zu fragen und dann Einlass zu gewähren. Während sich Julia zusammen mit ihrem Mann Hannes, Henriettes Sohn, auf den Weg in das Zimmer des zuständigen Arztes machten, beobachtete sie das Geschehen in diesen Räumen.

Auf dem rundum verlaufenden Flur gab es abwechselnd verschiedene Bereiche mit Sitzgelegenheiten und Gegenständen aus längst vergangenen Tagen, ein buntes

Sammelsurium von alten Koffern und antiquarischen Schränken und Schränkchen, und die Wände zierten groß gerahmte Schwarz-weiß-Fotografien von Straßenbildern aus dem früheren Stadtleben. Dazwischen saßen oder gingen einige relativ alte Leute, denen sie ansehen konnte, dass es mit deren Gesundheit nicht zum Besten stand. Die Namenschilder an den Türen waren in Druckbuchstaben, in lateinischer Schreib-schrift und auch in Sütterlin geschrieben, dieser schon lange in Vergessenheit geratenen alten deutschen Schrift, die Julia selbst in ihren ersten Schuljahren noch gelernt hatte.

Der junge Arzt nahm sich Zeit und informierte sie beide darüber, dass nun zunächst eine Testphase bevorstand, in der erprobt werden musste, welches Medikament bei Hannes' Mutter am besten ansprach und welches sie auch gut vertragen würde. Er machte ihnen klar, dass es für alte Menschen nur eine begrenzte Auswahl an zugelassenen Medikamenten gab, da solche Präparate immer auch Müdigkeit und, damit verbunden, eine erhöhte Sturzgefahr beinhalteten. Und was den Umgang mit der Schwiegermutter betraf, so empfahl er dringend, ihre Erzählungen und Behauptungen nicht mit Widerspruch zu kommentieren, sondern möglichst nur mit ‚aha' oder ‚ach ja' und anderen unverfänglichen Umschreibungen zu reagieren. Die Patientin würde andernfalls vermuten, man habe sich »gegen sie verschworen« und dadurch wäre es vielleicht auch für ihn dann nicht mehr möglich, ein Vertrauensverhältnis aufzubauen, wodurch die Behandlung sehr erschwert würde.

Das Zimmer, in dem sie Henriette schließlich antrafen, war - wie in einem Krankenhaus üblich - sehr nüchtern gehalten. Zwei Betten standen darin, jeweils an den Längsseiten und gegeneinander versetzt aufgestellt, so dass die Patienten sich mit ihrem Leselicht gegenseitig nicht stören sollten. Im Bett rechts von der Türe lag Hannes' Mutter. Sie sah sehr müde und mitgenommen aus und hatte große Mühe, sich aufzusetzen. Dass von den übrigen Patienten viele sich so seltsam verhielten, war Julias Schwiegermutter nicht entgangen, und offenbar hatte sie sich schon selbst Gedanken über ihre Verlegung, die Untersuchungen und alle übrigen Umstände gemacht. Henriette sagte: »Diese Krankheit ist schrecklich. Ich fühle mich wie fremdgesteuert.«

Sie ließen es offen, welche Krankheit die Schwiegermutter damit wohl meinte, und versuchten, ihr Mut zuzusprechen. Julia tröstete sie damit, dass es sicher nicht lange dauern würde, bis die für sie am besten geeigneten Medikamente gefunden wären. Als sie sich verabschiedet hatten und auf dem Weg zum Ausgang die vielen anderen Demenzpatienten beobachteten, breitete sich ein beklemmendes Gefühl in ihr aus.

Bei ihrem nächsten Besuch fragte Julia nach, ob der Arzt heute schon seine Visite gemacht habe. Da legte die Schwiegermutter bedeutsam ihren Zeigefinger über die Lippen und raunte ihr im Flüsterton zu: »Der beobachtet mich, der sieht alles und der hört hier alles mit!« Schnell brachte Julia das Gespräch auf ganz belanglose Themen und erkundigte sich nur, ob es nötig wäre, noch das eine oder andere mitzubringen. Eine ganze Weile dauerte dieses Verhalten der Schwiegermutter noch an. Doch nach etwa zwei Wochen verbesserte sich ihr Allgemeinzustand spürbar und auch die Unterhaltungen konnten jetzt ungezwungener geführt werden. Nach drei Wochen lud sie der Arzt nochmals zu einem Informationsgespräch ein und schlug vor, dass Hannes' Mutter probeweise zwei Tage wieder in ihrer eigenen Wohnung wohnen und schlafen sollte. Man würde dann sehen, ob die Medikamente auch außerhalb der Klinik, also unter den normalen Alltagsbedingungen, wie gewünscht wirkten.

Die beiden Probetage verliefen sehr zufriedenstellend. Hannes' Mutter wurde daraufhin von der Klinik auf die vollständige Rückkehr in ihre vertraute Umgebung vorbereitet. Nach einer weiteren Woche in der Klinik kehrte sie nach Hause zurück. Das war eine Wohnung in einem Wohnstift mit Betreuungsmöglichkeiten. Ihre Tochter Helga gab dort den Auftrag, dass die Mutter täglich regelmäßig die verordneten Medikamente bekommen sollte. Längere Zeit ging das auch gut und alle atmeten erleichtert auf. Beinahe ein ganzes Jahr verging mit völlig normalem Verhalten der Bewohnerin.

Doch eines Morgens erhielt Helga von der Wohnstiftleitung einen Anruf, der alle Hoffnungen wieder zunichtemachte: die Mutter hatte in der Nacht gegen zwei Uhr morgens in der Etage unter ihrer Wohnung alle anderen Bewohner aus dem Schlaf geklingelt und energisch gefordert, sie sollten endlich mit diesem andauernden Krach aufhören und sie in Ruhe schlafen lassen ...

Nun ging das alles wieder von vorne los! Schon mehrere Jahre vorher hatte sie auch in ihrer alten Nachbarschaft immer wieder behauptet, der Mieter unter ihr würde nachts unaufhörlich eine Maschine laufen lassen. Der wäre ein Russland-Deutscher und betreibe eine Mobilfunkantenne. Er funke nachts immer mit Moskau, ob er das denn überhaupt dürfe?

Ihre Tochter Helga und auch ihr jüngster Sohn Norbert hatten mehrfach bei ihr in der Wohnung übernachtet, um die Sache mit der angeblich unaufhörlich laufenden Waschmaschine zu klären, aber keiner hatte auch nur das leiseste Geräusch wahrnehmen können. Daraufhin erklärte die Mutter, dass das nur sie alleine hören könne, weil es ja direkt unter ihrem Bett geschähe.

Dem Enkel Holger hatte sie noch kurz vor ihrem Umzug in das Wohnstift erzählt, der Russe wolle sie mit seinen

Funkwellen krank machen, dessen war sie sich sicher! Aber sie wüsste sich schon zu schützen. Sie wickle nachts Alufolie um ihr krankes Knie, das hatte sie schließlich in ihrer Zeit als Radar-Flugabwehrhelferin gelernt. Allen Familienmitgliedern war daraufhin klar, dass sie wohl Albträume aus der Kriegszeit haben müsse. Aber auf eine Demenzerkrankung als Ursache wäre keiner gekommen, obwohl ihre Tochter schon mehrere Jahre vorher vom Allgemeinarzt ihrer Mutter einen vagen Hinweis darauf bekommen hatte. Diese Aussage des Mediziners hatte die Mutter empört zur Kenntnis genommen und daraufhin sichtlich beleidigt den Arzt gewechselt.

Jetzt war erneut ein Aufenthalt in der Gerontopsychiatrie notwendig. Wieder wurde die Art und Dosierung der Medikamente getestet, und diesmal erklärte der behandelnde Arzt abschließend unmissverständlich, dass es nur noch ein Alternativ-Medikament gäbe, welches für diese Altersgruppe zugelassen sei. Falls auch hier nach längerer Zeit ein Gewöhnungsprozess eintreten würde, könne nur noch die Dosierung erhöht werden. In jedem Fall riet er aber dringend dazu, den Umzug in ein geeignetes Pflegeheim vorzubereiten.

*

Mit sehr gemischten Gefühlen erinnerte sich Julia wieder daran, wie ihre Schwiegermutter reagiert hatte, als sie damals von ihrer vertrauten Zwei-Zimmer-Wohnung in das Ein-Zimmer-Appartement des Wohnstifts umziehen musste, das Norbert, der Jüngste ihrer Kinder, erst wenige Monate vorher für sie ausgesucht hatte. Wie es ihm gelungen war, die Schwiegermutter zur Unterschrift unter den Mietvertrag zu überreden, davon wusste keines der Geschwister etwas; denn in ihrem bisherigen Zuhause war sie, nicht zuletzt wegen der engen Freundschaften zu einigen Nachbarinnen, sehr verwurzelt. Immerhin hatte sie aber in dem Wohnstift dann doch einige Tage zum ‚Probewohnen' verbracht, bevor sie dem Drängen ihres Jüngsten nachgab.

Von all dem aber wollte sie in den Tagen ihres Umzugs dann plötzlich nichts mehr wissen. Sie war so durcheinander und ungewohnt aufgebracht, dass Paul, Helgas Ehemann, nach all dem Umzugsstress sagte, so bösartig hätte er seine Schwiegermutter noch nie vorher erlebt. Henriette hatte ihm und auch ihrer Tochter vorgeworfen, beide hätten sie dazu gezwungen, ihre geliebte und vertraute Umgebung aufzugeben. Sie selbst habe doch niemals ihre Wohnung gekündigt und deshalb sei es eine bösartige Gemeinheit von den beiden, dass sie ihre Wohnung jetzt einer fremden Person überlassen müsse.

Als Julia von diesen Vorwürfen gegen Schwager und Schwägerin erfuhr, besuchte sie Henriette zu einer Tasse Kaffee und sagte ihr geduldig, aber energisch, was sie selbst über diesen Umzug wusste.

»Du selbst hast doch den Mietvertrag für diese neue Wohnung unterschrieben. Ich habe den Vertrag mit deiner Unterschrift gesehen, soll ich dir eine Kopie davon mitbringen?« Ihre Schwiegermutter sah sie erstarrt und abweisend an, als sie fortfuhr: »Dein Lieblingssohn Norbert hat dich selber abgeholt und mit hierher gebracht, damit du diesen Vertrag unterschreibst! Er hat es sicher gut mit dir gemeint, weil du doch schon seit langer Zeit Schwierigkeiten hattest, die Treppen zu deiner alten Wohnung hoch zu steigen. Helga und Paul können absolut nichts dafür, die haben es doch auch erst hinterher erfahren, dass du in dieses Wohnstift umziehen willst.«

Henriette schüttelte noch immer ungläubig den Kopf, und dann fiel ihr plötzlich wieder ein, dass sie für diese neue Wohnung ja auch eine Kaution hatte zahlen müssen, und dass die Nachmieterin sie schon ein Monat früher, also vorzeitig, aus ihrer alten Wohnung gedrängt habe. Daran wäre Helga schuld, weil die das so haben wollte.

»Ja, ist dir denn nicht klar, dass sie Dir für einen Monat doppelte Mietzahlung erspart hat?«, fragte Julia eindringlich. »Du hast die alte Wohnung zu Ende März gekündigt, aber der Mietvertrag für diese neue Wohnung läuft schon ab Anfang März. Da hättest du doch vier Wochen für beide Wohnungen zahlen müssen, und deswegen war es ein Glücksfall, dass die Nachmieterin bereit war, deine alte Wohnung schon zum 1. März zu übernehmen. Und außerdem hat sie auch Ablöse für deine Küche bezahlt, das ist beinahe die Hälfte der Kaution.«

Ihre Schwiegermutter sagte nichts, blickte aber misstrauisch drein, als Julia weiter erklärte, dass sie die Kaution, die sie für ihre frühere Wohnung bezahlt hatte, bald in voller Höhe zurück bekäme, weil Paul und Helga den ganzen Auszug prima organisiert hatten.

»Nein«, sagte die Schwiegermutter schließlich, »ich habe keinen Mietvertrag unterschrieben, und hier gefällt es mir auch nicht. Alles ist so fremd, und die Hälfte meiner Sachen ist weg. Die hat alle Helga mitgenommen und vieles sogar weggeworfen!«

Da plötzlich begriff Julia, dass für Henriette das unglückliche Zusammentreffen der Ereignisse dieser letzten Monate zu viel war, dass sie all das nicht hatte verarbeiten können:

Norbert, der jüngste und smarteste der drei Brüder, der Sunnyboy der Familie,

Norbert, der höfliche, galante und gutaussehende Mann, der es – weit entfernt von dem groben, lauten und staubigen Handwerksbetrieb des Vaters – als Handelsvertreter mit seinem Fachwissen für Bodenbeläge beruflich weit gebracht hatte,

Norbert, der in idyllischer Lage ein traumhaftes Grundstück mit einem traumhaften Haus besaß,

Norbert, der mindestens einmal wöchentlich bei ihr vorbeigekommen war, um einen Teller Suppe mit ihr zu essen und immer eine Kleinigkeit mitzubringen,

Norbert … war nicht mehr.

Nur wenige Tage, nachdem er mit ihr in das Wohnstift gefahren war, damit sie dort den neuen Mietvertrag unterschrieb, war er auf dem Nachhauseweg von seiner Firma auf der Autobahn tödlich verunglückt.

Ein Fremdverschulden lag nicht vor. Es war kein anderes Fahrzeug beteiligt gewesen. Er hatte sich mit seinem Wagen am Durchlass einer Böschung mehrfach überschlagen – weshalb und wie es dazu gekommen war, blieb ein Rätsel.

Im Rettungshubschrauber auf dem Weg ins Krankenhaus konnte er zwar noch einmal kurz reanimiert werden, doch geschafft hatte er es dann trotzdem nicht.

In Anbetracht der Schwere seiner Kopfverletzungen war das vermutlich eine Gnade Gottes, in jedem Fall aber ungeheuer tragisch für die ganze Familie, und besonders für Henriette, die es gar nicht glauben wollte, dass er wirklich tot war, denn sie hatte keine Möglichkeit bekommen, ihren toten Sohn Norbert noch einmal zu sehen, um sich von ihm zu verabschieden. Alle waren davon überzeugt gewesen, dass sie das nicht verkraftet hätte.

Henriette fühlte sich in ihrem Schmerz sehr allein gelassen, und das war sie ja auch tatsächlich: mit sich alleine in ihren vier Wänden. Für alle anderen musste der Alltag, das tägliche Leben normal weiter gehen.

Nur mit Norberts Witwe hatte sie viele lange Gespräche über ihn geführt, und dadurch hatte sie zu dieser Schwiegertochter, die sie und auch ihre anderen Kinder und

Schwiegerkinder bis dahin als unglaublich eifersüchtig (sogar auf die Schwiegermutter), als auffallend und unangenehm kontrollsüchtig empfundenen hatten, nun plötzlich ein ungewohnt vertrautes, beinahe freundschaftliches Verhältnis gewonnen, was vorher unmöglich schien.

Vielleicht wurde dieser Schwiegertochter erst durch Norberts Tod bewusst, was sie an ihm verloren hatte, obwohl es erst Monate zurücklag, dass sie ihn (angeblich wegen eines anderen Mannes) verlassen wollte. Sie war in eine kleine Wohnung umgezogen – wenn auch nur vorübergehend; denn als sie feststellte, dass Norbert wieder Kontakt zu seiner alten Freundin aus Schulzeiten aufgenommen hatte, da hatte es nur wenige Tage gedauert, bis sie sich entschloss, in ihr gemeinsames Haus zurückzukehren … ein Umstand, durch den sie jetzt nicht zur geschiedenen Frau, sondern zu einer wohlhabenden Witwe geworden war …

Und nun hatte für Henriette also nach kürzester Zeit zwangsläufig auch noch dieser unumgängliche Umzug in das Wohnstift angestanden. Das bedeutete für sie, dass man ihr in dieser Situation nun schon die nächste Katastrophe zumutete; denn sie musste wohl oder übel ihre engsten Sozialkontakte, ihre Freundinnen, die bisher in ihrer Nachbarschaft gewohnt hatten und von denen sie einige fast täglich traf, dort zurück lassen

Als Julia diese Zusammenhänge begriffen hatte, war ihr nichts weiter übrig geblieben, als dieses schwierige Gespräch mit Henriette möglichst schnell auf ein anderes unbelastetes Thema zu lenken und sich bald darauf zu verabschieden.

*

Die Schwägerin rief an und fragte, ob Julia und Hannes sich die Zeit nehmen könnten, mit zu dem Beratungsgespräch zu kommen, das hinsichtlich der zu erwartenden Kosten und der Vormerkung für ein geeignetes Pflegeheim notwendig war. Für Julia war das kein Problem, denn sie befand sich seit kurzem schon im Vorruhestand, und auch Hannes war es möglich, seine geschäftlichen Termine so zu verschieben, dass er dabei anwesend sein konnte.

Sie ließen sich darüber aufklären, welche Kosten ein Pflegeheim in der Regel verursachte, welche Kosten die Pflegeversicherung übernehmen würde und wie hoch die Differenz wäre, die dann von der Patientin selbst oder deren Angehörigen noch zu tragen wäre, sofern diese zur Zahlung dieses Unterhalts verpflichtet seien, nach Abzug der gesetzlichen Freibeträge.

Danach bekamen Helga und Hannes einen Berg an Formularen ausgehändigt, die sie in Ruhe zu Hause ausfüllen sollten. Für den Bezirk, der im Falle des Falles diesen Differenzbetrag tragen würde, waren von allen Beteiligten – auch von den Schwiegerkindern – umfangreiche Antragsformulare auszufüllen, die Auskunft über viel mehr und viel genauere Details sämtlicher Einkommens- und Vermögensverhältnisse forderten als sie jedes Finanzamt je zuvor hatte wissen wollen. Auch eventuelle Schenkungen oder andere finanzielle Zuwendungen der Patientin an einen oder mehrere der Angehörigen waren anzugeben, die weniger als zehn Jahre zurück lagen, denn solche Transaktionen wären zur Erfüllung der Unterhaltsleistungen für Henriette rückabzuwickeln gewesen.

Unwirsch murrend und schimpfend machten sie sich auf den Heimweg, aber es blieb ihnen wohl nichts anderes übrig, als sich diesem Papierkrieg zu stellen. Also suchten sie seufzend sämtliche Unterlagen zusammen, die als Belege gefordert wurden, und füllten die unendlich erscheinenden Formulare schließlich vollständig aus.

Doch die Antragsformulare allein bedeuteten noch lange keinen Heimplatz. Den mussten sie in den nächsten Tagen selber noch suchen. Zum Glück gab es eine städtische Stelle, die Informationen über Kapazitäten und Wartelisten geben konnte. Also war jetzt Terminplanung und Koordination angesagt, denn nun besuchten sie zusammen die in Frage kommenden Pflegeheime, um sich vor Ort selbst einen Eindruck zu verschaffen.

Es waren einige darunter, die trotz freundlicher Begrüßungen und lobender Schilderungen durch die Führungskräfte schon wegen der räumlichen Gestaltung, der abgewirtschafteten Optik und eines fraglichen Gesamteindrucks von vorne herein ausgeschlossen werden mussten. Denn Rollstuhlpatienten, die in den Fluren ‚abgestellt' und sich selbst überlassen waren, gaben nicht gerade ein positives Aushängeschild für die Betreuung ab, welche die Heimbewohner hier offensichtlich erfuhren.

Ausgerechnet das letzte Heim auf ihrer Liste war schließlich genau das, was sie sich alle für Henriette vorgestellt hatten: modern, großzügig angelegt, mit Terrasse, mit freundlich gestaltetem Garten und großzügig angelegten Wegen, vor allem jedoch mit einem Betreuungskonzept, das nach den neuesten Erkenntnissen der Demenzforschung ganz auf die Bedürfnisse der Patienten zugeschnitten war.

Und zu aller Überraschung bekamen sie schon nach wenigen Wochen einen Anruf, dass dort ein Heimplatz für Henriette frei geworden war.

Helga und Julia hatten Henriette in den dazwischen liegenden Wochen durch unauffällige Bemerkungen und geschickte Themenwahl schon darauf vorbereitet, dass sie bald in eine neue und freundlichere Umgebung umziehen würde, in der sie sich gut aufgehoben fühlen könne. Und tatsächlich war es diesmal nicht schwer, Henriette davon zu überzeugen, dass es ihr in diesem neuen Zuhause gefallen würde.

Nur einen kleinen Haken hatte die Sache: es handelte sich um ein Doppelzimmer. Immerhin war das im Preis etwas günstiger als die Einzelzimmer, und langweilig würde es Henriette hier sicher nicht werden.

*

Für diesen Sonntag war das Wetter genauso eingetroffen, wie der Wetterbericht es vorhergesagt hatte: sehr durchwachsen, mit Sonne, Wolken und Regenschauern. Nicht gerade berauschend für einen Muttertag, dachte sie, aber so war das eben. Berauschend war auch nicht, dass ihr Sohn dieses Mal zwar nicht erst am Abend, sondern schon am frühen Nachmittag angerufen und ihr einen schönen Muttertag gewünscht hatte; auf die Idee, sie vielleicht schon ein paar Tage vorher zum Nachmittagskaffee oder gar zum Abendessen einzuladen, war er trotzdem wieder einmal nicht gekommen.

Aber war sie vielleicht selber daran schuld? Hatte sie früher nicht selbst immer wieder betont, dass sie auf diesen fragwürdigen Muttertag keinen gesteigerten Wert legte?

Hätte sie es extra betonen sollen, dass sie die Fragwürdigkeit dieses Tages nicht auf den Tag selbst, sondern in erster Linie auf die damit verbundenen Zwangsgeschenke bezog, mit welchen man von allen Seiten geradezu überhäuft werden sollte, damit der Handel Kasse machen konnte?

Schon ihre Mutter hatte diesen ‚Muttertag' auch als ‚Larifari' abgetan, und doch war es für sie damals selbstverständlich gewesen, die Mutter zum Mittagessen auszuführen und zum Kaffee einzuladen, wie sie es später auch mit ihrer ersten Schwiegermutter getan hatte, und man hatte es immer geschafft, entweder zusammen im großen Kreis oder, um einen Tag versetzt, mal mit der einen und dann mit der anderen zu feiern.

Die Kontakte mit ihrem Sohn Chris gestalteten sich ohnehin schwieriger, seit er mit seiner Lebensgefährtin Inge in die grüne Umgebung der Stadt gezogen war. Mit dem Auto brauchte sie jetzt statt einer Viertelstunde eine satte Dreiviertelstunde, um sein neues Zuhause zu erreichen. Das bedeutete aber noch lange nicht, dass sie auch ihn selbst erreichte; denn er hatte normalerweise nur freitags seinen freien Tag in der Woche, und da war er bereits mit Hausarbeiten und mit dem Hund voll ausgelastet – so schien es jedenfalls.

Überhaupt hatte diese neue Mode mit Kurznachrichten über WhatsApp schon seit einiger Zeit alle persönlichen Kontakte verdrängt, wie sie zu ihrer großen Verärgerung feststellte. Dazu kam noch, dass die meisten WhatsApp-Nachrichten nicht von ihrem Sohn, sondern von der Schwiegertochter kamen. Natürlich mochte sie Inge auch sehr gerne, denn Inge war eine fröhliche, quirlige junge Frau, die übersprudelnd von ihren Erlebnissen erzählte. Aber ein ganz privates, ein ganz persönliches Gespräch mit ihrem Sohn war schon seit sehr langer Zeit unmöglich, weil er sich nie alleine mit ihr traf. Wollte er das wissentlich vermeiden? Hatte er selbst keinerlei Bedürfnis danach, mit ihr über sehr persönliche Dinge zu sprechen?

Eigentlich hatte sie ihn schon seit Jahren immer wieder einmal nach seinen Empfindungen fragen wollen, nach Gefühlen und Erinnerungen. Aber solche Dinge wollte sie nicht im Beisein der Schwiegertochter ansprechen. Die ging das, wenn überhaupt, doch nur sehr indirekt etwas an.

Sollte es tatsächlich eine so große Rolle gespielt haben, dass sie die Entbindung, das ‚auf die Welt kommen' ihres Kindes nicht bewusst miterlebt hatte? Im entscheidenden Augenblick war ihr ein Narkosemittel verabreicht worden, weil das Kind mit der Saugglocke geholt werden musste. War die Bindung zwischen Mutter und Kind deshalb nicht so innig, wie es nach ihrer Vorstellung eigentlich hätte sein sollen? Oder lag das an der pragmatischen Einstellung, die sie schon bei der Auswahl des Namens für ihren Sohn gehabt hatte?

‚Frank und frei' – diese Redewendung war ihr bei der Namenwahl in den Sinn gekommen, und genau das sollte ihr Kind sein. Deshalb wollte sie ihn eigentlich gerne Frank nennen. Doch dann einigte sie sich mit Bernd auf den Namen Christian.

Chris war ein sehr aufgeweckter Junge und, nach Julias Erinnerung, meistens pflegeleicht. Sie konnte sich jedenfalls an keine größeren Schwierigkeiten erinnern. Was sie aber schon damals irritierte, das war seine Passivität beim Spielen. Es war Juli nur selten gelungen, das Kind zu eigenen Aktionen zu inspirieren. Chris zog es vor, seiner Mutter dabei zuzusehen, wie sie die Bausteine stapelte, wie sie die Seilbahn aufbaute oder die Carrera-Bahn.

Als er ihr gegen Ende seiner Lehrzeit beichtete, dass man ihm aufgrund der dritten Abmahnung wegen Zu-spät-Kommens den Lehrvertrag gekündigt hatte, fiel Julia aus allen Wolken. Ihr Sohn hatte es tatsächlich fertiggebracht, seinen Arbeitsplatz zu riskieren, weil er zwar schon wusste, dass es immer schwierig war, dort einen Parkplatz zu finden, aber trotzdem keine Veranlassung sah, zehn Minuten früher aus dem Haus zu gehen!

Sie selbst hatte darauf schon lange keinen Einfluss mehr, denn Chris wohnte bereits seit zwei Jahren wieder bei seinem Vater Bernd und dessen neuer Familie. Dorthin war er umgezogen, als Julia sich von Herbert trennte. Dort hatte er zwei jüngere Halbbrüder, mit denen er sich sehr gut verstand und dort hatte er dann auch bleiben wollen. Das traf Julia anfangs sehr, doch selbstverständlich gönnte sie es ihrem Sohn, dass er seinen neuen Platz in dieser Patchwork-Familie seines Vaters genießen durfte.

Julia hatte ihren Sohn sofort die nun wichtigste Frage gestellt: ob er sich denn darüber im Klaren wäre, dass ein fehlender Berufsabschluss sehr negative Auswirkungen auf seine berufliche Zukunft haben werde, und, ob er noch Gewerkschaftsmitglied sei. Als er das bejahte, schickte sie ihn mit den notwendigen Unterlagen auf direktem Weg zur Rechtsberatung der Gewerkschaft.

Vor dem Arbeitsgericht konnte der Rechtsanwalt für Chris dann erreichen, dass die Kündigung zurückgenommen wurde. Er durfte seine Lehre in dieser Firma also zu Ende führen und mit bestandener Prüfung abschließen.

Nach vielen Umwegen – über seinen Ersatzdienst beim Bayerischen Roten Kreuz, seinen mehrjährigen Erfahrungen als Abteilungsleiter eines Technik-Marktes im Raum Düsseldorf und - nach seiner Rückkehr nach Franken - als Briefträger für ein Start-up-Unternehmen in Nürnberg hatte er auch hier wieder in einem Computer-Fachgeschäft Fuß gefasst. Seine Lebensgefährtin Inge fand Franken auch sehr schön und hatte Nordrhein-Westfalen gerne für ihn verlassen. Mit dem Dialekt der Franken fand sie sich ziemlich rasch zurecht, obwohl es da doch oft Begriffe gab, die man ihr übersetzen musste …

Doch Inge war aufgeschlossen genug, um sich auch mit ihren Nürnberger Kolleginnen in kürzester Zeit gut zu verstehen. Wenn ihr allerdings jemand dumm kam, dann konnte Inge verbal schon auch mal knallhart sein.

Raue Schale – weicher Kern. Inges Kindheit war nicht gerade rosig gewesen, denn ihr Vater trank gerne zu viel. Da hatte ihre Mutter dann irgendwann die Reißleine gezogen und sich scheiden lassen. Mit dem späteren Stiefvater war Inge prima ausgekommen, mit ihren beiden Brüdern auch. Julia war immer wieder einmal davon überrascht, wie oft und wie lange man doch mit Brüdern und Schwägerinnen telefonieren konnte ...! Auch an der Entwicklung ihrer Neffen und Nichten nahm Inge sehr regen Anteil und holte sie in den Ferien des Öfteren für ein paar Tage in das ach so ferne Nürnberg ...

Doch an eigenem Nachwuchs waren beide, Chris und Inge, nicht interessiert. Stattdessen holten sie sich eines Tages im Sommer einen Hund aus dem Tierheim, eine sehr liebe Mischlingshündin, an die sie von da an ihre Zeit und Zuneigung verschwenden konnten.

Als Chris dann eines Tages auch in seiner neuen Firma die Filialleitung übernehmen sollte, für die er - trotz eines höheren Zeitaufwandes - jedoch nur wenige lächerliche Euros mehr bekommen hätte, da stellte er sich die Frage, ob es ihn wirklich zufrieden stellte, dass er ständig neue Geräte- und Bedienungsfunktionen ‚drauf haben' müsse.

Die IT-Branche veränderte ihre Produkte in rasendem Tempo, so dass Chris nur noch damit beschäftigt war, sich das neueste ‚Knowhow' anzueignen. Im Abstand von nur wenigen Monaten kamen immer neue, immer ausgefeiltere Geräte auf den Markt, und die Kunden wollten gut beraten werden, nahmen seine Erfahrung und seine kostbare Zeit gerne in Anspruch, kauften das ausgewählte Produkt dann aber offenbar lieber im Internet. Da bekamen sie es ein paar Euro billiger.

Nach langem Abwägen hatte Chris dann endlich den Job gefunden, der ihm wirklich Spaß machte und der ihm auch ein gutes Einkommen sicherte. Er hatte das Angebot eines Möbelmarktes angenommen, sich zum Küchenplaner ausbilden zu lassen und war an diesem neuen Arbeitsplatz offensichtlich ein sehr guter Berater und natürlich auch Verkäufer, was sich an seinen Provisionen bemerkbar machte.

Doch zum großen Bedauern seiner Mutter Julia hatten alle seine Freizeitaktivitäten und sonstigen Interessen keinerlei Bezug zu all dem, womit sie sich gerne beschäftige. Er interessierte sich mehr für Popmusik, vor allem aber für die Formel I. In ein Theater oder eine Ausstellung ging er nie und zu Konzerten auch nicht – im Gegensatz zu Inge, die Julia früher öfter einmal eingeladen hatte, eine freche Komödie mit ihr zu besuchen. Nun aber hatte Inge einen anderen Job und war abends zeitlich nicht mehr so flexibel.

Von seinem Vater konnte Chris das Desinteresse an kulturellen Dingen nicht haben. Bernd war immer an Kultur durchaus interessiert gewesen. Doch seitdem er eine Bypass-Operation hinter sich hatte und von seinem Arzt lange Jahre mit den falschen Medikamenten zu einer falschen Diagnose behandelt worden war, unternahm er lieber Fahrradtouren, um sich fit zu halten.

Auch von seinem Großvater Theo konnte Chris' Desinteresse an ernster Kunst nicht stammen. Theo hatte eines Tages einen Nebenjob angenommen, mit dem er die Familienurlaube finanzierte: er kontrollierte abends oder am Wochenende Eintrittskarten für Veranstaltungen und half nach Konzertende in der »Meistersingerhalle« mit bei der Ausgabe der Garderobe. Das verschaffte ihm oft die Gelegenheit, auch Klassik-Konzerte in aller Ruhe mitzuhören.

Als er eines Tages als erste Klassik-Schallplatte ausgerechnet »Aus der Neuen Welt« von Antonín Dvořák auflegte, da fand der Teenager Julia diese Art von Musik einfach nur furchtbar… Doch Jahre später hörte sie nicht nur Werke der Komponisten Mozart, Vivaldi und Brahms. Plötzlich mochte sie auch Beethoven, und besonders Mendelssohn-Bartholdy hatte es ihr angetan. Geschmäcker entwickeln sich eben verschieden. Braucht es manchmal nur den richtigen Anstoß?

Julia rechnete es ihrem Sohn hoch an, dass er sich oft um seinen Vater kümmerte; denn auch Bernds zweite Ehe bestand seit einiger Zeit nur noch auf dem Papier.

Spannende Krimis, früher sogar einmal die Horror-Storys von Stephen King las Chris gerne, aber ernsthafte Literatur schob er weit von sich. Nun gut, Julia musste es wohl so akzeptieren. Schließlich hatte sie es ja gewollt, dass er ‚frank und frei' sein sollte.

Sie selbst hatte einmal im Kohlenkeller (als dieses Heizmaterial schon lange nicht mehr gebraucht wurde) in einem kleinen Schränkchen gestöbert und dort einige wenige Bücher gefunden, die sicher ihrem Vater gehörten. »Abd el Kader«, – was sollte das bedeuten? Julia blätterte und las und war fasziniert von dem Thema dieses Romans. Sie nahm das Buch an sich und las es, wenn sie am Nachmittag ihre Hausaufgaben erledigt hatte. Die Geschichte von John Knittel über die tragischen Verwicklungen, die das frühere Techtelmechtel eines französischen Offiziers mit einer Berberin zur Folge hatte, beeindruckten sie stark.

Danach griff sie zu Theos nächstem Buch. Das war von Knut Hamsun und hatte den Titel »Der Trollelch«, eine sehr mystische Angelegenheit. Ihre Liebe zur Literatur wuchs, und Theaterstücke aus der griechischen Sagenwelt, von Gerhard Hauptmann oder Bert Brecht besuchte sie gerne, wenn sie auch später ... doch öfter lieber auf leichtere und fröhlichere Kost umstieg.

Operetten und Komödien waren jetzt angesagt ... Immer nur Drama – wer hielt das denn aus? Nichtsdestotrotz – den Einakter des Italieners Luigi Pirandello fand Julia noch heute genial: »So ist es, wie es Ihnen scheint!«

Im Kontakt mit ihrem Sohn vermisste sie allerdings am meisten Gespräche über ganz persönliche Dinge... Doch hatte sie selbst ihren Sohn jemals an dem teilhaben lassen, was sie fühlte und dachte? Hatte sie überhaupt daran gedacht, dass das wichtig sein könnte?

Wieder einmal erinnerte sie sich daran, wie wenig ihre eigene Mutter von sich erzählt hatte, von Gedanken und Empfindungen, die sie als junge Frau gehabt hatte. Nie hatte ihre Mutter gesagt, dass sie traurig gewesen wäre, als von ihrem ersten Mann keinerlei Nachricht mehr von der Front gekommen war... und auch, wann und wie sie sich in Julias Vater verliebt hatte, war nie Thema gewesen.

Nur davon, dass Theo eigentlich schon verlobt war, als er in den Krieg musste, hatte sie ihr erzählt. Doch Theos Verlobte hatte das lange Alleinsein nicht ausgehalten. Sie heiratete einen anderen Mann. Doch ihr neues Glück konnte sie nicht lange genießen, denn als Reiter bei der ‚Berittenen Polizei' stürzte ihr Mann eines Tages so unglücklich, dass die hinter ihm herangaloppierenden Pferde nicht mehr ausweichen konnten. Ihre Hufe brachen ihm sein Rückgrat, und das überlebte er nicht.

Gunda und Theo blieben mit Ruth trotzdem freundschaftlich verbunden. Sie trafen sich regelmäßig bei ihrem Wanderverein, und Ruth, die einen Friseursalon betrieb, war auch Gundas Friseuse – obwohl der Weg vom Südfriedhof in die Burgfarrnbacher Straße mit der Straßenbahn damals ziemlich weit war.

In diesem Haus mit dem hübschen kleinen Garten, in dem Moki, Ruths schwarze Katze, zuhause war, wohnte auch Alois, der neue Lebensgefährte von Ruth. Er war Koch und arbeitete für die Amerikaner, die ganz in der Nähe an der Stadtgrenze zu Fürth ihr Kasernengelände hatten. Julia mochte ihn sehr gerne, denn der blondgelockte Alois mit seinem breiten Lächeln war immer gut gelaunt und machte viele Späße!

Dass Alois aus Polen kam und während des Krieges in Nürnberg Zwangsarbeit verrichten musste, erfuhr Julia erst viele Jahre später, als es ihm endlich gelungen war, auch seine Schwester und deren Tochter aus dem sowjetsozialistischen Polen in den Westen zu holen.

*

Kunigunde und Theodor waren sehr kameradschaftliche Eheleute, immer fürsorglich aufeinander bedacht. Doch erst auf der Intensivstation der Klinik, als ihre Mutter nach dem dritten Herzinfarkt im Sterben lag, da sah Julia plötzlich mit offenen Augen, wie zärtlich ihr Vater die Hand ihrer Mutter hielt, wie zärtlich er sie ansah, und auf einmal wurde ihr bewusst, wie innig diese beiden miteinander verbunden waren.

Nachdem Theo in Julias Begleitung seine tote Frau noch einmal gesehen hatte, da sagte er mit Tränen in den Augen und schwerem Herzen: »Ich hätte mir so sehr gewünscht, dass sie mich noch einmal anschaut!«

Und in seinem kleinen Kalender, den Theo als Tagebuch verwendete, hatte Julias Vater von seinem Traum geschrieben. Darin sah er seine Frau vor sich in der geöffneten Wohnungstüre stehen, in ihrem roten Kostüm, das ihm immer so gut gefallen hatte, und er fragte sich: »Wollte sie mich abholen?«

Doch darauf musste er noch mehr als drei Jahre warten.

Es war Julia in späteren Jahren aufgefallen, dass ihre Mutter nur selten Kontakt zu ihren eigenen Geschwistern unterhalten hatte. Einmal im Jahr hatte ein großes Familientreffen am Grab der Großmutter stattgefunden und danach ein gemeinsames Mittagessen. Aber darüber hinausgehende Besuche der Mutter bei ihren Brüdern und Schwestern waren eher selten. Dazu kam, dass ihr Vater an diesen jährlichen Familientreffen nicht teilnahm. Sie erinnerte sich an seine vagen Bemerkungen, dass alle seine Schwager Beamte des gehobenen Dienstes wären und sich damit als etwas Besseres sahen. Er dagegen war nur einfacher Metallarbeiter, den sie seiner Meinung nach nicht gerade hoch achteten, und außerdem wisse er eigentlich auch gar nicht, worüber er sich mit diesen Leuten unterhalten solle.

Julia konnte diese Einstellung nicht verstehen, denn sie selbst mochte diese Tanten und Onkel alle sehr gerne und es gab kein Thema, bei dem sie nicht mitredete.

Tatsache war, dass ihr Vater an seinen freien Sommer-Wochenenden »nicht aus der einen Stube raus und in die andere Stube rein« wollte. Er brauchte frische Wanderluft, und das möglichst weit draußen vor der Stadt. Schon von frühester Jugend an war er an jedem Wochenende mit dem Fahrrad zu den Kletterfelsen in der Fränkischen Schweiz gefahren und hatte dort mit seinen Bergkameraden alle Schwierigkeitsgrade ausprobiert, die es dort zu finden gab.

Auch er hatte einen Bruder, doch schon seit Jahren keinerlei Kontakt mehr. Es hatte - nach seiner knappen Schilderung - mit seinem Bruder Gustav einmal sehr heftigen Streit gegeben, angeblich um das Geschirr der verstorbenen Mutter. Eine Tante – Adelheids Mutter - hatte diese Darstellung jedoch später einmal als Vorwand abgetan. In Wirklichkeit sei es um Eifersucht gegangen, weil auch der Bruder ein Auge auf ihre Mutter geworfen habe.

Wie auch immer: die Brüder begegneten sich nur per Zufall ein einziges Mal beim Bummel über einen Jahrmarkt, obwohl ein Onkel des Vaters, ein sehr liebenswerter ruhiger Mensch, es immer wieder einmal versuchte, eine Versöhnung anzubahnen, indem er gesprächsweise von Gustav und dessen Familie erzählte. Doch das Ergebnis war nur, dass der Vater zu Julias Mutter sagte, er wolle den Onkel lieber nicht so oft treffen, weil dieser ihm immer von seinem Bruder erzählte.

Julia selbst war aus einem Zusammentreffen verschiedenster Gründe als Einzelkind aufgewachsen, was für Nachkriegsfamilien nicht ungewöhnlich war. Es galt, eine neue Existenz aufzubauen und vieles nachzuholen, was die Menschen während der langen Kriegsjahre entbehren mussten. Dazu kam, dass die Mutter bei ihrer Geburt bereits siebenunddreißig Jahre zählte und ihr Vater mit schon vierzig Jahren auch kein junger Spund mehr war.

Er hatte einige Jahre in französischer Kriegsgefangenschaft verbracht, wovon er zu seinem großen Glück längere Zeit als ‚Mädchen für alles' auf dem Schloss eines Grafen arbeiten durfte.

Einmal erzählte er davon, dass er eines Tages für den Sonntagsbraten einen Stallhasen schlachten sollte. Weil er aber noch nie in seinem Leben einen Hasen getötet hatte, stellte er sich so ungeschickt dabei an, dass ihm die spanische Köchin zu Hilfe eilte, um das arme Tier zu erlösen. Sie hieß Baghitta und war eine sehr resolute Person.

Sie packte den armen Hasen mit einer Hand an beiden Hinterläufen, holte mit dem Stock in der anderen Hand zu einem gezielten Schlag auf das Genick des Tieres aus und sagte: »Siehst du, Theodor, *so* macht man das!«

*

Henriette genoss diesen herrlichen Sonnentag sehr. Ihre Schwiegertochter hatte sie aus dem Pflegeheim abgeholt und war mit ihr zum Stadtpark gefahren. Dort hatten sie gemeinsam einen ausgedehnten Spaziergang durch die blühende Parkanlage unternommen und gönnten sich nun am Kiosk eine kleine Pause und dazu Eiskaffee. Darüber war Henriette sehr glücklich; denn in ihrer Jugendzeit hatte sie ganz in der Nähe des Stadtparks gewohnt und war nach der Schule oft in diesem Park unterwegs gewesen. Daran hatte sie viele schöne Erinnerungen, die heute alle wieder in ihr auflebten:

Zuerst hatte sie mit ihren Eltern und dem Bruder Emil in einem Hinterhof im Ortsteil Schweinau zur Miete gewohnt. Diese Wohnung hatte ein geräumiges Schlafzimmer, in dem Platz war für vier Betten: für das Ehebett der Eltern und - unter dem Fenster – für zwei weitere Betten, die mit den Fußteilen aneinander gestellt waren. Darin schliefen die ersten beiden Kinder, Henriette (geb. 1926) und Emil.

Doch als die Familie wuchs, waren sie in eine größere Wohnung am Nordostbahnhof umgezogen, denn zehn Jahre nach Henriette wurde ihre Schwester Gitta geboren, und weitere fünf Jahre darauf das Nesthäkchen Sonja.

Henriettes jüngere Schwestern wanderten nach dem Krieg beide nach Amerika aus, Gitta mit ihrem deutschen Mann Hans und Sonja mit Vernon, dem amerikanischen Soldaten, den sie im Nürnberg der Nachkriegszeit kennenlernte und der eigentlich viel lieber mit ihr hier geblieben wäre. In Nürnberg gefiel es ihm sehr. Aber seine junge Frau wollte unbedingt nach Amerika.

In der Schule hatte Henriette manchmal Strafarbeiten dafür bekommen, dass sie das Schulgeld für ihre Hefte erst viel zu spät bezahlte. Sie schämte sich sehr dafür, getraute es sich aber nicht, der Lehrerin zu sagen, dass ihre Eltern dafür gerade kein Geld mehr übrig hatten.

Eines Tages begann eine Nachbarin damit, eine Jugendgruppe zu gründen. In dieser Gruppe wurde gespielt und gesungen und es wurden auch Handarbeiten gefertigt. Henriette gefiel das sehr gut. So kam sie zum BDM, dem Bund Deutscher Mädchen. Dort fühlte sie sich wohl, denn sie bekam eine ‚Uniform', die aus einer sehr schönen Weste, einem passenden Rock und schicken Schuhen mit drei Lederfalten bestand. Die Weste hatte außerdem noch vier aufgesetzte Taschen. Auf dieses ‚Outfit' war sie sehr stolz.

Henriettes Eltern hatten einen Schrebergarten in einer nahe gelegenen Gartenanlage, aus dem sich die Familie selbst mit Gemüse versorgen konnte. Dort stattete eines Tages Hitlers Gauleiter, Julius Streicher, einen Besuch ab und Henriette musste ihm einen Blumenstrauß überreichen. Das hatte sie damals sehr nervös gemacht, weil alle Anwesenden auf sie schauten. Von Politik wusste sie damals nicht viel, und sie blieb ihr Leben lang ein eher unpolitischer Mensch. Doch immer war sie gutmütig und hilfsbereit.

Das Pausenbrot, das sie von ihrer Mutter in die Schule mitbekam, gab sie meistens an ein anderes Mädchen weiter, das noch sechs weitere Geschwister zu Hause hatte und das deshalb nie selbst etwas zu Essen dabei hatte. Als Henriettes Mutter eines Tages davon erfuhr, war sie deswegen sehr böse und verbot es ihrer Tochter, das Brot zu verschenken. Aber Henriette hat ihr Pausenbrot trotzdem weiterhin diesem Mädchen gegeben.

Nach dem Ende der Schulzeit mussten Mädchen damals ein soziales ‚Pflichtjahr' absolvieren, und zwar in einem fremden Haushalt. Henriette wurde dafür auch sofort angefordert, und zwar von der angeheirateten Tante, die mit dem Bruder ihrer Mutter, einem künstlerisch sehr begabten Kupferschmied, im Ortsteil Gebersdorf ein kleines Kolonialwarengeschäft betrieb. Diese Tante hatte ihr versprochen, dass Henriette bei ihr ein eigenes Zimmer mit Bett bekommen würde und acht Mark Lohn in der Woche. Später erfuhr Henriette von anderen Schulfreundinnen, dass diese zehn Mark, einige wenige sogar zwölf Mark Wochenlohn erhielten. Sie beklagte sich aber nicht und hatte zunächst auch Spaß daran, Kindermädchen und Haushaltshilfe zu sein.

Doch schon wenige Wochen, nachdem Henriette ihre Tätigkeit bei dieser Tante aufgenommen hatte, kam eine Schwester dieser Tante, die unverhofft angereist war. Aus familiären Gründen, die vorgeschoben waren, nistete diese Schwester sich im Haus der Tante ein und bekam prompt Henriettes Zimmer. Sie übernahm aber nicht nur das Zimmer, sondern auch gleich das ganze Regiment im Haus, und Henriette, die sich bis dahin sehr gerne auch um die kleinen Kinder der Tante gekümmert hatte, durfte stattdessen nur noch Putzarbeiten verrichten und Einkäufe erledigen.

Auf den ihr versprochenen Wochenlohn wartete die junge Henriette meistens sehr lange, manchmal sogar vergeblich. Die Tante behauptete dann stets, der Umsatz in ihrem Laden wäre leider sehr gering. Doch den Geigenunterricht für ihren älteren Sohn konnte sie offenbar sehr wohl bezahlen …

Zu Henriettes Aufgaben gehörte es, die Wurstwaren, die im Laden der Tante verkauft wurden, mit dem Fahrrad täglich frisch von einem Metzger aus dem Ortsteil Leonhard zu holen.

Das alles hätte sie gar nicht schaffen können, wenn sie nicht zu ihrer Konfirmation ein Fahrrad geschenkt bekommen hätte – ein gebrauchtes Fahrrad zwar, aber immerhin eines mit modernen Ballonreifen.

Damit legte sie nun täglich sehr weite Strecken zurück. Von ihrem Zuhause im Norden der Stadt musste sie sehr früh am Tag aufbrechen, um bis auf die andere südwestliche Seite der Stadt in den Kolonialwarenladen der Tante zu fahren, dann zum Wurstwareneinkauf von dort zurück bis in die Stadtmitte, danach wieder zurück in den Laden und abends endlich den langen Heimweg zur elterlichen Wohnung. Das waren harte Bedingungen, und Henriette hatte auch bei herrlichstem Wetter nirgendwo Zeit, schöne Ausblicke zu genießen.

Als sie mit ihrem Fahrrad eines Abends eine Reifenpanne hatte, war sie ganz verzweifelt, denn sie hatte keine Möglichkeit, das Loch in ihrem Reifen zu reparieren. Doch der Himmel schickte ihr Gottseidank schon nach kurzer Zeit einen Herrn vorbei, der ihre unangenehme Lage erkannte und der auch wusste, wie man einen Reifen flicken konnte. Henriette hätte das Rad sonst zu Fuß nach Hause schieben müssen.

So wurde die gutmütige und auf Harmonie bedachte Henriette von dieser Verwandtschaft regelrecht ausgenutzt. Nach dem Ende ihres Pflichtjahres hat sie sich dort nie wieder umgesehen. Diese ‚lieben Verwandten' waren für sie auf alle Zeiten ‚erledigt'.

Manchmal kam Henriettes Tante Marie, die jüngere Schwester ihres Vaters, zu Besuch. Marie lebte in München und schlug sich dort als Alleinerziehende mit einigen Stellen als Zugehfrau durch. Der Sohn eines Geschäftsmannes hatte ihr wohl erst die Ehe versprochen und sie geschwängert, dann aber wollten seine Eltern diese Schwiegertochter nicht und haben eine Eheschließung erfolgreich verhindert. Doch trotz ihrer schweren Lebensumstände war Marie war eine herzensgute Frau geblieben und hatte an Henriettes mittlerem Sohn Hannes einen Narren gefressen. Wenn sie es sich leisten konnte, Henriette zu besuchen, dann bekam Hannes von ihr immer eine Kleinigkeit geschenkt.

Da war Tante Ingeborg, Kurts jüngere Schwester, anders gestrickt. Sie lebte in Mainz, besaß Beamtenstatus, eine eigene Wohnung und liebte das Leben, das sie führen konnte und das sie auch in vollen Zügen genoss - sowohl, was das Reisen anbetraf als auch das Trinken.

Bei Kurt und Henriette quartierte sie sich regelmäßig dadurch ein, dass sie plötzlich und unerwartet wieder einmal vor der Tür stand, manchmal sogar in Begleitung einer Freundin. Dann ließ sie sich von Henriette zwei Wochen lang fürstlich bedienen, trank roten Wein und rauchte »wie ein Schlot«. Mit angepackt hatte sie während dieser Zeit allerdings nie - schließlich hatte sie ja Urlaub!

*

Ihre Lehrzeit hatte Henriette in einem kleinen Schuhladen in der Johannisstraße mit erfolgreicher Prüfung abgeschlossen. Doch dann war sie vom Staat zum Arbeitsdienst abberufen worden und musste stattdessen als Helferin– gemeinsam mit ihren insgesamt achtzig Kameradinnen - bei der Flugabwehr die neuesten Radarmeldungen entgegennehmen und auf dem Kartentisch die jeweils aktuellen Positionen der feindlichen Flugzeuge anzeigen.

Schon damals war es ein Abenteuer, mit dem Zug zu fahren, damals, als Henriette von ihrem Arbeitsdienst bei der Radar-Flugabwehr ab und zu einmal nach Hause fahren durfte. Schaffner gab es schon lange keine mehr, die Fahrkarten kontrolliert hätten. Später, als man keine Gewissheit mehr haben konnte, wann der nächste Zug denn nun tatsächlich fahren würde, war das Abenteuer umso größer.

In dieser Wartezeit setzte sich Henriette eines Tages am Bahndamm in der Nähe der Station unter einen Baum und ließ sich ihr Vesperbrot schmecken. Bald gesellte sich ein junger Mann in Soldatenuniform zu ihr, der auch auf seinen Zug warten musste, der ihn an die Front bringen würde. Er erzählte ihr, dass man ihn einberufen hatte und dass er jetzt zu seinem ersten Einsatz fahren müsse. Aber er sagte ihr auch, er habe dabei ein sehr mulmiges Gefühl.

Sie unterhielten sich gut und fanden Gefallen aneinander, so dass der junge Mann nach ihrer Adresse fragte, denn er wollte ihr gerne bald einen Brief schreiben.

Wenige Wochen danach bekam sie einen Brief - doch nicht von ihm. Seine Eltern schrieben ihr, sie hätten ihre Adresse zwischen seinen Sachen gefunden, die man ihnen zurückgeschickt hatte; denn ihr Sohn war schon am ersten Tag seines Einsatzes gefallen.

Darüber war Henriette sehr erschüttert.

Bei Kriegsende hatte man dann die Radarstation, in der Henriette Dienst tat, urplötzlich geschlossen und alle Mädchen - noch in ihren Uniformen und ohne jegliche weitere Unterstützung - einfach nach Hause geschickt. Wie sie dahin kommen sollten? Das hatte man den Mädels großzügig selbst überlassen …

Als Henriette es endlich bis nach Nürnberg zu Ihren Eltern geschafft hatte, fragte sie damals bei ihrem alten Chef an, ob sie wieder als Schuhverkäuferin bei ihm arbeiten dürfe. Der Chef sagte, er könne sie zwar gut gebrauchen, aber sein Umsatz wäre nicht so groß, dass er ihr ein normales Gehalt zahlen könnte. Trotzdem war Henriette sofort damit einverstanden gewesen, dass sie einen geringeren Lohn bekommen würde, denn sie arbeitete schon früher sehr gerne in diesem kleinen Laden und war zu dieser Zeit überglücklich, genau diese Arbeit genau dort nun wieder tun zu dürfen.

Als Adelheid, Julias Cousine, von Julia bei einem Kaffeeplausch davon gehört hatte, da rief sie erstaunt aus: »Diesen Laden kenne ich! In diesem Schuhgeschäft habe ich für meinen Sohn Rainer einmal Schuhe gekauft, weil er mit seinem Fuß in die Speichen des Fahrrads gekommen war, auf dem er mit seinem Vater unterwegs war.« Sie erzählte, dass die beiden in hohem Bogen vom Rad geflogen waren, und Rainers Fuß war so schlimm verletzt, dass er in der Kinderklinik operiert werden musste. Auch seinen Vater hatte es schlimm erwischt: er war mit seinem Auge so unglücklich auf einen der gusseisernen Gully-Deckel gefallen, dass sein Augenlid genäht werden musste.

Rainers Schuhe aber waren … ein Totalschaden. Er brauchte dringend ein neues Paar, und es ist gut möglich, dass Henriette es seiner Mutter verkauft hat!

Auch ihren späteren Ehemann Kurt lernte Henriette noch in seiner Soldatenuniform kennen. Sie war gerade Achtzehn geworden und wieder mit dem Zug unterwegs nach Hause zu ihren ‚ausgebombten' Eltern, die auf einem Bauernhof eine Zuflucht gefunden hatten.

Kurts Eltern und seine Schwester Ingeborg wohnten nach ihrer Flucht aus Oppeln nun in Mainz, doch Kurt hatte sich auf die Suche nach einer neuen Heimat gemacht, in der er Arbeit finden konnte; denn das war nach dem Ende des Krieges nicht leicht. Da war es ein glücklicher Zufall, dass er beim Mittagessen im Garten der Bahnhofswirtschaft mit Henriette ins Gespräch kam und sich lange mit ihr unterhalten hatte. Sie schlug ihm vor, dass er es doch auch einmal bei diesen Bauern versuchen solle, und tatsächlich erhielt er dort zumindest ein Nachtlager.

*

In seiner schlesischen Heimat hatte Kurt den Beruf des Betonbauers erlernt, aber im Freistaat Bayern wollte man seine Zeugnisse nicht anerkennen, so sehr er auf dem Behördenweg auch darum kämpfte.

Dann fand er Arbeit als Holzfäller, und schließlich gefiel ihm das Arbeiten mit Holz so gut, dass er im Betrieb eines Bodenlegers eine Anstellung suchte und auch bekam. Er vervollständigte seine Fertigkeiten und Kenntnisse als Parkettleger so gründlich und so gut, dass er schließlich die Meisterprüfung ablegen konnte. Nach dem bestandenen Meisterdiplom machte er sich selbständig und gründete seinen eigenen Betrieb.

Mit einem einfachen Leiterwagen fing er an, auf dem er die notwendigen Materialien und Werkzeuge zu seinen Kunden bringen konnte.

Durch Tüchtigkeit und Fleiß erreichte er es in kurzer Zeit, als Handwerker so stark nachgefragt zu sein, dass er das alleine gar nicht mehr alles schaffen konnte, und so suchte er sich bald geeignete Mitarbeiter. Sein Betrieb wuchs und er bildete auch Lehrlinge aus - Azubis heutzutage.

Einige Jahre später bauten Kurt und Henriette ein bescheidenes eigenes Haus in einer der genossenschaftlich organisierten Siedlungen, in welcher jeder bei sich selbst und bei seinen Nachbarn dreitausend Arbeitsstunden beim Hausbau ableistete. In diesem Haus hatten sie auch einen sauberen und schön ausgestalteten Kellerraum.

Nach und nach bekamen Henriette und Kurt vier Kinder, eine Tochter und drei Söhne.

Doch wo viel Licht ist, da ist auch Schatten: für viele Arbeiter musste auch viel Arbeit da sein, um die Löhne bezahlen zu können. Schon damals aber war die Zahlungsmoral der Kunden oft sehr miserabel. Es gab Kunden, die es zwar mit der Arbeitsausführung mehr als eilig hatten, mit dem Bezahlen dann jedoch weniger. Kurt musste die Begleichung seiner Rechnungen oft anmahnen, und in der

Zwischenzeit überholten ihn seine eigenen offenen Rechnungen, denn er hatte ja das benötigte Material bestellt und musste es bei seinen Lieferanten bezahlen - ob nun das Geld von dem Kunden kam oder nicht -, sonst hätte er für den nächsten Auftrag kein Material mehr bekommen.

Da Kurt sich keine Rechtsschutzversicherung leisten konnte, war es riskant, jemanden zu verklagen. Außerdem waren auch seine Innungskollegen der Ansicht, Zahlungsklagen würden andere Kunden vielleicht abschrecken und wären somit nicht gut für das Ansehen der Firma. Deshalb verlor Kurt durch betrügerische Kunden immer wieder einmal viel Geld. Manchmal kam der Gerichtsvollzieher ...

So viele Sorgen schlugen nicht nur auf die Stimmung - sie schlugen auch auf den Magen. Mit Sicherheit hatte Kurt Magengeschwüre, denn Hannes hatte schon oft davon erzählt, dass sein Vater eine beachtliche Menge an Rohr-Salz konsumierte, um seine ständigen Magenschmerzen zu beschwichtigen.

Von ihrem Bruder Emil hatten sie beide dabei keinerlei Unterstützung zu erwarten. Der war zwar ebenfalls selbständig geworden, hatte sich eine Eisenwarenhandlung eingerichtet und machte damit sehr gute Geschäfte. Doch für die Probleme seiner Schwester und des Schwagers zeigte er keinerlei Verständnis. Seine Kunden bezahlten ja auch immer sofort. Andernfalls hätten sie die gewünschten Materialien gar nicht bekommen.

In einer gerade wieder einmal sehr prekären Situation, in der Kurt jeden Augenblick damit rechnen musste, dass der Gerichtsvollzieher bei ihm auftauchen würde, war Henriette auf die Idee gekommen, ihr Mann solle doch seinen Schwager um ein kurzfristiges Überbrückungsdarlehen bitten. Der notwendige Betrag von zweitausend Mark würde durch eine bereits ausgestellte große Rechnung in spätestens zwei Wochen wieder zurückgezahlt werden können.

Doch Kurt kam mit finsterer Miene von diesem Bittgang zurück und sagte seiner Frau, sie solle ihn nie wieder zu ihrem Bruder schicken. Der hatte ihm seine Bitte um ein Überbrückungsdarlehen sehr barsch abgeschlagen und ihm sogar die Tür gewiesen.

Nun, danach war dieser Zweig der Verwandtschaft wohl als erledigt zu betrachten, zumindest für Kurt und Henriette ...

*

Von ihrer direkten Nachbarin bekamen Henriette und Kurt damals häufig spöttische, sogar beleidigende Bemerkungen zu hören, wenn wieder einmal der Gerichtsvollzieher bei ihnen erschienen war; denn anstatt fällige Rechnungen seiner Holzlieferanten zu bezahlen, hatte Kurt als sozial verantwortlich denkender Mensch zuerst einmal vorrangig die Löhne an seine Arbeiter ausbezahlt.

Die Nachbarin aber, die selbst einen Beamten zum Mann hatte, der zu jedem Monatsersten pünktlich und regelmäßig sein Gehalt überwiesen bekam, hatte es bis heute nicht begriffen, dass der selbständige Handwerksmeister Kurt nur deswegen des Öfteren in finanzielle Schwierigkeiten geriet, weil es auch damals schon Kunden gab, die zwar große Aufträge erteilten und über dies hinaus oft auch noch auf brandeilige Erledigung drängten; dann aber wollten oder konnten sie ihre Rechnungen nicht bezahlen, und Kurt, der bis zu fünf Arbeiter beschäftigte, musste in vielen Fällen seinem sauer verdienten Geld sehr lange hinterherlaufen - manchmal leider auch völlig vergeblich.

Wenn Kurt geschäftlich wieder einmal viel Ärger und große Sorgen hatte, trank er viel zu viel und wurde dann schnell aggressiv. Die unangenehme und tratschsüchtige Nachbarin behauptete, dass Henriette sich eines Tages deshalb einmal ins Frauenhaus geflüchtet habe. Doch Henriette und auch ihre Tochter Helga bestritten, dass es sich so zugetragen hätte.

Tatsächlich war es eines Tages jedoch soweit gekommen, dass Henriette sich bei einer Ärztin untersuchen lassen musste, weil sie Herzprobleme bekommen hatte. Auf die Frage nach psychischen Belastungen hatte sie dieser Ärztin dann ihr Leid geklagt und deren fach- und sachgerechten Rat dann konsequent befolgt: sie drohte Kurt ernsthaft mit Scheidung, wenn er die Finger nicht vom Schnaps lassen würde. Zumindest den hatte er danach auch wirklich gemieden.

Dann bekam Henriette über den Bankier ihres Mannes, den sie schon aus ihrer Lehrzeit kannte, die Gelegenheit, ihr eigenes ‚Schuhgeschäft' zu eröffnen. Der Bankfachmann, dessen Frau früher immer in dem kleinen Schuhladen in Johannis eingekauft hatte, in dem Henriette damals angestellt war, wollte aus einem geplatzten größeren Kredit wenigstens die vorhandene Konkursmasse zu Geld machen, die in diesem Fall aus einem riesigen Posten an Schuhen bestand.

Er hatte sich plötzlich daran erinnert, dass Henriette doch gelernte Schuhverkäuferin war. Dass sie ihre Lehre damals mit dem ‚Gehilfenbrief' abgeschlossen hatte, war nun für sie von unschätzbarem Vorteil Und so kam Henriette zu einer selbständigen Tätigkeit, mit der sie es in den immer wieder einmal sehr schwierigen Zeiten schaffte, die Familie finanziell über Wasser zu halten; denn der Kellerraum bot sich gerade jetzt dazu an, ein Verkaufsraum für Schuhe zu werden.

Sie sagte ‚Ja' zu diesem Geschäft und stapelte nun flugs die vielen Schuhkartons im Keller ihres Hauses, manchmal sogar in sämtlichen Fluren. Schnell sprach sich durch Mund-zu-Mund-Propaganda in ihrer Nachbarschaft herum, dass sie immer günstige Schuhe für Groß und Klein im Angebot hatte und eine sehr gute Beratung bot. Irgendwann waren die Schuhe aus der Insolvenzmasse verkauft und Henriette hatte nun in regelmäßigen Abständen Besuch von Vertretern der gängigen Schuhhersteller, die meistens schon eine lange Tagestour hinter sich hatten und dann beinahe bis Mitternacht noch bei ihr am Tisch saßen. Hier fühlten sie sich alle wohl.

In diesen finanziell oft sehr schwierigen Zeiten hielt Henriette, die nun den größten Teil des Tages in dem eingerichteten Keller-Verkaufsraum verbrachte, mit dem Verdienst aus ihren Schuhverkäufen die Familie über Wasser.

Manchmal kamen Kunden auch noch am späten Abend zu ihr; denn Henriette konnte des Öftern auch Sondergrößen anbieten, die sonst nur sehr schwer zu bekommen waren. Es gab jedoch auch einen Vorfall, über den Henriette sich bis zum heutigen Tag sehr ärgerte:

Eine Kundin aus der weiteren Nachbarschaft war gekommen und gerade dabei, mehrere Schuhmodelle anzuprobieren. Dann hatte das Telefon geklingelt, und Henriette war die Treppe hinaufgestiegen in den Flur, um das Gespräch anzunehmen. Als sie sich wieder ihrer Kundin widmen konnte, sagte diese, sie wolle es sich noch ein paar Tage überlegen und würde wiederkommen. Danach verabschiedete sich die Dame sehr schnell und verließ das Haus. Henriette brachte das Durcheinander der vielen geöffneten Schuhkartons wieder in Ordnung und räumte auf. Plötzlich erstarrte sie vor Schreck: die wunderschönen Stiefel, die doch gerade noch an diesem Metallständer in der Mitte des Raumes gehangen hatten, waren weg!

Einhundert Mark hatten diese Stiefel gekostet, einhundert Mark, die Henriette jetzt in ihrer Kasse fehlten. Für sie war das sehr bitter.

Die ‚Dame' hatte diese sehr schönen teuren Schuhe einfach in ihrer geräumigen Tasche verschwinden lassen. Dabei hätte gerade die das gar nicht nötig gehabt, denn deren Ehemann war ein sehr gut verdienender Ingenieur. Doch konnte Henriette irgendetwas beweisen?

Die täglichen Einkäufe erledigte damals hauptsächlich Henriettes Mann. Sie selber kam dadurch kaum noch aus dem Haus. Ihre Kontakte beschränkten sich im Wesentlichen auf die Familie, einige alte Freunde und ihre Kunden. Wenn jemand zu Besuch kam, dann tischte sie demjenigen alles auf, was sie gerade hatte - und die Kinder hatten oft das Nachsehen.

Bei Hannes hatte sich dieses Geschehen aus seiner Kinderzeit besonders stark eingeprägt. Er war damals, ausgerüstet mit seinem Suppenlöffel, sehr oft zu den Nachbarn gegangen, die ihn gerne mit durchgefüttert haben, denn er schien sehr beliebt zu sein.

Sein Vater kaufte - wohl aus Heißhunger - immer schon wieder frisches Brot, obwohl noch welches vom Vortag da war. Das konnten dann ja Frau und Kinder essen ...

Hannes hatte deshalb als Erwachsener bis heute schon immer größten Wert darauf gelegt, frisches Brot zu bekommen, und Julia hatte es sich angewöhnt, frisch eingekauftes Brot sofort portioniert einzufrieren; denn sonst sammelten sich ständig große Restmengen an, die sie selbst allerdings gerne bei der Zubereitung von Semmelknödeln mit verarbeitete.

Urplötzlich war Julia der Gedanke durch den Kopf geschossen, wie unglaublich selbstverständlich und einfach es für sie war, morgen wieder in den nächsten Supermarkt zu gehen und dort alles einzukaufen, was sie zum Leben brauchte. Sie setzte sich kurz auf den Rand ihrer Sonnenliege, nahm ihre Sonnenbrille ab und kniff die Augen zusammen. Wie konnte es sein, dass es heutzutage anderswo immer noch so unglaublich viele Menschen gab, die tagtäglich hart um das Lebensnotwendigste kämpfen mussten? Die oft nicht wussten, wovon sie morgen leben sollten?

Bei seinem Schwiegersohn Paul hieß Kurt noch heute »Ayatollah«. Offenbar war er ein Patriarch nach altem Muster, und das hat bei allen seinen Kindern Spuren hinterlassen. Doch er selbst war natürlich damals auch geprägt von einer erzkatholischen Mutter, die ihrer evangelischen Schwiegertochter das Leben zu Beginn ihrer Beziehung zu Kurt nicht gerade leicht gemacht hatte. Als Henriette schwanger geworden war und es um die Frage der Heirat ging, verlangte sie von Henriette, sie müsse zum Katholizismus konvertieren, wenn aus der Hochzeit überhaupt etwas werden sollte.

Für diese Hochzeit aber hatte die Schwiegermutter für Henriette dann sogar eigenhändig ein wunderschönes Brautkleid genäht, aus vielen schmalen weißen Seidenbändern!

Woher sie die in der damaligen Zeit wohl bekommen hatte? Und wie viele Stunden sie daran genäht hatte?

Offenbar hatte sie Henriette doch tiefer in ihr Herz geschlossen, als sie das zeigen wollte.

Alle diese Begebenheiten aus ihrer Vergangenheit sprudelten aus Henriette heraus, während sie im sonnigen Stadtpark mit ihrer Schwiegertochter Julia an einem Tisch neben dem Stadtpark-Kiosk saß und genüsslich ihren Eiskaffee trank.

Vor einige Wochen hatte Henriette bereits ihren neunzigsten Geburtstag gefeiert und erfreute sich, trotz mancher Einschränkungen, im Großen und Ganzen noch guter Gesundheit. Ihren Kurt hatte sie schon vor zwanzig Jahren begraben müssen, und auch zwei ihrer Söhne lebten nicht mehr. Sie war schon ein paar Mal unglücklich gestürzt und hatte sich Knochenbrüche zugezogen. Doch mit der Unterstützung ihrer Restfamilie hatte sie stets die nötige Energie aufgebracht, sich trotzdem wieder aufzurappeln und kleine Handicaps - immer mit einem lachenden Auge – tapfer in Kauf zu nehmen.

Nun stand endlich wieder der Sommer vor der Tür, und Henriette war dankbar dafür und freute sich schon darauf, mit ihren neunzig Lebensjahren diese herrliche Jahreszeit genießen zu können - in Beschaulichkeit und mit vielen Erinnerungen, an denen sie immer wieder gerne auch ihre Kinder, Enkel und Urenkel teilhaben ließ.

*

Als junges Mädchen hatte Henriette sehr oft mit der Tochter einer benachbarten Familie gespielt und dieses jüngere Mädchen auch dann noch betreut, als es an Krebs erkrankt war. Eine solche Diagnose war zu dieser Zeit ein Todesurteil. Die Eltern dieses Mädchens wollten ihrer Tochter in dieser traurigen Lage aus verständlichen Gründen unbedingt noch etwas Gutes tun. Sie hatten Henriette wirklich gerne, hatten sie auch oft zu Ausflügen mitgenommen und dabei immer verwöhnt. Deshalb hatten diese Leute dann eines Tages die Idee gehabt, bei Henriettes Vater nachzufragen, ob sie Henriette in ihre Familie aufnehmen dürften.

Vermutlich haben sie ihm aber nichts über die Hintergründe erzählt, die sie zu ihrem Wunsch auf eine Quasi-Adoption gebracht hatten. Henriettes Vater jedenfalls hatte das Ansinnen strikt abgelehnt und er hatte Henriette von diesem Tag an verboten, zu dieser Familie zu gehen. Stattdessen musste sie nun täglich ihre kleinere Schwester Gitta im Kinderwagen spazieren fahren und beaufsichtigen. Für Henriette, vor allem aber für das bedauernswerte kranke Mädchen war das eine schreckliche Konsequenz.

Henriettes Vater hatte selbst keine Freunde. Zwar war er kein unfreundlicher Mensch, doch es kamen sehr selten Besucher zu ihm, denn nach Henriettes Erinnerung hatte er die unangenehme Angewohnheit, nach einer Tasse Kaffee immer gleich den Tisch vollständig abzuräumen. Das empfanden alle anderen als eine sehr unhöfliche Aufforderung, jetzt doch bitte endlich wieder zu gehen ...

Henriettes Mutter hingegen war eine freundliche und überall beliebte Frau. Sie war sehr darauf bedacht, ihre Familie gesund zu ernähren und kochte deshalb oft Blattspinat. Der wurde ja überall dafür gepriesen, wegen seines Eisengehalts gerade für Kinder sehr gesund zu sein. Doch Henriettes Mutter hatte die Gepflogenheit, das Spinat-Kochwasser nicht wegzuschütten. Vielmehr verwendete sie es samt der darin enthaltenen Bitterstoffe für die Soße... und deshalb hasste Henriette Spinat.

Eines Tages kam sie von ihrer Arbeit im Schuhgeschäft wieder pünktlich zum Abendessen zurück und sah die Schüssel mit dem Blattspinat schon auf dem Tisch stehen. Sofort erklärte sie, sie habe überhaupt keinen Hunger und wollte in ihr Zimmer gehen. Doch der Vater verlangte von ihr, dass sie sich auf ihren Platz am Esstisch setzen sollte. Widerwillig und sehr verärgert setzte sich Henriette ihm schräg gegenüber an den Tisch, aß aber nichts.

Ihr sehr strenger Vater jedoch wollte Henriette um jeden Preis einen Schöpflöffel voll Spinat auf den Teller geben. Henriette, die es vor diesem Gericht ekelte, zog ihren Teller blitzschnell weg - und der Spinat klatschte auf die schöne saubere Tischdecke.

Unwillkürlich musste Henriette über dieses Missgeschick laut lachen. Da wurde ihr Vater so wütend, dass er mit dem Schöpflöffel nach ihr schlug. Reaktionsschnell drehte Henriette ihren Kopf zur Seite und duckte sich. Der Schlag ihres Vaters traf ... die Lampe über dem Tisch, die klirrend zu Bruch ging.

Spinat hatte Henriette seitdem nie wieder essen müssen!

*

Schon als Junge war Julias Vater Theo immer mit dem Fahrrad unterwegs gewesen. Eines Sonntags, als er gerade von einem Besuch bei seiner Tante wieder auf dem Nachhauseweg war, hielt ihn an einer Straßenecke eine Gruppe von Männern an, die ihn wild beschimpften und versuchten, ihn von seinem Fahrrad herunterzureißen. Wäre es ihm nicht gelungen, mit dem Rad zu entkommen, dann hätten sie ihn zusammengeschlagen. Er trug ein grünes Hemd, das ihm wenige Tage zuvor sein Onkel geschenkt hatte. Grüne Hemden aber trugen damals Kommunisten...

Theo radelte auch in der Nachkriegszeit an jedem Wochenende weit hinaus in die Fränkische Schweiz, dorthin, wo die Kletterfelsen zu finden waren - zum Training; denn Klettern und Bergsteigen in den Dolomiten, das waren seine Leidenschaften. Nichts hielt ihn in der Stadt, in den vier

Wänden einer Wohnung – er brauchte diese Weite, diese frische Luft - und seine Freiheit.

Als sein enger Freund und Bergkamerad Fritz, den alle nur ‚Tipf' nannten, sich seinen Bergsteigertraum erfüllte, weit weg von zuhause in der fernen Bergwelt des Mont Blanc den Gipfel zu ersteigen, da bedauerte Theo sehr, dass er dazu nicht die Mittel besaß.

Doch genau das war sein Glück.

Sein Freund kam von dort nicht mehr lebend zurück. Ein plötzlicher Wetterumsturz hatte seine kleine Seilschaft überrascht, und als an ihrem provisorischen Biwak endlich Hilfe eintraf, da war es für ihn bereits zu spät: ‚Tipf' war unter dem Gipfel des Mont Blanc erfroren.

*

Bereits einige Jahre vor Kriegsbeginn hatte Julias Mutter Heinrich geheiratet, der als Fahrer bei der Stadtverwaltung für Geldtransporte zuständig war, der aber, neben vielem anderen, auch Tote zum Friedhof befördern musste. Eines Tages war ihm dabei einmal ganz besonders unheimlich zumute gewesen, denn … irgendetwas klapperte - unaufhörlich. Er bekam eine Gänsehaut und hatte ein sehr mulmiges Gefühl im Magen. Als er endlich am Ziel war und ausstieg, wagte er kaum, zu den hinteren Türen des Wagens zu gehen. Schließlich musste er sie aber öffnen! Doch das war gar nicht mehr nötig - er hatte vergessen, den Riegel an der Türe richtig zu schließen!

Heinrich, der jedoch bald nach der Hochzeit seine Einberufung bekam und als Soldat an die Front musste, schenkte seiner jungen Frau ein modernes Blaupunkt-Radio, damit sie sich nicht so einsam fühlen sollte. Aber Kunigunde hatte dieses qualitativ hochwertige Radio damals nur sehr selten benutzt, und auch noch viele Jahre später hörte sie kaum Radio. Das war nicht ihre Welt.

Dieser Heinrich, der sein junges Glück nur sehr kurz genießen durfte, musste ein sehr fürsorglicher Realist gewesen sein, denn er sagte zu seiner Frau: »Wenn Du eines Tages nichts mehr von mir hörst und wenn ich nicht wieder nach Hause komme, dann bleib auf keinen Fall alleine!« Er war zu einer Nebelwerfer-Einheit nach Russland abkommandiert worden und ahnte ganz offensichtlich, was ihn dort im Falle eines Falles erwarten würde.

Zwei Feldpostbriefe von ihm existierten noch, die er in den Jahren 1941 und 1942 an die Schwester seiner Frau geschrieben hatte - als Dank für Weihnachtspäckchen, die sie ihm an die Front geschickt hatte. Er freute sich schon auf seinen baldigen Urlaub.

Danach hat niemand je wieder etwas von ihm gehört.

Stalingrad hat ihn für immer behalten.

Jahrzehnte später fand Julia ein Dokument, in dem Kunigundes vermisster erster Ehemann Heinrich 1950 schließlich auf Antrag von Julias Mutter für tot erklärt wurde.

Viele Jahrzehnte danach erklärte Julias Cousine, dass ein solcher Antrag damals erst nach fünf Jahren möglich war.

Zu dieser Zeit war Kunigunde schon siebenunddreißig Jahre alt und erwartete ihr erstes Kind. War es da nicht allzu verständlich, dass sie ‚geordnete' Familienverhältnisse haben wollte? Die spielten in der Gesellschaft zu dieser Zeit noch eine sehr wichtige Rolle! Und - noch gab es im Gesetzbuch den „Kuppelei-Paragraphen": Derjenige, der es zwei ledigen Personen, also einem unverheirateten Paar ermöglichte, in *seinen* Räumen intim zu werden, wurde streng bestraft!

»Darüber würden die jungen Leute heute vermutlich in Hohngelächter ausbrechen«, ging es Julia durch den Kopf.

Wer erinnerte sich schon noch daran, dass dieser Paragraf erst 1973 abgeschafft wurde?!

Doch warum hatten Gunda und Theo erst Monate nach Julias Geburt endlich geheiratet? Auf diese neugierige Frage hatte sie von ihrer Mutter später einmal zur Antwort erhalten, sie hätten damals keine eigene Wohnung bekommen.

Wohnung hin oder her - heiraten hätte man doch trotzdem können, oder etwa nicht?

»Nein«, sagte ihre Mutter, »dafür hat das Amt eine Bescheinigung verlangt, dass man eine Wohnung in Aussicht hat. «

»Einfach unvorstellbar - heutzutage«, dachte Julia und beobachtete dabei mit versonnenem Blick das klare Wasser, das leise murmelnd unaufhörlich über die künstlichen Kaskaden rann und sich dann rauschend in den Pool ergoss. Wie sehr sich in dieser kurzen Zeitspanne seitdem doch viele Voraussetzungen für unser tägliches Leben verändert hatten – schneller und umfassender als jemals zuvor!

Nach dem Krieg war diese Situation sicher nicht leicht, denn so viele Leute hatten kein Dach mehr über dem Kopf. Deshalb hatte Julias Mutter mit ihrem Baby zunächst ein halbes Jahr bei der Großmutter in deren Mansarde gewohnt, während Theo sich mit seinem Bruder und dessen Frau im Stadtteil Johannis eine Wohnung teilte. Abends nach Arbeitsschluss in den Bing-Werken radelte er nach Schniegling, um dort seine künftige Frau und sein Kind zu sehen, und dann ... radelte er zum Schlafen nachhause.

Zu dieser Zeit hatten unter diesem schützenden Dach von Großmutter Margarete auch Adelheid, die Nichte ihrer Mutter nebst Mann und die verwaiste kleine Tochter von Luise, Gundas Schwester, eine Zuflucht gefunden. Luise war nur wenige Tage nach der Geburt ihrer Tochter Hanne gestorben und auch der Vater der kleinen Hanne kam aus Stalingrad nicht mehr zurück …

Ein ganzes Jahr verging, in dem das Baby Julia bei Großmutter Margarete erfahrene Betreuung bekam und im Kinderwagen schlief, der in dem kleinen Zimmer gerade noch neben das Bett der Mutter passte.
»Was für ein Zusammenhalt!«, ging es Julia durch den Kopf. Wäre eine solche Solidarität in unserer Zeit rein räumlich überhaupt noch denkbar? Beanspruchte doch heute fast jeder sein eigenes Zimmer – zumindest im verwöhnten West-Europa! In anderen Ländern dagegen …
Nach geraumer Zeit wohnten Kunigunde und Theo als junge Eheleute dann für zwei Jahre zur Untermiete bei einer Kriegerwitwe in deren Wohnküche, bevor sie endlich in ihre eigene Mietwohnung umziehen konnten.

Als ihr Vater einmal die Bemerkung machte, Julias Mutter habe während ihrer Schwangerschaft sehr viel geweint, da hatte Julia ohne weiteres Nachfragen ihre eigenen Schlüsse gezogen: sie war ein ‚Unfall' gewesen und eigentlich gar nicht erwünscht.
Hatte ihre Mutter nicht schon einmal erzählt, Julias Geburt wäre so schwer gewesen, weil sich bei dem Baby die Nabelschnur um den Hals gewickelt hatte?! Immer wieder sei zwar kurz der Kopf erschienen, doch der Hebamme war es trotzdem nicht gelungen, das Kind aus dem Geburtskanal heraus zu holen.
Lag es daran, dass Kunigunde wenige Wochen vor der Niederkunft noch auf dem Nachhauseweg von ihrer Spätschicht nachts gegen 22:00 Uhr mit dem Fahrrad gestürzt war? Mutterschutz … war damals ein völlig unbekanntes Fremdwort!

Gunda hatte sich bei diesem Sturz schwer verletzt und konnte nicht mehr selbst aufstehen. Doch ein benachbarter Kollege, der also den gleichen Weg hatte, war zum Glück nur ein paar Meter hinter ihr gefahren. Er hatte die Verunglückte auf sein Rad gesetzt und nachhause geschoben. Dort nahm er sie dann kurzerhand huckepack und trug sie bis zu ihrer Wohnung in den dritten Stock!

Einen ‚Notarzt' kannte man damals noch nicht, und sogar die nächsten Apotheken waren meilenweit entfernt: entweder in der Fürther Luisenstraße oder aber in Nürnberg an der Gabelung der Schnieglinger Straße und der Johannisstraße – beides zu Fuß in jedem Fall eine ‚halbe Weltreise'. Die ganze Familie hatte danach befürchtet, das ungeborene Kind könnte diesen Sturz nicht überlebt haben...

Bei einem Kaffeekränzchen erzählte Cousine Adelheid, die selbst mit helfenden Händen bei Julias Geburt zugegen war, eines Tages genaueres über die Umstände ihrer Geburt, und da endlich konnte Julia verstehen, dass ihre Mutter kein zweites Kind mehr hatte haben wollen:

Mit starken Wehen hatte Kunigunde lange ergebnislos bei Oma auf dem Sofa gelegen und die Hebamme sah sich schließlich gezwungen, einzugreifen. Frau Gundel sagte: »Da hilft alles nichts, jetzt muss ich schneiden!« und führte bei der Gebärenden bei der nächsten Presswehe mit der Schere von vorne nach hinten einen Dammschnitt aus. Hätte sie das nicht getan, wäre zum einen für das Kind der Sauerstoff knapp geworden und zum anderen wäre an dieser Stelle das Hautgewebe bald gerissen. Das hätte Infektionsgefahr bedeutet und wäre außerdem nur schlecht wieder verheilt.

Der erste Schnitt genügte aber noch immer nicht, und so schnitt sie bei der übernächsten Wehe noch einmal, damit das Kind endlich zur Welt kommen konnte.

Großmutter Margarete hatte die Hebamme vorsorglich aus dem Zimmer ausgesperrt – sie sollte sich darüber nicht aufregen müssen ...

Von dieser langen mehr als unangenehmen Prozedur hatte das Baby Julia dann eine faustgroße Blutblase am Kopf und war zunächst auch reichlich zerknautscht, also wohl ... alles andere als hübsch ..., wie Theo es einmal formulierte!

Dieser sehr schmerzhafte Dammschnitt musste jedoch unbedingt fachgerecht genäht werden, und deshalb rannte Adelheid eiligst zum Bäcker an der nächsten Ecke, um nach dem Arzt zu telefonieren. Nur reiche Leute besaßen selbst ein Telefon, öffentliche Telefonzellen gab es in der Stadt damals noch nicht viele, und Mobiltelefone - warteten noch Jahrzehnte auf ihre Erfindung!

Kunigunde musste geschlagene zwei Stunden ausharren, denn der Arzt befand sich gerade in Fürth auf einer Beerdigung, und als er endlich darüber informiert war, was in der Westendstraße 13 vor sich ging, da musste er auch noch nach einem Anästhesisten suchen, den er dann gleich mitbrachte.

Flankiert von Adelheid und von Babette, der Hausnachbarin, die als Nachbarschaftshilfe auch gleich zwei Lampen mitgebracht hatte, ging er ans Werk. Die beiden Damen halfen Gunda dabei, sich auf den Wohnzimmertisch zu legen und mussten nun mit je einer Hand jeweils ein Bein der jungen Mutter halten, und mit der anderen Hand für den Arzt zur Beleuchtung auch noch je eine der ausgeliehenen Tischlampen, damit er überhaupt sehen konnte, was und wo er nähte ...

Und das alles auf dem Wohnzimmertisch der Großmutter! Welche Frau hätte das wohl noch einmal erleben wollen?!

Die Sache mit der Nabelschnur aber bestärkte in Julia noch weiter das Gefühl, das sie gar nicht erwünscht gewesen war, dass die Natur sie eigentlich bereits ‚aussortiert' hatte, bevor die Hebamme beherzt eingegriffen hatte und es schließlich doch zu einem guten Ende brachte. Dieser Gedanke hakte sich fest in ihr, obwohl sie keinerlei Grund hatte, sich über ihre Eltern zu beschweren.

»Nein, das stimmt nicht - von einer verwickelten Nabelschnur weiß ich nichts«, hatte ihre Cousine Adelheid mit Nachdruck gesagt, als Julia bei einer Geburtstagsfeier einmal auf dieses Thema zu sprechen kam. »Da war nichts verwickelt, schließlich war ich doch selber dabei! « Davon völlig überrascht, überlegte Julia, ob es denn sein konnte, dass sie da irgendwann etwas missverstanden hatte?

Nein - sie war sich absolut sicher, dass ihre Mutter diese Geschichte von der Nabelschnur eines Tages genau so erzählt hatte! Wäre es möglich, dass Kunigunde - bei all den Schmerzen und der Aufregung - damals einige Bemerkungen ihrer Hebamme nicht richtig verstand? Oder wäre es denkbar, dass Adelheid damals doch lieber nicht so ganz genau hingesehen hatte?

In Hannes' Wissenschaftsmagazin hatte Julia gelesen, dass das Erinnerungsvermögen vielen Menschen Streiche spielte: nach einiger Zeit vertauschte das Unterbewusstsein manchmal etwas ...

Aber - wie auch immer ... ! Welcher Satz es dann genau war und wer ihn gesprochen hatte, daran konnte sich Julia jetzt nicht mehr erinnern; doch eines schönen Tages machte es »Klick«, und plötzlich sah sie die Angelegenheit genau anders herum:

Beinahe wäre sie nicht lebend zur Welt gekommen, aber dieser Allmächtige da oben, wie auch immer er heißen möge, der hatte dafür gesorgt, dass sie leben sollte, und dafür würde er doch sicher einen Grund gehabt haben... Wollte er, dass sie sich nützlich machte? Er hatte vorausgesehen, nein: er hatte bestimmt, dass sie gebraucht werden würde, weil es

Menschen geben würde, denen sie behilflich sein konnte - auf welche Weise auch immer.

War das nun ein Helfersyndrom? Oder nur die Frage nach dem Sinn des Lebens, *ihres* Lebens?

*

Diese Frage hatte Hannes sich nicht gestellt, als er eines Tages die Diagnose Magenkrebs bekam. Im Krankenhaus hatte man ihm erklärt, dass man – falls die Gewebeprobe gutartig wäre – nur einen minimalinvasiven Eingriff mit zwei kleinen Schnitten vornehmen würde; falls die Probe aber bösartig wäre, würde man den ganzen Bauch aufschneiden müssen. Hannes erklärte daraufhin, dass er jetzt erst einmal nach Hause gehen würde, um seine Angelegenheiten zu ordnen. Er würde dann in zwei Wochen wiederkommen.

Man hatte ihm gesagt, dass er bei negativem Verlauf noch voraussichtlich ein halbes Jahr Lebenserwartung hätte. Da hatte Hannes klaglos mit seinem Leben abgeschlossen, in seinem Büro und mit seiner Frau alles Wichtige geregelt und war dann zu seinem OP-Termin ins Krankenhaus gegangen. Nach der OP stellte er dann zu seiner unbeschreiblichen Überraschung fest, dass er sowohl zwei kleine seitliche Schnittwunden als auch eine große, lang von unten nach oben verlaufende breite Schnittwunde über dem Bauch hatte, die alle gut verheilten. Doch niemand erklärte ihm genau und für ihn verständlich, was es denn nun eigentlich mit seinem Magen auf sich gehabt hatte. Der war jedenfalls noch drin, so viel stand fest.

Nach drei Tagen, an denen Hannes nur flüssige Nahrung erhalten hatte, reichte es ihm. Er wollte endlich wieder etwas ordentliches essen, und so machte er sich mit seinem

Infusionsgalgen jeden Tag tapfer auf den Weg in die Kantine der Klinik, um dort ganz nach seinem Geschmack zu speisen.

Bei der übernächsten Visite verkündete ihm der Chefarzt dann freudestrahlend, dass Hannes ab der nächsten Woche wieder ganz normales Essen bekommen dürfe: erst Haferschleimsuppe und danach dann feste Nahrung ... Es kostete Hannes viel Anstrengung, sich darauf ein lautes Gelächter zu verkneifen!

Zum Lachen war ihm allerdings zwei Jahre vorher ganz und gar nicht zumute gewesen, als er mit kaum zu ertragenden Bauchschmerzen an einem Freitag schon einmal in diese Klinik gegangen war. Nach der ersten Untersuchung hatte ihm der Arzt gesagt, er habe Wasser im Bauch und das käme eindeutig von zu viel Alkohol. Hannes war dann in ein Krankenzimmer gekommen und über das Wochenende nicht weiter behandelt worden. Am Montag holte man ihn in ein Untersuchungszimmer mit Ultraschallgerät und dort stieß ihm einer der beiden untersuchenden Ärzte unvermittelt eine sehr lange dünne Kanüle in den Bauch. Als dann jedoch nicht wie erwartet Wasser, sondern Blut herausspritzte, wurde der Arzt doch etwas blass. Kleinlaut ordnete er an, dass Hannes ganz langsam und vorsichtig wieder in sein Zimmer zurückgehen solle. Als dieser dort angekommen war, warteten bereits drei andere Ärzte auf ihn, um ihn auf die eiligst anstehende Notoperation vorzubereiten.

Seine Milz hatte sich aufgelöst.

Weshalb und warum, das konnte man nur vermuten. Es musste wohl eine Infektion dieses Organs stattgefunden haben, doch wie es dazu gekommen war, wusste niemand. Die Situation war jedenfalls äußerst lebensgefährlich. Das Blut, das sich in seinem Bauchraum gesammelt hatte, musste da schleunigst wieder heraus, musste abgesaugt werden. Der ganze Bauch musste dringendst gespült werden und dazu blieb keine andere Möglichkeit, als ihn aufzuschneiden.

Danach besaß Hannes einen langen und breiten weißen Längsstreifen. Mit diesem ‚Reißverschluss' auf seinem Bauch hatte er sich eigentlich ganz gut arrangiert, als er im Urlaub einen Krankenpfleger traf, der entsetzt fragte: »Was haben sie denn mit *Dir* gemacht? So einen Pfusch habe ich ja noch nie gesehen«!

Nun, die Magenkrebsoperation – oder war es etwa doch keine? – verschaffte da Abhilfe, denn zu diesem Zweck musste dieser weiße Streifen ohnehin noch einmal aufgeschnitten werden, und diesmal waren beim Verschließen dieser Naht geschicktere Hände am Werk.

Etwas mehr Geschick und Einfühlungsvermögen hätte sich Hannes auch an dem Tag gewünscht, an dem er auf dem Tisch der Magnetresonanzröhre lag, in der seine Bauchspeicheldrüse untersucht werden sollte. Auch hier stach ihm einer der Ärzte eine lange Nadel in den Bauch und die Schmerzen, die Hannes während dieser Prozedur ertragen musste, waren so heftig, dass er noch heute davon sprach, er habe sich mit äußerster Anstrengung darauf konzentriert, der jungen Krankenschwester, die ihm zur Beruhigung die Hand gereicht hatte, mit seinem schmerzverkrampften Griff nicht ihr zartes Handgelenk zu brechen.

Mindestens ebenso krampfhaft hatte er bereits Jahre vorher eines Tages darum gekämpft, nicht in die Psychiatrie eingewiesen zu werden! Eine merkwürdige Verkettung von Umständen hatte dazu geführt, dass er sich eine Schnittwunde zugezogen hatte, nachdem bei einem heftigen Streit mit seiner Frau ein Spülbecken durch einen geworfenen Gegenstand in Scherben gegangen war.

Die Wunde hatte heftig geblutet, doch er war trotzdem in seine Wohnung zurückgefahren, denn die beiden lebten bereits getrennt. Kurz darauf – Hannes war gerade dabei, sich endlich ein Abendessen zuzubereiten - hatten zwei Polizisten an seiner Tür geklingelt und ihm gesagt, dass sie informiert worden wären, er wolle sich umbringen und deshalb müssten sie ihn jetzt mitnehmen.

Dieser Behauptung widersprach Hannes energisch und versuchte zu erklären, dass er zu so einem Blödsinn gar keine Zeit habe, weil er morgen um Zehn mit einem wichtigen Kunden einen Termin wahrnehmen müsse. Doch die Beamten trickten ihn aus, indem sie sagten, sie würden ihn wegen der Formalitäten nur kurz mit aufs Revier nehmen und danach würden sie ihn wieder nachhause bringen.

Wie schon zu befürchten war, landete Hannes dann in der geschlossenen Psychiatrie. Das war ein furchtbarer Schock für ihn! Fieberhaft dachte er stundenlang darüber nach, wie er dem Arzt beweisen könnte, dass er keinerlei Selbstmordabsichten hegte; denn das Dumme an der Sache war, dass die Beamten ihn, den stark Blutenden, mit einem Messer in der Hand angetroffen hatten, und zu allem Überfluss hing an der Wand in seinem Flur ein von ihm selbst angefertigtes Deko-Muster einer Seilschlinge …

Er hatte nichts bei sich: kein Geld, keinen Ausweis, kein Telefon. Am nächsten Tag war es ihm dann gelungen, die Erlaubnis zu einem Telefonat zu bekommen und er rief die Frau an, die der Grund für seine Trennung war: seinen Kurschatten. Diese Dame lebte zwar in einer anderen Stadt, doch sie setzte per Telefon alle Hebel in Bewegung, um die Entlassung von Hannes aus der Klinik zu bewerkstelligen.

Mit den Nerven fast am Ende, bekleidet mit einem blutverschmierten T-Shirt, aber mit einer Strickweste, die er zum Glück darüber zuknöpfen konnte, hatte sich Hannes mangels Portemonnaie zu Fuß auf den Weg zu seinem Kunden gemacht. Er kam pünktlich an!

Nach all diesen Erlebnissen war Hannes sich darüber klar, dass er auf seinem bisherigen Lebensweg ungeheuer viel

Glück gehabt hatte. Wie lange es ihm wohl noch treu bleiben würde?

*

Ihre Berufswahl stand an, und für Julia stellte sich erneut die Frage, welchem Sinn und Zweck sie ihre Zukunft widmen wollte. Doch diese Frage war nicht leicht zu beantworten. In dem kleinen Berufsratgeber, den sie alle von der Schule bekommen hatten, fand sie den Job einer Cutterin damals ganz prima, denn der hatte ja mit dem Genre Film – und natürlich auch mit Filmstars - zu tun, und Filme sah Julia schon immer sehr gerne. Aber auch der handwerkliche Beruf eines Goldschmieds wäre für sie sehr interessant gewesen, doch sie traute sich selbst die dazu nötige Kreativität nicht zu, und so sagte sie ihren Eltern davon erst gar nichts.

Ihre Mutter hatte die Zeitung aufgeschlagen und die Stellenanzeigen studiert. Arzthelferinnen wurden dort viele gesucht. Julia hatte zwar keine rechte Vorstellung davon, was da alles zu tun wäre, doch sie war nicht abgeneigt. Also stellte sich Julia bei mehreren Ärzten vor und hätte bei einem Hals-Nasen-Ohrenarzt sofort anfangen können.

Doch als ihr Vater hörte, wie gering das Lehrlingsgehalt sein würde, sagte er sehr bestimmt, sie solle sich bei der Maschinenbaufirma, in der er als Feinmechaniker beschäftigt war, als Kontoristin bewerben. Da bekäme sie das Dreifache.

So wurde Julia also Kontoristin und hatte im Laufe der folgenden Jahre beim Schreibmaschineschreiben einen hohen Verbrauch an »Tipp-ex«; denn oft waren ihre Gedanken um einige Wörter schneller als ihre Finger. Sie erinnerte sich schmunzelnd wieder daran, dass eines Tages einer der Vorgesetzten zu ihr kam, um ihr einen eiligen Brief direkt in die Maschine zu diktieren. Da schwitzte sie Blut und Wasser...

Und als diese Firma in England eine Spezialmaschine bestellt hatte, die jedoch zum vorgegebenen Liefertermin nicht kam, da musste sie ihre geringen Schulenglisch-Kenntnisse am Telefon erproben. Die ganze Abteilung hatte die Ohren gespitzt und Julia war heilfroh, als sie sich am Ende dieses Telefonates – das nur mit Voranmeldung über die Zentrale zustande kam! - den Namen ihrer Gesprächspartnerin notiert hatte und den Hörer wieder auflegen konnte.

Im Zeitalter von Smartphones: beinahe schon mittelalterlich!

Als sie François traf, hatte sie sich gewünscht, der Französisch-Unterricht an der Schule wäre nicht so oft ausgefallen. Aber François sprach auch Englisch. So konnten sie sich gut unterhalten, zwei schöne Sommerwochen lang. Er gefiel ihr sehr gut und umgekehrt war das offenbar genauso. Im nächsten Jahr würden sie sich wiedersehen, denn die ‚Falken', in deren Jugendgruppe Julia durch ihre Freundin Karin Mitglied geworden war, würde im August einen Gegenbesuch in Nizza machen. Bis dahin schrieben sie sich mehrere Briefe.

Der Busfahrer, der die Reisegruppe nach Nizza brachte, war ein richtiges ‚Original', hemdsärmelig und witzig und öfters mal zu einem kleinen Schabernack aufgelegt. Immer gut gelaunt chauffierte er die Falken-Gruppe bei strahlendem August-Wetter auf der Autobahn nach Süden, über Genua nach Nizza.

Für Julia war das der erste Urlaub ihres jungen Lebens, der nicht in die Berge führte. Seit ihrer Kinderzeit war sie mit ihren Eltern nur im Gebirge unterwegs gewesen. Ihr Vater hatte eine etwa zwei Meter lange Rebschnur um ihren Bauch gebunden und Julia immer vor sich her gehen lassen, damit er sie im Notfall hätte sichern können, falls sie ausgerutscht und an einem Hang abgerutscht wäre.

Seine Devise war: »Nur keine Müdigkeit vortäuschen! Immer gleichmäßig in Schritt und Tritt!« Für die kleine Julia war das alles andere als einfach, denn es gab ja so viel zu sehen! Blumen, Schmetterlinge, Grashüpfer und Käfer aller Art, ja sogar einen Feuersalamander konnte sie in freier Wildbahn beobachten, und auf weit ausgedehnten kargen Wiesenflächen pfiff manchmal ein Murmeltier, um seine Artgenossen zu warnen, dass da Störenfriede im Anmarsch waren! Ab und zu konnte sie eines der Tierchen gerade noch erspähen, ehe sie alle blitzschnell in ihrem Bau verschwunden waren.

Wieder einmal hatten sie auf einer Hütte des Deutschen Alpenvereins genächtigt. Dort prasselte eines Nachmittags ein unglaublich heftiger Hagelschauer herab, und danach musste ihre Mutter unerwartet für mehrere Tage das Bett hüten, weil sie auf dieser dicken Schicht aus Hagelkörnern ausgerutscht war und sich den Fuß so unglücklich verstaucht hatte, dass der Knöchel dick geschwollen war. Wie sollte sie da den Fußmarsch zurück ins Tal schaffen?

Da packte ihr Vater kurz entschlossen die nötigsten Utensilien in seinen Rucksack und stieg ganz alleine den weiten Weg hinab nach Saalfelden. Dort kaufte er in einer Apotheke eine Salbe und Essigsaure Tonerde, durch die diese Schwellung rasch abheilen sollte. Damit machte er sich dann wieder an den stundenlangen Aufstieg zur Hütte. Aber wie das im Gebirge oft geschehen kann: auf halbem Weg überraschte ihn ein plötzlich aufgezogenes heftiges Gewitter und er hatte großes Glück, dass er nach wenigen Höhenmetern eine überhängende Felswand fand, die ihm Schutz vor diesem Unwetter bot. Erst spät am Abend erreichte er todmüde, aber unverletzt wieder die

Alpenvereinshütte und konnte seiner Frau die nötigen Fußbandagen anlegen.

Julia erinnerte sich noch gut daran, dass zu dieser Hütte über dem Funtensee einige Tage später unter ohrenbetäubendem Dröhnen ein Hubschrauber der amerikanischen Armee angeflogen kam, um einen Jungen ins Krankenhaus im Tal zu bringen, der einen Blinddarmdurchbruch erlitten hatte. Fasziniert hatte sie beobachtet, wie der kranke Junge auf einer einfach bespannten Trage zu dem Helikopter gebracht wurde, der in einer breiten Mulde gelandet war. Alle Leute liefen dort tief geduckt herum - kein Wunder bei diesem unglaublich heftigen Wind, den die drehenden Rotorblätter auch im Wartezustand noch verursachten! Sie selbst wurde beinahe davon umgeweht, obwohl sie viel weiter weg gestanden hatte.

Umgeworfen hatte Julia wenige Jahre später dann fast der Anblick eines Pferdes, das wiehernd ihren roten Anorak in der Luft herumwirbelte. Sicher war es noch ein junges Pferd, denn es vergnügte sich lebhaft mit diesem tollen neuen Spielzeug.

Julia war mit ihrer Mutter alleine auf dem Weg ins Tal, denn ihr Vater wollte unbedingt noch auf die ‚Mädelegabel', den beliebten Ausflugsberg bei Oberstdorf mit rund zweitausendsechshundert Metern Höhe. Ihren Rucksack mit dem Proviant hatten sie auf einer Wiese abgestellt, die Thermoskanne mit dem Tee herausgenommen und sich für eine kurze Pause auf eine kleine Erhöhung gesetzt. Den Gaul hatten sie beide gar nicht bemerkt, bis er freudig wiehernd diese Jacke entdeckte und herangetrabt war.

»Allmächd, der frisst den Anoragg!«, hatte Julias Mutter ganz entsetzt gerufen und sich die Hand vor den Mund gehalten. Zuerst erschrocken, dann sehr neugierig hatte Julia das junge Pferd kurz beobachtet. Dann war sie aufgestanden und langsam auf das Pferd zugegangen. Das hatte sie aufmerksam mit aufgestellten Ohren angesehen und dann, wie eine Aufforderung zum Spielen, seinen Kopf mit dem Anorak im Maul auf und ab bewegt. Vorsichtig hatte Julia ihren Arm ausgestreckt und nach ihrem Anorak gegriffen. Da hielt das Pferd kurz inne und wartete ab. Julia zupfte ein wenig an der Jacke, und sofort riss ihr das Pferd diese wieder aus der Hand und schwenkte seinen Kopf damit einige Male herum.

Aber Julia sprach geduldig auf das junge Pferd ein. Sie hatte ihren Anorak an einem kleinen Zipfel wieder erwischt, zupfte leicht immer wieder daran und sagte dazu leise in beruhigendem Tonfall: »Gib ihn mir wieder«.

Da streckte der junge Gaul seinen gesenkten Kopf etwas vor und öffnete sein Maul. Julia nahm ihren Anorak, sagte »Danke« und ging, immer noch mit Herzklopfen, ganz langsam wieder zurück zu ihrer Mutter.

Der roten Jacke war nichts passiert, und so konnten sie beide aufatmend ihren Weg ins Tal fortsetzen.

Als Julia bei einer ihrer Begegnungen ihrer Cousine Adelheid von diesem Abenteuer erzählte, da bekam Adelheid einen roten Kopf und erinnerte sich plötzlich ganz aufgeregt daran, dass sie selbst einmal fürchterliche Angst von einer Kuh gehabt hatte. Diese wild gewordene Kuh hatte die junge Adelheid quer über eine weite Wiese gejagt! Wie der Teufel war sie vor diesem Rindvieh davongerannt - und hatte danach wie Espenlaub gezittert… , aber ihre beiden Schwestern hatten sich darüber beinahe schiefgelacht, und manchmal taten sie das noch heute!

*

Diesmal also würde Julia endlich ans Meer kommen, von dem so viele Leute schwärmten! Das kannte sie bis dahin nur von Postkarten und aus Filmen, und schuld an dieser Traumreise war die Liebe – oder das, was sie damals dafür hielt. François war der älteste Sohn eines Maurers, der für seine Familie ein eigenes Haus gebaut hatte und seine beiden Söhne auf ein Gymnasium schicken konnte. Nun schrieb François gerade an seiner Doktorarbeit in Ökonomie, war aber bereits vor sechs Monaten zum Militär einberufen worden und überlegte offenbar, ob er seine Laufbahn dort fortsetzen oder doch in die freie Wirtschaft gehen sollte.

Während seiner Militärzeit durfte François aber keine Briefe ins Ausland schreiben. Julia hörte etliche Wochen nichts von ihm. Dann hatte sie auf dem Umweg über seinen Bruder einen Brief erhalten, in dem er ihr schrieb, er könne im August Urlaub nehmen und würde sie in dem Internat abholen, das der Falken-Gruppe in der Ferienzeit als Unterkunft zur Verfügung stand, denn die Hausangestellten kümmerten sich um die Nürnberger Gäste. Für Julia stand fest, dass sie nun seine Familie kennenlernen würde. Sie war deshalb schon sehr nervös.

François hatte Julia in Nürnberg einen kleinen Plüsch-Eisbären geschenkt und ihr dabei »Madame ...« ins Ohr geflüstert. Diesen kleinen Bären hatte sie dann in ihre geöffnete Handtasche gesetzt und immer wieder angesehen – bis er plötzlich weg war! Und zugleich mit dem Schreck über diese Entdeckung war ihr im Bruchteil einer Sekunde auch der Gedanke durch den Kopf gegangen: »Das ist ein schlechtes Omen ... «

War das vielleicht eine selbsterfüllende Prophezeiung?

François hatte das nicht tragisch genommen und ihr gleich noch einmal einen solchen Bären gekauft.

In seinen Briefen hatte er immer kleine Mäuschen gezeichnet, lustige Mäuse, mit Kleidern und Haarschleifen und aufgestellt wie die Orgelpfeifen – elf an der Zahl, wie eine Fußballmannschaft. Er wünschte sich eine große Familie. Da war es Julia doch etwas mulmig geworden... sooo viele Kinder? Wollte sie das? Ihr waren bereits Bedenken gekommen, ob sie mit einem Kind überhaupt klar kommen würde. Doch so weit war es ja noch lange nicht. Nun waren sie alle erst einmal in ihrem Ferienquartier angekommen.

Am Begrüßungsabend, zu dem am nächsten Tag die Gruppenleiter und viele Mitglieder der ‚Force des Jeunes' gekommen waren, konnte Julia ihren François nicht entdecken. Sie war sehr enttäuscht. Kein François, und keine Nachricht von ihm. Was hatte das zu bedeuten?

Sie wartete auch am folgenden Tag vergeblich. Kurz entschlossen setzte sie sich am Tag darauf um die Mittagszeit in ein Taxi und ließ sich zu seiner Adresse bringen. Die Fahrt ging auf kurvenreicher Straße hinab in die Altstadt und kreuz und quer zwischen hohen Häusern mit italienischem Flair durch ein enges Straßengewirr, in dem es von kleinen Geschäften, Cafés, Bars und Menschen nur so wimmelte. Unterwegs kramte Julia die paar Wörter Französisch zusammen, die sie in der Zwischenzeit zu ihrem dürftigen Schulfranzösisch noch dazugelernt hatte und legte sich zurecht, was sie demjenigen sagen würde, der die Tür öffnete. Es war seine Mutter. Julia begrüßte sie sehr höflich und erklärte ihr, wer sie war. Dann fragte sie nach François.

Ganz offensichtlich hatte François' Mutter von ihrem Kommen keine Ahnung, denn sie war sehr überrascht, lud Julia aber freundlich ein, ins Haus zu kommen und bot ihr Limonade an, denn es war ein heißer Tag. Nach etwa einer Viertelstunde erschien endlich François und sagte verlegen, dass er leider verhindert gewesen sei. Heute Abend aber wäre er sicher gekommen, um sie abzuholen. Dann setzte er sich mit an den Kaffeetisch und dolmetschte zwischen Julia und seiner Mutter einige Höflichkeitsfloskeln, denn Julia hatte Nürnberger Spezialitäten als Geschenk mitgebracht: eine hübsche Silbertruhe mit Lebkuchen und natürlich eine Dose mit den berühmten Nürnberger Bratwürstchen. Sogar ein Rezept für Kartoffelsalat hatte sie ins Französische übersetzt!

Für den darauffolgenden Tag verabredeten sich François und Julia zu einem Bummel am Strand, entlang der Promenade des Anglais. Nach einem netten Abendessen in einem Lokal in der Innenstadt verabschiedete sich Julia wieder von François und fuhr zurück in das Schulgebäude, das hoch auf einem Hügel lag. Es besaß einen riesengroßen baumlosen Innenhof und lag deshalb prall in der Sonne. Dadurch heizten sich besonders die Schlafsäle sehr stark auf und hatten auch in der Nacht noch mindestens vierundzwanzig Grad Wärme. Julia betrat den Waschraum und trat ... in eine große übelriechende Lache. Offensichtlich hatte sich jemand übergeben, war aber nicht bis zur Toilettenschüssel gekommen, sondern hatte sich gleich über dem Handwasch-becken ausgekotzt. Dann hatte derjenige wahrscheinlich versucht, alles hinunterzuspülen und hatte dafür den Wasserhahn aufgedreht. Doch das Waschbecken war mit Kotze verstopft, und so war das Wasser über den ganzen Boden im Vorraum verteilt. Das hatte den Verursacher dieser ganzen ‚Überraschung' dann aber nicht mehr interessiert.

Wütend über so eine Frechheit, aber pflichtbewusst auf das Ansehen der ganzen Gruppe bedacht, machte sich Julia mitten in der Nacht daran, den Vorraum und das Waschbecken zu reinigen, ganz abgesehen davon, dass sie es ja selbst benutzen wollte.

Für ihre nächste Verabredung machte Julia sich sommerlich schick. Sie trug ein bunt gemustertes Spaghettiträger-Minikleid, in dem sie sich eigentlich gar nicht sehr wohl fühlte, denn sie kam sich darin viel zu pummelig vor. Doch für François wollte sie gerne modern sein.

Er besaß einen uralten Peugeot, den er manchmal im wahrsten Sinne des Wortes erst ‚gegen das Bein' treten musste, um ihn starten zu können. Damit fuhren sie am Tag darauf die Küste entlang, hinaus in die Vororte und an Rastplätze, von denen man herrliche Ausblicke über die Bucht genießen konnte. François erzählte ihr, dass auch der deutsche Filmschauspieler Curd Jürgens hier wohne.

Er wollte für sie unbedingt einen Besuch bei diesem Star arrangieren. Julia wollte das eigentlich eher nicht. Sie hätte sich das gar nicht getraut. Dazu wäre sie viel zu nervös gewesen, doch es erledigte sich ohnehin ganz von selbst: François hat davon später nichts mehr erwähnt, und Julia fragte erleichtert nicht weiter nach. Nach allem, was Julia über Curd Jürgens in der Presse gelesen hatte, dürfte sich François da wohl eine Abfuhr geholt haben, die sich gewaschen hatte!

Einige Tage später stand ein Gruppenausflug nach Monaco an. Dort wurde aus der Falken-Gruppe für das lokale Radio dringend ein Interviewpartner gesucht, doch keiner wollte… Schließlich ließ Julia sich dazu überreden, sich für dieses Interview zur Verfügung zu stellen. Während also die Falken-Gruppe das interessante Untersee-Meerwasseraquarium besuchte, stand Julia in einem abgedunkelten Raum an einem etwa Quadratmetergroßen, aus Sperrholz gefertigten pyramidenförmigen Mikrofontisch mit vielen kreisrunden Löchern, an den sie sich nicht anlehnen oder aufstützen durfte, weil das unerwünschte Nebengeräusche erzeugt hätte, und gab dort auf ziemlich belanglose Fragen ebenso belanglose Antworten, die auf Band aufgezeichnet wurden.

Bei *einer* Antwort jedoch wurde sie zensiert. Sie hatte gesagt, sie mache gerne Spaziergänge auf der ‚Promenade des Anglais', also auf der ‚Promenade der Engländer'. Doch das gefiel den Monegassen damals offenbar weniger; die ‚Promenade des Anglais' wurde ersatzlos gestrichen.

Genau dort aber fand am Abend dann eine riesige Blumenparade statt - *das* monatliche touristische Großereignis der Sommersaison, für das Nizza berühmt war. François, als dessen Verlobte Julia sich bis dahin betrachtete, hatte sie dorthin begleitet. Als er sie dann kurz vor Mitternacht wieder nachhause brachte, fragte er sie zögernd und sehr leise, ob sie ihn wieder freigeben würde, und Julia sagte dazu aufatmend »Ja«.

François fiel spürbar ein Stein vom Herzen – und Julia auch! Sie verabschiedeten sich als Freunde. Etwa eineinhalb Jahre später schickte Julia ihm eine Karte mit der Einladung zu ihrer Hochzeit mit Bernd. Nur wenige Tage danach bekam auch Julia eine Karte: die Bekanntgabe der Verlobung von François und Elisabeth. Sie wünschte ihm alles Glück der Welt!

*

Auch die Freunde und Kameraden konnten Margarete nicht sagen, warum sie nun schon seit Wochen keinen Brief mehr von ihm bekommen hatte. Schließlich fasste sie sich ein Herz und fragte bei dem Stabschef nach, bei dem Henry bis zu seiner Versetzung Dienst getan hatte. Da musste sie erfahren, dass das Schiff, mit dem man ihn auf den Weg nach Korea geschickt hatte, mit Mann und Maus untergegangen war, und so hatte er nicht einmal mehr erfahren, dass er Vater werden würde. Margarete selber aber bekam keine offizielle Auskunft und auch keine Namen oder Adressen seiner Verwandten in Denver, seiner Heimatstadt in Colorado, denn sie war ja ‚nur' seine Freundin gewesen. Außerdem war sie keine Amerikanerin, sondern eine Deutsche, also die ‚besiegte und besetzte Feindin'. In Denver erfuhren also auch Henrys Eltern nicht, dass sie ein Enkelkind bekommen würden, und diese Verwandten im fernen Amerika wissen bis heute nichts davon.

Margarete aber musste nun selber sehen, wie sie ihren Lebensunterhalt verdienen konnte, für sich und den Sohn, den sie im Herbst dieses Jahres dann geboren hatte. Sie war zwar ausgebildete Handschuhnäherin, bekam aber schließlich Arbeit als Wicklerin in einer kleinen Motorenfabrik und konnte ihren kleinen Sohn bei Pflegeeltern gut versorgt wissen. Als er größer wurde, dachte sie, er wäre zusammen mit anderen Kindern in einem Kindergarten der katholischen Kirche gut betreut. Doch die Schwestern, die diese Kinder beaufsichtigen und erziehen sollten, hatten ihre sehr eigenen Vorstellungen von Erziehung. So ließen sie die Kinder zur Bestrafung kleiner Sünden beispielsweise auf Holzscheite niederknien und darauf eine halbe Stunde verharren...

Der kleine Bernd hatte es unter dem Regiment dieser katholischen Schwestern besonders schwer, denn seine Mutter war ledig... Er war also ein uneheliches Kind und für diese ach so streng gläubigen Christinnen eine »Frucht der Sünde«.

Eines Tages bekam er von einer dieser Schwestern so kräftige Ohrfeigen, dass er auf einem Ohr plötzlich nichts mehr hören konnte. Da brachte seine Mutter ihn zurück zu den Pflegeeltern, die selber Kinder hatten und die zwar streng, aber liebevoll und geduldig sein würden.

Bernds Mutter lernte bald danach einen Mann kennen, der - genau wie sie - auch aus dem Egerland kam. Schließlich heiratete sie ihn, zog mit ihm in eine Laubengang-Wohnung in Hersbruck, dieser schönen Kleinstadt in der Fränkischen Schweiz, und Bernd bekam im Laufe der folgenden Jahre noch vier weitere Geschwister: zwei Mädchen und zwei Jungen.

Bernd aber, der Stiefsohn, war diesem Mann seit jeher ein Dorn im Auge. Er schikanierte ihn, wo er nur konnte. Wenn der Stiefvater betrunken war – und das war er oft -, wurde er schnell sehr aggressiv und verprügelte das Kind. Bernds Mutter, die immer sofort dazwischen ging, hatte deshalb dann heftigen Streit mit ihrem Mann und steckte wohl auch selber dabei Prügel ein. Abends aber, beim Zubettgehen, sorgte sie dafür, dass wieder Friede herrschte. Ihr Lebensmotto war es, nie im Streit ins Bett zu gehen...

Die fünf Geschwister kamen ganz gut miteinander aus. Gerhard, der Zweitälteste, war mit seinen Spielkameraden am liebsten draußen in Wiesen und Wäldern unterwegs. In seinen Hosentaschen brachte er sehr oft Schnecken, Frösche und alle möglichen Fundstücke mit nachhause... bis er eines Tages mit seinen Freunden einen etwas größeren Fund machte: ein noch geschlossenes verrostetes Rohr lag da herum. Die Kinder wollten unbedingt wissen, was da drin war. Mit einem Stein schlug Gerhard mehrmals darauf ein, um dieses Ding zu öffnen.

Dann explodierte die Granate.

Sie riss ihm sein Bein am Oberschenkel ab, und an schnelle Hilfe war an diesem abgelegenen Ort nicht zu denken. Nachdem sie den ersten Schock überwunden hatten, lief einer seiner Freunde, so schnell es ging, nachhause, um zu berichten, was passiert war. Doch die Retter kamen zu spät. Gerhard verblutete.

Danach war der Stiefvater noch viel aggressiver gegen Bernd; denn wie konnte es sein, dass sein eigener Sohn sterben musste, während dieser ‚Bankert' noch lebte!

Zum Glück für Bernd folgte der Stiefvater bald darauf seinem Sohn Gerhard in die Ewigkeit. Den Weg dorthin hatte ihm der Alkohol bereitet.

Bernd suchte sich in der weltläufigeren Großstadt Nürnberg eine Lehrstelle als Schriftsetzer. Als er ausgelernt hatte und volljährig wurde, nahm er sich ein möbliertes Zimmer und zog ganz um nach Nürnberg. Dort stand er nun unter der gestrengen Aufsicht seiner Vermieterin, die noch von der ganz alten Garde war: Damenbesuche in seinem Zimmer waren strengstens untersagt! Ach ja – wieder dieser ‚Kuppelei-Paragraf'!

Julia hatte Bernd in der Falken-Gruppe ihrer Freundin Karin kennengelernt. Bernd war unterhaltsam und konnte auch witzig sein. Sie mochte ihn sehr gerne, aber Liebe wurde es erst viel später, auf den ‚zweiten Blick' sozusagen. Da war das Abenteuer Nizza beendet, und als Bernd davon erfuhr, verstärkte er seine Bemühungen, Julia für sich zu gewinnen.

Sehr viele Jahre später gestand ihr die Freundin, dass Bernd auch ihr sehr gut gefallen hätte. Das machte Julia tief traurig; denn vielleicht wären die beiden zusammen viel glücklicher geworden und - wer weiß? - auch zusammengeblieben …

Bernd hatte mit großer Freude festgestellt, dass es mit Julia und diesem Franzosen aus war. Bis dahin hatte Julia gar nicht registriert, dass er sich für sie interessierte, doch nun lud er sie zum Tanzen ein. Er war ein guter Tänzer und plauderte mit ihr über seine Arbeit, seine Kollegen und seine Familie. Bald schon unternahmen sie auch Wochenendausflüge in die Fränkische Schweiz, wo Bernds Familie wohnte.

Bernds Mutter Margarete war eine sehr herzliche Frau, die Julia gleich in ihr Herz geschlossen hatte, und seine Geschwister mochte sie ebenfalls. Diese Art von Familienleben, an dem so viele unterschiedliche Personen beteiligt waren und in dem deshalb immer etwas los war, worüber man reden konnte, war für Julia eine völlig neue Erfahrung.

Zuhause führte sie oft Selbstgespräche.

Welche eigenartigen Gewohnheiten man doch gerne beibehielt, schmunzelte Julia in sich hinein, denn Selbstgespräche, die führte sie auch noch heute.

Dann winkte sie dem Barkeeper hinter seinem Tresen zu und gab Handzeichen, dass er ihr ein neues Getränk bringen sollte. Gerade machte der sich auf dem Weg, um leere Flaschen und Gläser einzusammeln, doch er bedeutete ihr, dass er gleich kommen würde.

*

Der kleine Herbert im fernen München hatte auch einen Stiefvater bekommen, denn sein leiblicher Vater war als Soldat im Krieg gefallen. Als dieser Herr Miller dann nach langen Jahren an Lungenkrebs starb, musste seine Witwe, Herberts Mutter, plötzlich erfahren, dass er gar nicht der Abteilungsleiter gewesen war, für den er sich ihr gegenüber ausgegeben hatte, sondern nur ein ganz einfacher Buchhalter. »Mehr scheinen als sein«, – offenbar hatte dieses Motto auf den jungen Herbert stark abgefärbt.

Kam es daher, dass ihm seine Mutter gesagt hatte, *da müsse man einen Mann holen*, wenn es wieder einmal irgendetwas zu reparieren gab? Es konnte gut sein, dass Herbert da schwer beleidigt war, denn schließlich war er damals schon Fünfzehn!

Als Julia ihm begegnete, war sie von seinem jungenhaften Charme sehr schnell gefangen. Er war einer ihrer neuen Kollegen, als sie sich nach drei Jahren Mutterzeit dazu entschlossen hatte, endlich wieder in das Berufsleben einzusteigen, damit sie den Anschluss nicht verpasste. Herbert konnte witzig sein, war belesen, humanistisch gebildet, unternehmungslustig und schwärmte vom Segeln vor der griechischen Küste.

Das Wort Profit aber war offenbar ein sich langsam ausbreitendes, alles infiltrierendes, sehr wirksames Gift. Lange hatte Julia es nicht für möglich gehalten, dass es in ihrer nächsten Umgebung Menschen geben würde, die den eigenen Vorteil zum Leitmotiv ihres Handelns machten. In Julias Vorstellung von sozialen Beziehungen innerhalb einer Gemeinschaft gab es dieses Streben nach eigenem Profit nicht. Lange war sie dem einfältigen Traum vom freundschaftlichen brüder- und schwesterlichen Miteinander erlegen. In der Gemeinschaft, die sie in ihrer Jugendzeit erleben durfte, schien das soziale Miteinander Wirklichkeit zu sein, und in ihrer ersten Ehe mit Bernd war es das auch.

Erste Zweifel begannen in ihrem Denken zu kreisen, als ihr zweiter Ehemann Herbert eines Tage vorschlug, doch einen Ausflug an den Chiemsee zu machen. Er kenne dort eine nette alte Dame, die ein schönes altes Haus besäße und keinerlei Verwandte mehr habe. Bei dieser Dame habe er früher einmal längere Zeit gewohnt, sie hätte ihn gerne gemocht, und vielleicht ließe es sich ja arrangieren, dass sie ihm das Haus eines Tages vererben würde …

Über dieses Ansinnen war Julia bestürzt, machte sich dazu ihre eigenen Gedanken, wollte aber vorläufig deswegen keinen Streit anfangen. Es hatte in letzter Zeit ohnehin schon zu häufig Spannungen gegeben, die sie zunehmend als unerträglich empfand. Nach jeder kleinen Meinungsverschiedenheit, jeder noch so kleinen unwichtigen Kritik, die sie inzwischen immer nur sehr vorsichtig äußerte, gab es wenige Tage danach bei ihrem Mann aus völlig nichtigem Anlass eine urplötzliche Explosion, die sie jedes Mal sprachlos machte, denn lange Zeit erkannte sie nicht, wo die eigentliche Ursache dafür zu suchen war.

Seit beinahe vier Jahren führten die beiden nun schon eine Wochenend-Ehe, denn Herbert war nach München versetzt worden und hatte sich dort eine kleine Ein-Zimmer-Wohnung genommen. Dass ihn dieser Umstand auch dazu verleitete, viel mehr Geld in der Kneipe auszugeben, als er es sich eigentlich hätte leisten können, das erfuhr Julia erst viel später. Sie registrierte, dass der Kontostand bedenklich ins Minus rutschte. Diese finanziell immer schwieriger werdende Situation bereitete ihr viele schlaflose Nächte und sie versuchte immer wieder, Überzeugungsarbeit zu leisten und Herbert dazu zu bewegen, die einen oder anderen Abstriche zu machen. Doch solche Aussprachen endeten immer mit verbal aggressivem Verhalten ihres Mannes, der schließlich sagte er, er habe jetzt einen Lebensstandard erreicht, den er nicht mehr aufgeben würde.

Lebensstandard? Schulden war das! Schulden – und die bereiteten Julia immer häufiger schlaflose Nächte. Schon alleine die Mitgliedschaften in mehreren Vereinen – allen voran in der Tennisabteilung des Sportvereins, aber auch im Schützenverein und bei den Sängern – belasteten das gemeinsame Monatsbudget erheblich.

Sie registrierte auch, dass die Abstände zwischen seinen unvorhersehbaren Wutanfällen schon seit Monaten immer kürzer wurden. Als Herbert das letzte Mal herumgeschrien hatte und dabei wie ein Tiger im Käfig hin- und hergerannt war, befand sie sich gerade in der Küche. Dort stand auf der

Arbeitsplatte der Messerblock mit den großen Küchenmessern. Der Gedanke, dass Herbert damit eines Tages in seiner Wut vielleicht Amok laufen könnte, ließ Julia innerlich ganz kurz erstarren. Dann atmete sie tief durch und dachte: »Wenn das wirklich jemals passieren sollte, dann ist mein Sohn gerade in diesem Moment hoffentlich sehr, sehr weit weg!«

Und sie war sicher, dass sie sich in diesem Fall zur Wehr setzen würde, auf welche Art auch immer. Sehr häufig und immer intensiver dachte sie nun darüber nach, wie lange sie diese ständig wiederkehrenden, sehr belastenden Situationen noch in Kauf nehmen wollte.

Als sie in einem Seminar über Meditationstechniken den Hinweis bekommen hatte, dass man sich bei entsprechender Übung in Selbstsuggestion bald an seine Träume würde erinnern können, da begann sie mit dem Training, ihrer Konditionierung. Und tatsächlich:

Nach etwa zwei Wochen wachte sie nach einem sehr intensiven Traum mitten in der Nacht plötzlich auf und griff, noch verwirrt von den beklemmenden Gefühlen, die dieser Traum verursacht hatte, zu Papier und Bleistift. Sie schrieb eine Geschichte auf, die davon handelte, dass sie sich in einer Straße der Altstadt beobachtet und verfolgt fühlte, dass sie durch Innenhöfe und Hauseingänge, durch Zimmer und über eine steile Holztreppe floh, stets von irgendjemandem verfolgt, bis sie zur Einstiegsluke eines Dachbodens gelangte und dort – gerade, als sie diese Luke öffnen wollte -, von dem Gedanken überfallen wurde: »Gleich packt er mich« ... Da war sie aufgewacht, schwer atmend und wie benommen.

Träume dieser Art wiederholten sich in den nächsten Wochen, mit immer anderen Situationen, aber immer mit dem Gedanken und dem bedrohlichen Gefühl, dass da einer hinter ihr her war, der ihr nach dem Leben trachtete...

Der Tag, an dem die Luft plötzlich wie zum Schneiden war, kam völlig unerwartet, und es war eine beinahe nebensächliche Bemerkung, die Julia endlich zu einer Entscheidung brachte. Sie hatte ihren Sohn zu einer Wochenendveranstaltung mitnehmen wollen, die jedoch schon am Freitagmittag beginnen sollte. Deshalb hatte Julia vorgeschlagen, dass sie ihren Sohn in der Schule an diesem Freitag wegen einer starken Erkältung krank melden könnte. Das hätte sie zwar nicht gerne getan, aber es war ihr wichtig, dass Chris dieses Meditationsseminar mit ihr besuchte, denn sie hoffte sehr, dass es ihm helfen könnte, sich in der Schule besser zu konzentrieren.

Herbert entgegnete daraufhin mit empörter Miene, das sei doch eine Lüge! Da wurde ihr schlagartig bewusst, wie scheinheilig und verlogen sein selbstgerechtes Getue war, und sie sagte ruhig, aber entschieden: »Ich glaube, dass es für uns besser ist, wenn wir uns trennen.«

Die Antwort, die sie von ihm darauf erhielt, verblüffte sie. Er sagte: »Ich bin sehr froh, dass *Du* das sagst. Ich hätte mich nicht getraut«.

*

Einen kleinen Hund hätte die kleine Julia sehr gerne gehabt, und als ihre Mutter davon erzählte, dass der kleine Pekinese, der niedliche ‚Löwenhund' ihrer Arbeitskollegin zwei Junge bekommen hatte, die bald abgegeben werden sollten, da bettelte sie lange darum, dass sie doch bitte, bitte einen dieser Welpen haben dürfe. Schließlich sagte ihre Mutter, sie würde sich das überlegen und die Kollegin fragen.

Die Tage und Wochen vergingen. Julia wurde vor freudiger Erregung ganz ungeduldig und fragte endlich, wann sie den jungen Hund denn abholen dürfe. Da erklärte ihr der

Vater, dass sie keinen Hund bekäme, denn sie wäre nicht brav genug gewesen und hätte keine solche Belohnung verdient. Was genau sie angestellt haben sollte, um so bestraft zu werden, sagte er nicht.

Die Enttäuschung war riesig.

Monate später durfte sie sich im Beisein ihrer Mutter dann im Kaufhaus einen Wellensittich aussuchen und sie nahmen den munteren hübschen kleinen blauen Vogel in einer schmalen Schachtel mit Luftlöchern mit nach Hause. Natürlich hatte Julias Mutter auch einen schönen Vogelkäfig gekauft.

Doch leider hatte ihnen niemand gesagt, dass der Vogel sofort in seinen Käfig gesetzt werden solle und dass er dort erst einige Tage bleiben müsse, um sich in seiner neuen Umgebung orientieren zu können. In ihrer Unwissenheit ließen sie den kleinen Kerl deshalb bald im Wohnzimmer fliegen, und prompt knallte der arme Wellensittich trotz der geschlossenen Vorhänge heftig gegen die Fensterscheibe, denn er wollte ins Freie flüchten, in den blauen Himmel, den er dahinter durchschimmern sah.

Als der kleine Vogel nach diesem Rumms etwas benommen mit seinen Füßchen in der Gardine hängen geblieben war, konnte Julia ihn vorsichtig in ihre Hand nehmen. Sie streichelte ihm liebevoll das Gefieder, sprach beruhigend auf ihn ein und setzte ihn dann in seinen schönen neuen Vogelkäfig. Sie hatte keine Ahnung davon, dass der kleine Vogel wahrscheinlich eine Gehirnerschütterung erlitten hatte.

Kookie nannte sie den blauen Wellensittich, Kookie – wie der amüsante freche kleine Detektiv mit der lustigen kieksenden Stimme aus der originellen TV-Krimiserie „77 Sunset Street". Kookie erholte sich schnell wieder von seinem Schreck, hüpfte auf der oberen Stange hin und her und gab dem von der Käfigdecke hängenden kleinen runden Spiegel mit seinem Schnabel immer wieder einmal einen Stups, dass er hin- und herschaukelte. Alles schien wieder in bester Ordnung zu sein. Der Vogel bekam Zeit, sich mit Blick aus dem Käfig in seiner neuen Umgebung umzusehen, und schon am übernächsten Tag fand er es bei seinem Ausflug im Zimmer ganz toll, auf dem Gestänge der Stehlampe Platz zu nehmen und an der Kette der großen Wohnzimmerlampe herumzuturnen. Es ging ihm sehr gut – bis zu dem Tag, an dem Julia und ihre Mutter der Meinung waren, Kookie sollte nicht länger einsam sein, sondern einen Artgenossen, einen anderen Wellensittich zum Freund bekommen.

Sein neuer Käfig-Mitbewohner wurde Bazi, ein grüner Wellensittich, ein noch junger Lausbub, der dem gemütlichen Kookie nach kurzer Zeit zu Leibe rückte und sich die Vorherrschaft im Käfig sicherte. Doch nach einigen Tagen hatte sich das alles eingespielt. Für die Menschenfamilie, die das Treiben der beiden Vögel belustigt beobachtete, war alles ganz normal.

Zwei Jahre vergingen. Da landete Kookie bei seinem täglichen Ausflug im Zimmer auf dem Teppich und drehte sich plötzlich mit einem weit ausgestreckten Flügel immer um die eigene Achse. Erschrocken setzte Julia ihn in eine kleine Schachtel und brachte ihn zum Tierarzt. Der gab dem Vogel eine Spritze und alles schien wieder in Ordnung. Doch ein paar Tage später, genau an dem Abend, als die Nachrichten überquollen von Berichten über das Attentat auf John F. Kennedy in Dallas, geschah dasselbe wieder.

Julia war tieftraurig, weil sie begreifen musste, dass dem Vogel nicht geholfen werden konnte und sie traf am nächsten Tag ihre erste schwere Entscheidung: sie ließ Kookie vom Tierarzt von seinen schweren und sicher schmerzhaften Krämpfen erlösen.

*

»Da mische ich mich nicht ein, das muss sie selber wissen«, sagte ihre langjährige Vertraute und Kollegin, als es darum ging, dass ihre Nichte einen jungen Mann heiraten wollte, von dem die Kollegin überzeugt war, dass er viel zu ‚deutsch' sei und auf lange Sicht bestimmt nicht der Richtige für ihre Nichte.

Wie bitte? Nicht einmischen? Meinte sie das wirklich ernst, dass sie ihrer Nichte nicht einmal sagen würde, welche Gedanken sie sich über die beiden machte? Was hatte das mit Einmischung zu tun? Entscheiden musste es die Nichte doch am Ende selber. Aber welche Voraussetzungen hatte sie für eine solche Entscheidung, wenn ihr vorenthalten wurde, was die anderen dachten?

Und hatte es diese Freundin nicht auch in ihrem eigenen Fall so gehalten? Dass diese Freundin den Mann, den sie vor acht Jahren geheiratet hatte, schon seit mehr als zwanzig Jahren ziemlich gut kannte, hatte sie ihr erzählt. Doch hatte sie auch nur mit einer einzigen Bemerkung zu verstehen gegeben, ob sie ihn gut oder weniger gut geeignet hielt als künftigen Ehemann - für sie, ihre Freundin? Hatte sie auch nur einen einzigen Satz gesagt, mit dem Julia darauf aufmerksam geworden wäre, dass sie es da möglicherweise mit einem abhängigen Alkoholiker zu tun haben würde?

Nein, kein Wort darüber hatte sie erfahren. Diese Freundin wollte sich nicht einmischen. Es hätte ja sonst sein können, dass man ihr die Schuld daran gegeben hätte, wenn diese Beziehung wieder auseinanderbrach. Und schuld wollte sie offenbar auf gar keinen Fall sein. Informationen sammeln, die sie zu ihrem eigenen Vorteil nutzen konnte – ja, das war angesagt. Aber Informationen herausgeben, mit denen sie sich vielleicht in die Nesseln setzen, an irgendetwas schuld sein würde? Auf gar keinen Fall!

Welchen Wert hat eine solche Freundschaft?

Schuldig – so hatte sich Julia viele Jahre früher auch gefühlt, als ihrer besten Freundin Karin das Sorgerecht für ihre Kinder abgesprochen wurde. Doch sie selbst hatte nichts weiter getan als der Freundin ein Taschenbuch auszuleihen, das ihr auf ihrem letzten Meditations-Seminar empfohlen worden war. Sie hatte es gelesen und faszinierend gefunden.

Das Buch hatte einen etwas seltsam klingenden Titel: »Die tanzenden Wu-Li-Meister«.

Doch es hatte damit nichts esoterisches auf sich - im Gegenteil: ein Wissenschafts-Journalist beschrieb darin sehr detailliert, welche phänomenalen Ergebnisse die letzten Experimente gebracht hatten, die von zahlreichen namhaften Physikern mit diesen neu entdeckten Teilchen, diesen Quanten, durchgeführt worden waren, die gleichzeitig auch Wellen zu sein schienen.

Als Jürgen, der nun geschiedene Mann von Karin, dieses Buch entdeckte, hatte er es seinem Anwalt übergeben. Der sollte damit beweisen, dass Karin nicht geeignet sei, die gemeinsamen Kinder zu erziehen. Und was Julia nicht für möglich gehalten hatte, trat ein: der Richter sprach Jürgen das alleinige Sorgerecht zu.

Karin, die ihre Kinder nicht vor Gericht in einem langen Rechtsstreit zerreißen lassen wollte, musste todtraurig hinnehmen, dass sie ihre beiden Kinder nur zwei Mal im Monat sehen würde und dass diese Kinder jetzt bei einem Mann aufwachsen würden, der unter einer ‚Bipolaren Störung' litt, die ihn sehr launisch machte. Zu allem Überfluss war Jürgen auch noch an einen sogenannten Freund geraten, der in Australien eine eigene Sekte gegründet hatte und sich in einer Art und Weise bigott verhielt, dass Julia es kaum fassen konnte, wie ein normaler Mensch auf solch einen angeblich christlichen Humbug hereinfallen konnte!

Doch noch weniger wollte sie glauben, dass ein studierter Jurist ihre Freundin nur wegen eines Buches, in dem neue naturwissenschaftliche Experimente beschrieben wurden, für eine verrückte Esoterikerin halten konnte, der man keine Kinder anvertrauen durfte.

Hatte dieser Richter selbst auch nur einen Blick in dieses Buch geworfen?

War Karin etwa an einen Rechtsanwalt geraten, der von seinem Metier nicht viel verstand?

Karin hatte sich deswegen bei ihr nicht beklagt. Sie jedoch machte sich bittere Vorwürfe.

War das alles ihre Schuld?!

*

Bei Julia lag der Fall dieses Mal ganz klar: sie hatte wieder einmal vergessen, diese verdammte rosarote Brille abzunehmen. Das hätte sie von sich selber nie für möglich gehalten: dass sie nicht in der Lage war, in einer solchen Situation – der des frisch Verliebt Seins – genau hinzusehen und offensichtliche Tatsachen auch als solche wahrzunehmen.

Aber darin lag ja gerade der Reiz des Verliebt Seins:

nur Positives zu registrieren und Hoffnungen zu hegen, wie schön sich das alles gestalten würde mit der neuen Gemeinsamkeit. Warnsignale hatte sie trotz aller vorausgegangen negativen Erfahrungen einfach nicht wahrhaben wollen, ausgeblendet oder was auch immer. Nun ja, in genau dieser Form waren sie ihr ja früher auch noch nie begegnet. Mit jedem neuen Menschen, bei jedem Partner war das irgendwie ähnlich und doch so ganz anders.

Und gerade deshalb wäre es wichtig gewesen, von einer Freundin einen Stups zu bekommen, einen Gedankenanstoß, der ihr zumindest die Möglichkeit einer gegenteiligen Entscheidung eröffnet hätte...

Zu spät - »Schnee von gestern«. Und tatsächlich hatte sie sich schon des Öfteren gefragt, ob diese Beziehung vielleicht genau die sei, in der sie wieder eine neue Lektion auf ihrem Lebensweg lernen sollte: Unterordnung, Anpassung. Aber wollte sie das?

Nein, nicht in dieser Größenordnung. Nicht tagsüber zig Male vor Ärger über immer die gleichen Dinge, über die vielen Schlampereien, die Unordnung, das hinterlassene Chaos fast aus der Haut fahren - und bis zum Abend doch alles wieder vergessen haben, unter den Teppich kehren, wo sich das alles jedoch - langsam, aber sicher -, immer höher aufstaute.

Die Psychologen und Therapeuten hatten darüber schon viele kluge Bücher beschrieben und genau davor gewarnt: nichts anstauen lassen, möglichst gleich darüber reden und geeignete Lösungen suchen. Prima! Dieser Rat war sicher klug - aber wie fängt man das an? Die Voraussetzung wäre ja, dass der ‚Partner' hier mitspielt. Wenn der das aber gar nicht will, weil er zu feige ist, solche Gespräche überhaupt zu führen? Weil er zu den Menschen gehört, die dann sagen: Ach, schon wieder dieses Thema - nein, danke! Und die dann einfach so weiter machen wie bisher?

Sollte sie diesen schon lange angesammelten Frust nun endlich in eine klare Ansage verwandeln - sogar mit Ultimatum?

Auch sie war im Augenblick offenbar noch zu feige, das in die Tat umzusetzen. Aber irgendwann würde es vielleicht sein müssen, früher oder später.

Doch hoffentlich nicht...

*

In dem kleinen fränkischen Luftkurort Bad Berneck hatte Julias Mutter Gunda eine Freundin, zu der sie oft fuhr, wenn in Nürnberg mit Luftangriffen zu rechnen war. Sie hatte sich einen kompletten Satz Bettzeug mit nach Bad Berneck genommen. Das wurde sauber eingepackt und vorsorglich jedes Mal im Wald vergraben, damit es nicht gestohlen werden konnte und – im Falle eines Falles - auch nicht verbrannte.

Zuhause in Nürnberg hatte Kunigunde einmal nach einer weiten Radtour durch das Umland auf dem Heimweg einen Korb voller wunderbarer reifer Äpfel auf ihrem Fahrrad, den sie nach Hause bringen wollte. Aber der Rückweg war weit und es dämmerte schon, als sie an den Stadtrand kam. Sie musste sich beeilen, heimzukommen, denn nach zwanzig Uhr herrschte absolute Ausgangssperre!

Doch in der fortschreitenden Dunkelheit rutschte sie mit dem Vorderrad am Rand eines tiefen Bombenkraters ab und fiel samt ihrem Rad und dem Korb mit Äpfeln hinein. Zum Glück hatte sie sich dabei nicht verletzt. Aber sie schaffte es nicht, aus diesem Krater wieder herauszukriechen, denn die lose Erde rutschte ständig nach. So musste sie die ganze Nacht in diesem Krater ausharren, bis am frühen Morgen dann endlich jemand vorbei kam, der ihr da wieder heraushelfen konnte. Alleine hätte sie das nie geschafft!

Immer hatte Kunigunde es abgelehnt, bei Flugzeug-Alarm mit in den Keller des Hauses zu gehen, in dem sie mit ihrem Mann Heinrich gewohnt hatte. Sie sagte, in eine solche ‚Mausefalle' wolle sie sich nicht setzen, denn sie hatte nach Bombeneinschlägen in vielen Straßen gesehen, dass die Leute in den Kellern der Häuser erstickt oder verbrannt waren.

Das Haus in der Judengasse gehörte dem Inhaber von ‚Likör-Probst', dessen Geschäft sich im gleichen Haus befand und der Julias Mutter gerne ihren wunderschönen ‚Venezianer Spiegel' abgekauft hätte. Dieser große Spiegel hatte einen mit geschliffenen Facetten geschmückten Rahmen. Herr Probst fragte immer wieder einmal nach, ob sie ihm diesen Spiegel verkaufen würde, doch sie sagte regelmäßig Nein.

Als am 2. Januar 1945 der schwere Luftangriff auf Nürnberg bevorstand, hatten die Nachbarn es nach den beunruhigenden Rundfunkwarnungen schließlich doch geschafft, Julias Mutter davon zu überzeugen, dass es diesmal dringend notwendig war, mit ihnen zusammen in den großen öffentlichen Luftschutzbunker am Egidienberg zu gehen. Dass sie sich dieses Mal davon hatte überzeugen lassen, war sicher ihr Glück, denn diesen Tag hätte sie sonst wohl kaum überlebt. Das Haus in der Judengasse wurde völlig zerbombt. Von ihrem Hausrat blieb nichts übrig.

Sie sagte dazu einmal: »Jetzt hatte ich den Spiegel nicht mehr, und der Probst hatte ihn auch nicht.«

Auch Adelheid hatte sich an diesem denkwürdigen Tag in der Innenstadt von Nürnberg befunden. Als sie schon in der Mitte der Ludwigstraße angekommen war, gab es plötzlich erneut Luftalarm. Adelheid, die in Begleitung ihrer Freundin unterwegs war, wollte deswegen umkehren und in den großen Unterständen am heutigen Plärrer, diesem verkehrsreichen Platz, Schutz suchen. Dorthin hatte sich bereits eine riesige Menschenmenge in vermeintliche Sicherheit begeben. Doch ihre Freundin riet dazu, lieber gleich hier in den großen Stadtmauerturm zu gehen.

Auch dort war bereits fast alles überfüllt. Die beiden Mädchen mussten bis ganz nach oben durchsteigen, um noch Platz zu bekommen.

Als dann das Bombardement begann, da erzitterte der riesige Turm aus Steinquadern durch und durch, und Adelheid spürte, dass dieser starke Torturm sich durch diese enormen

Erschütterungen bewegte. Er schien zu kippen, und alle Leute schrien voller Angst – aber der Turm blieb stehen. Wie durch ein Wunder hatte er keinen einzigen Treffer abbekommen – ganz im Gegensatz zum Plärrer: dort gähnten überall tiefe Krater. Der riesengroße Platz war eine einzige Leichenhalle ...

Am folgenden Tag hatte Adelheid sich aus großer Sorge um Kunigunde auf den Weg gemacht, um nach ihr zu suchen. Aber die gesamte Gegend um den Egidienplatz war ein rauchendes Trümmerfeld aus Schutt und Asche. Die gesamte Altstadt war vernichtet.

Als sie endlich in der Judengasse, am Wohnort von Kunigunde, ankam, wurden dort schon die ersten Toten geborgen und bekamen Zettel mit Nummern um ihre Handgelenke gebunden, bevor man sie rund um das Denkmal am Egidienberg zusammentrug. Für eine Identifizierung war das wichtig, denn es waren die Hausnummern der Häuser, in denen man sie gefunden hatte.

Noch heute sprach Adelheid von einem Wunder, dass Gunda damals die richtige Entscheidung getroffen und überlebt hatte. Nur von einem kleinen Stück einer Phosphorbombe war ihr eine Brandnarbe geblieben - und die Erinnerung an diesen höllischen Schmerz! Dieses verflixte Stück war ihr bei ihrem mühseligen Klettern über die rauchenden Häusertrümmer in ihren Schuh hineingerutscht.

Solche Phosphorstücke konnte man nicht ‚löschen', sie brannten so lange weiter, bis kein Phosphor mehr darin vorhanden war ...

Wie viele andere Ausgebombte auch, die Zuflucht bei Verwandten suchten, zog Gunda damals notgedrungen wieder bei ihrer Mutter Margarete ein, denn wegen der großen Zahl der durch Bomben und Feuer zerstörten Häuser war Wohnraum in der ganzen Stadt sehr knapp und es war daher nur logisch, dass man eng »zusammenrückte«.

Die im Krieg zerstörten Häuser mussten nach 1945 erst nach und nach durch Neubauten ersetzt werden, und es war selbstverständlich, dass jeder gesunde Erwachsene tatkräftig mit anpackte, um zuerst einmal den Schutt wegzuräumen, der auf den Ruinengrundstücken lag. Dafür gab es wenigstens eine warme Mahlzeit am Tag.

Wenn Julia heute Nachrichten darüber las, dass die Menschen in einer von Erdbeben zerstörten Stadt noch Jahre danach in provisorischen Zelten oder Containern hausten, dann fragte sie sich jedes Mal, worauf die Leute eigentlich warteten? Hatte es die Vielzahl von Hilfsorganisationen weltweit suggeriert, dass da irgendwann schon fremde Hilfe kommen würde?

Lag es an den Eigentumsverhältnissen?

Konnte sich deshalb keiner der Betroffenen dazu aufraffen, selbst die Ärmel hochzukrempeln, in die Hände zu spucken und einfach irgendwo und irgendwie anzufangen?

Aber vielleicht war das mit den heute verwendeten Materialien gar nicht mehr so leicht...

»Hilf dir selbst, so hilft dir Gott«! Irgendwann einmal hatte ihr Vater - obwohl er schon lange kein Kirchenmitglied mehr war - diesen Spruch gesagt, und genau das war für Julia das Selbstverständlichste der Welt. Das war der Grundsatz, der sich wie ein roter Faden durch ihr ganzes Leben zog.

*

Vier Mal am Tag hatte Adelheid, Julias Cousine, in ihrer Kindheit den täglichen Weg von der Wohnung im Ortsteil Schniegling (nahe an der Stadtgrenze zu Fürth) bis zur Schule beim Westfriedhof in Johannis laufen müssen – für sie beinahe eine Weltreise! In das ursprünglich zugewiesene benachbarte Schulhaus waren kriegsgefangene Franzosen einquartiert worden.

Schule war von Acht bis Zwölf, und nach der Mittagszeit dann noch einmal von vierzehn bis sechzehn, oft auch bis siebzehn Uhr!

Betreuung in der Mittagspause? Das war damals noch kein Thema, und eine Möglichkeit, selbst Mitgebrachtes aufzuwärmen, gab es auch nicht. Mikrowelle? Fehlanzeige!

Als Adelheid mit vierzehn Jahren die Schule beendet hatte, wartete auf sie ein soziales Pflichtjahr, in dem sie, genau wie auch alle anderen Mädchen, Haushaltshilfe bei fremden Familien leisten mussten. Sie aber hatte das Glück, dass ihre Tante Anni, die Schwester ihrer Mutter, sie anfordern konnte, weil Anni mit ihren drei Kindern darauf Anspruch hatte.

Die Tante wohnte in Waldbüttelbrunn, und auch dort musste Adelheid weit laufen - von Waldbüttelbrunn bis in die etwa acht Kilometer entfernte Würzburger Innenstadt - und natürlich auch wieder zurück. Es gab keine Straßenbahn, keinen Bus, und ein Fahrrad besaß sie damals auch noch nicht.

Ihr erstes eigenes Geld hatte sich Adelheid in den Ferien bei Wicklein-Lebkuchen verdient. Dort bekam sie für eine Woche Arbeit 4,92 Reichs-Mark, die der Chef aber großzügig auf 5 RM aufrundete. Dafür musste sie mit ihren blanken Fingern den ganzen Tag halbierte Zitronen aushöhlen!

Später, als Adelheids Mann Arbeit als Straßenbahnschaffner hatte und sie nur noch etwas dazu verdiente, arbeitete sie wieder dort. Nachdem der Teig von einer Maschine auf einzelne Oblaten gepresst worden war, nahm sie diese bearbeiteten Teigstücke von der Maschine herunter und belegte diese rohen Lebkuchen dann mit gehobelten Mandeln. Weil sie jedoch sehr oft hungrig war, naschte sie immer wieder etwas von den Mandeln.

Plötzlich ging es ihr nach einiger Zeit ziemlich schlecht.

Da erklärte ihr die Kollegin, die sie schon länger beobachtet hatte, das sei doch kein Wunder bei der Menge, die sie täglich stibitzte! Diese Mandeln enthielten schließlich Blausäure!

Von da an musste Adelheid wohl oder übel auf die Mandelnascherei verzichten.

In Adelheids erster Wohnung, die sie mit ihrem Mann Kurt bezog, gab es in Bad und Küche noch kein fließendes Wasser. Das musste man, wie früher üblich, zum Kochen, Putzen und Waschen mit dem Wasserbottich von draußen holen, vom Pumpbrunnen. Ob das unter solchen Umständen wohl mehr als nur die sprichwörtliche ‚Katzenwäsche' sein konnte?

Weil die Zimmerfenster bei einfachen Leuten damals nur einfach verglast waren, boten sie im Winterhalbjahr - trotz zusätzlich vorgesetzter ‚Winterfenster' - keinen wirklichen Kälteschutz. Doch der kalte Winter hatte trotzdem auch schöne Seiten: Er zauberte bei Frost wunderschöne Muster aus Eisblumen an die Fensterscheiben!

Das winterliche Eis auf der Pegnitz hatte auch Adelheids Onkel, Gundas ältesten Bruder Konrad, in jeder freien Minute angelockt, sobald seine Hausaufgaben erledigt waren. Dann schraubte er sich flugs ‚Drehorgeln' unter seine Stiefel.

So nannte man damals die stählernen Schlittschuhkufen, die mit Schrauben seitlich an den Schuhen und an den Absätzen befestigt wurden. Doch die physikalischen Kräfte, die durch diesen ‚Untersatz' besonders auf die Stiefelabsätze wirkten, waren nicht zu unterschätzen. Bei der Beanspruchung, die das Schlittschuhfahren auf dem holperigen Eis des zugefrorenen Flusses mit sich brachte, hielten die Stiefelabsätze nicht allzu lange stand und die Folge war meistens - eine Bauchlandung!

Wenn Konrad wieder einmal besonders viel Pech hatte, dann war da nicht nur der Stiefelabsatz abgebrochen, nein, dann hatte auch die Hose ein Loch am Knie und zuhause gab es dann ein gehöriges Donnerwetter. Die Hose konnte die Mutter meistens wieder flicken, aber der Schuster reparierte diesen abgebrochenen Absatz wohl kaum umsonst!

Ein Donnerwetter – das gab es im Sommer beinahe täglich auch für Theo und seine Kumpels. Der Wachtmeister kam aber – vorsichtshalber? - mit schöner Regelmäßigkeit immer zu spät und konnte die badenden Jungs in ihrer Unterkleidung nicht mehr daran hindern, mit ihren Bündeln aus Kleidern auf dem Kopf eiligst im »Hundstrab« von seiner Seite der Pegnitz an das andere Ufer hinüberzuschwimmen!

Baden – das war dort nicht erlaubt!

Das durfte man nur in züchtiger Badekleidung, diesen knielangen hochgeschlossenen Ganzkörperanzügen für Männlein und Weiblein gleichermaßen, und nur in den offiziellen Badeanstalten, die dafür extra Umkleidekabinen aufgestellt hatten!

*

»In der Zitadelle von Besançon...«, diese Worte vernahm sie halblaut und zufällig aus dem Begleittext einer Reportage über deutsche Kriegsgefangene in Frankreich und horchte auf. Besançon, da war auch ihr Vater als Kriegsgefangener gewesen.

Zuerst hatte er in Besançon im Gefängnis gesessen, zusammen mit Hunderten anderer deutscher Soldaten. Dort war die Verpflegung sehr schlecht, denn auch die Franzosen hatten damals fast nichts zu essen, und zwar durch eine Hungersnot, die der Krieg verursacht hatte, der Krieg, den die Deutschen begonnen hatten. Warum also hätten sie ausgerechnet die deutschen Gefangenen durchfüttern sollen?

Doch wie war ihr Vater dort eigentlich hingekommen?

Er hatte nie viel über den Krieg erzählt. Sie erinnerte sich an ein Gespräch, in dem er erwähnte, dass er an der finnisch-russischen Grenze einen Lungendurchschuss erlitten hatte. Der russische Schütze hatte sich im Geäst eines Baumes versteckt, aber seinem Kameraden war es danach gelungen, den Russen zu entdecken und unschädlich zu machen. Die Zeit im Lazarett hatte ihr Vater gut überstanden, was damals durchaus nicht selbstverständlich war. Viele seiner Kameraden starben an Infektionen.

Auch über Stalingrad hatte er erzählt – natürlich nur das, was er selber von anderen gehört hatte. Seine Worte waren: »Die Russen hatten die Deutschen eingekesselt und einen Ring um sie gebildet. Da kam keiner mehr heraus!« Seine kleine Tochter aber hatte sich dabei ganz naiv gedacht: »Wenn um diese Grube, in der die Deutschen sitzen, nur russische Männer herum stehen, die eine Kette bilden und sich an den Händen halten, warum schlüpfen denn die Deutschen da nicht einfach zwischen diesen Männern hindurch?!«

Wenn es doch nur so einfach gewesen wäre …

Können Formulierungen so in die Irre führen? Aber was konnte sich ein damals etwa sechsjähriges Kind darunter schon vorstellen …

Bereits Theodors eigener Vater hatte im Ersten Weltkrieg Frontdienst in Frankreich leisten müssen und war dort im Juni 1916 gefallen. Über die Deutsche Kriegsgräberfürsorge hatte Theo in den 70ern dann in Erfahrung gebracht, wo das Grab seines Vater zu finden war: in Wavrin an der Somme.

Auf seiner nächsten Urlaubsfahrt hatte er dann einen großen Umweg gemacht und war mit seiner Frau Gunda mit dem Wohnwagengespann dort hingefahren. Einen Blumenkranz als letzten Gruß hatte er am Grab seines Vaters niedergelegt, bevor es durch ganz Frankreich weiter ging nach Spanien.

Aber eigentlich hatte er diesen Vater gar nicht gekannt, denn als Johann 1914 ‚für Kaiser und Vaterland' ins Feld musste, war Theo erst vier Jahre alt.

Als Johann dann 1916 in den Schützengräben des Ersten Weltkriegs sein noch junges Leben verlor, wartete sein Sohn Theo zuhause in Nürnberg gerade auf seine Einschulung und Theos Mutter nähte sich zu dieser Zeit große Stofftaschen in ihre Unterröcke, damit sie darin heimlich ein paar Stücke Zwieback verstecken konnte, bevor sie von der Arbeit in der Fabrik zu ihren Kindern nachhause ging. Am Fabriktor wurde streng kontrolliert!

Mit zwei Kindern hatte es die Kriegerwitwe Margarete auch nach Kriegsende noch sehr schwer, diese Jungs großzuziehen. Tagsüber in der lauten Fabrik arbeiten – Acht-Stunden-Tage gab es da noch nicht! - und abends Hausfrau und Mutter sein, das kostete nicht nur Kraft, sondern auch Nerven. Gegen die Buben, die in der Pubertät immer aufsässiger geworden waren, musste sie sich durchsetzen. Irgendwann einmal, so hatte es Julias Vater erzählt, gingen ihr die Nerven durch und seine wütende Mutter, die gerade Wäsche flickte, warf nach einem heftigen Wortgefecht eine Schere nach ihm. Die flog zu seinem Glück haarscharf an seinem Kopf vorbei und … traf die Porzellanschüssel des Waschgeschirrs auf der Frisierkommode, die daraufhin in große Stücke zersprang.

Nachdem er von seiner Schussverletzung genesen war, hatte man Julias Vater dann nicht wieder nach Russland geschickt, sondern in den Süden Frankreichs abkommandiert. Nun erinnerte sich Julia auch wieder daran, was er von seiner Gefangennahme erzählt hatte:

Als seine Kompagnie sich ergeben musste, war ihm die Flucht gelungen. Er schaffte es, auf einen Zug aufzuspringen, der in Richtung Deutschland fuhr, und war damit schon fast bis an den Feldberg im Schwäbischen gekommen. Nur wenige Stunden noch - und er wäre zu Hause gewesen... als der Zug, mit dem er in die Heimat gelangen wollte, abends noch vor der nächsten Station angehalten und kontrolliert wurde. Französische Polizei durchsuchte jeden Waggon nach deutschen Soldaten und geflohenen Kriegsgefangenen.

Theo war es gelungen, diesen Zug zu verlassen und er versuchte, der Patrouille dadurch zu entkommen, indem er sich unter den Waggons versteckte und auf die andere Seite kroch. Doch die Kontrolleure waren geübt. Die französischen Polizisten kannten alle Tricks. Sie leuchteten mit starken Handlampen auch unter den Wagen durch und entdeckten ihn.

Zwar trug er keine Uniform mehr, und vielleicht wäre gar nichts weiter passiert, wenn sein Kompaniechef ihm nicht eingetrichtert hätte, dass er sein Soldbuch auf keinen Fall verlieren dürfe. Damals hatte noch keiner geglaubt, dass dieser Krieg verloren gehen würde, und das Soldbuch wäre Voraussetzung dafür gewesen, bei den Behörden Anträge stellen zu können. Also behielt er es, und das war sein Pech.

Sein Soldbuch war der Beweis: es verriet, dass er ein deutscher Soldat gewesen war, und so brachte man ihn in das Gefangenenlager von Besançon. Dort, so hatte er erzählt, bekamen er und seine Kameraden oft nur verfaulte Kartoffeln zu essen, und deshalb nutze er jede Gelegenheit, etwas Unverdorbenes ergattern zu können. Manchmal gelang es ihm beim Hofgang, von einem Karren, der draußen gerade vorbeigeschoben wurde, ein paar gekochte Kartoffeln zu stehlen. Wenn er aber dabei erwischt wurde, dann gab es harte Strafen und viele Schläge.

Das alles änderte sich für ihn, als er zum Arbeitseinsatz abkommandiert wurde - glücklicherweise auf das Schloss des Grafen von Tour. Dort hatte er von da an alles zu erledigen, was gerade so anfiel: von Holzhacken über Putzarbeiten bis zu Reparaturen.

Theodor war sehr geschickt und zu allem zu gebrauchen.

Eines Tages seilte man ihn sogar in den gemauerten tiefen Brunnenschacht ab, weil die Steine dort an mehreren Stellen schon dringend ausbesserungsbedürftig geworden waren. Zum Glück war dieser Brunnen zu dieser Zeit beinahe leer, so dass er nicht in Gefahr geraten konnte, darin zu ertrinken.

Jahrzehnte später, als er mit Julias Mutter wieder einmal mit dem Wohnwagen in den Urlaub nach Spanien fuhr, fasste er sich ein Herz und machte einen Umweg.

Er suchte das Schloss von Tour. Das war jedoch gar nicht so einfach zu finden, denn in all den Jahren waren die Bäume darum herum so hoch gewachsen, dass er es von der Straße her nicht entdecken konnte. Schließlich aber fand er es doch und fragte mit den wenigen französischen Worten, die er noch in Erinnerung behalten hatte, höflich nach dem Grafen. Dessen Sohn, der sogar Deutsch sprach, öffnete ihnen, begrüßte sie freundlich und führte beide durch das Schloss. Nach der Erinnerung, die Julias Vater aus früherer Zeit hatte, war dort vieles verändert worden. Vor allem vermisste er die wunderbaren Möbelstücke, die zu seiner Zeit als ‚Zwangsarbeiter' dort gestanden hatten.

Der alte Graf hatte ihn eines Tages in den Weinkeller geschickt und ihm aufgetragen, zwei Flaschen eines bestimmten Weines und Jahrgangs zu bringen, weil er Gäste erwartete. Theodor suchte und fand diesen Wein und nahm die verstaubten Flaschen aus dem Weinregal. Dann dachte er sich: »So schmutzig kann ich den Gästen diese Flaschen doch nicht auf den Tisch stellen! « Er nahm deshalb ein Tuch und wischte die beiden Flaschen damit gründlich sauber, bevor er sie dem Grafen an die Tafel brachte.

Als jedoch der Graf diese gereinigten Flaschen sah, rief er sehr erschrocken aus: »Aber Theodor, was hast Du da gemacht? Jetzt kann man doch gar nicht mehr sehen, wie wertvoll dieser alte Wein ist! « Da war Theodor sehr zerknirscht. Das hatte er nun davon, dass er es doch nur gut machen wollte ...

Ob der Sohn des Grafen Julias Eltern damals auch ein Glas Wein angeboten hatte? Das hat sie allerdings nicht erfahren.

*

In drei Minuten würde ihr Zug fahren. Schaffte sie das noch bis zum Bahnsteig? Es war wie verhext, aber heute war Julia sehr spät dran. Sie hatte zuhause viel zu lange mit ihren Katzen geschmust und einfach vergessen, auf die Uhr zu sehen. Dann war es natürlich zu spät gewesen, noch zum Bus zu laufen; den hätte sie garantiert nicht mehr erreicht. Also hatte sie das Auto genommen, aber das musste erst vom Raureif auf den Scheiben befreit werden, und so hatte sie gerade noch die U-Bahn um 05.26 erwischt, mit der sie jetzt zehn Minuten später am Bahnhof angekommen war. Der Zug fuhr 05.38, und der Weg über die Rolltreppe, durch die Mittelhalle und die Gleisunterführung zum Bahnsteig war nicht gerade kurz. Hoffentlich hatte er heute wenigstens eine Minute Verspätung, wartete vielleicht auf Anschlussreisende aus einem verspäteten ICE...

Zu spät - die Schlusslichter bogen bereits um die Ausfahrkurve, als Julia endlich an der Bahnsteigkante ankam.

Na schön, diesmal war sie also umsonst gerannt. Das hätte sie sich ja eigentlich denken können. Und was nun? Wieder nach Hause fahren? Der nächste Zug würde erst in zwei Stunden fahren, aber der Weg hin und zurück hätte bereits etwa fünfundvierzig Minuten davon verschlungen. Zwar hätte sie auch den Bummelzug nehmen können, doch der fuhr erst eine halbe Stunde später und brauchte eine dreiviertel Stunde länger als der IC.

Sie hätte jetzt Zeit gehabt, um zuhause eine Tasse Kaffee zu trinken, aber sie hätte ständig dabei auf die Uhr sehen müssen, um den rechtzeitigen Aufbruch diesmal nicht wieder zu verpassen.

Warum also die Tasse Kaffee nicht gleich hier trinken und diesen Tag ohne weitere Hektik angehen lassen? Hektik - das war ohnehin das Problem. Wie stellte man diese verflixte Hektik bloß wieder ab?

Julia musste einen Weg dahin finden.

Ihr Körper und leider auch ihr Geist waren viel zu sehr damit beschäftigt, ständig schnell noch etwas erledigen, etwas hinter sich bringen zu wollen. Dabei war ihr aber im Grunde genommen völlig klar, dass danach wieder eine neue Aufgabe zu erledigen wäre. Es nahm einfach nie ein Ende. Wann also würde sie sich endlich die Zeit nehmen zum Durchatmen, Abschalten, Relaxen?

Jetzt.

Ohne Eile schlenderte Julia den Weg zurück in die Mittelhalle des Bahnhofbereichs und sah sich nach einer gemütlichen Möglichkeit um, Kaffee zu trinken. Cafés gab es nach dem Umbau dieses Gebäudes genug. Aber so früh am Tag hatten nur wenige davon bereits geöffnet. Es war zu dieser Zeit offenbar noch nicht genügend Publikum unterwegs. Doch das war ja gerade das Schöne!

Immer wieder erinnerte sich Julia gerne an den Urlaub, in dem sie häufig schon früh am Tag auf der kleinen Terrasse vor dem Hotel gesessen und beim Frühstück das Erwachen des Tages beobachtet hatte. In der Morgendämmerung waren anfangs nur wenige Menschen unterwegs: ein paar Fahrradfahrer, die es nicht eilig hatten; in buntgestreifte Gewänder gekleidete Berberfrauen, die große Bündel auf dem Kopf balancierten; Männer mit voll beladenen Handkarren auf dem Weg zum Markt und ab und zu einer dieser seltsamen LKW's, bei denen hinter dem Führerhaus oben ein Aggregat angebaut war, vermutlich zum Zweck der besseren Kühlung.

Nach ihrem Frühstückskaffee ging sie zurück auf das Zimmer in diesem kleinen Hotel, das eigentlich eine Ferienwohnung war, in der man sich auch selbst verpflegen konnte, denn es hatte eine kleine Küche. Ihr Sohn Chris war gerade wach geworden und erzählte von dem lustigen Abend, den er mit den beiden jungen deutschen Pärchen am Strand verbracht hatte. Sehr nette junge Leute waren das, und Julia war froh darüber, dass sie Chris unter ihre Fittiche genommen hatten. Das schenkte ihr die Gewissheit, dass ihr Sohn sich in diesem Urlaub wohl fühlte, denn Chris liebte das Wasser, ganz im Gegensatz zu ihr.

Julia saß lieber an einem schattigen Ort und las oder beobachtete die Leute. Sie spazierte gerne durch den Basar und verfolgte interessiert das Geschehen, ohne jedoch etwas kaufen zu wollen. Inzwischen hatte sie es gelernt, sich die reichlich aufdringlichen Händler freundlich, aber bestimmt vom Hals zu halten.

Sie hing ihren Gedanken nach, doch nicht über die Trennung von Herbert, sondern über den Musiker, in den sie sich gerade verliebt hatte. Sie dachte viel nach über diese völlig andere Welt, die sie hier erlebte, darüber, ob es vorstellbar wäre, alles Alte einfach hinter sich zu lassen, hier ganz neu anzufangen ... Aber eine Amazone wie sie – wäre das gut gegangen?! Kurze Zeit später hatte sich diese Frage von selbst erledigt, denn ihr Schutzengel hatte die Weichen für sie ganz anders gestellt.

Bei diesem Rückblick fiel ihr plötzlich eine völlig andere Szene ein, die sich an einem Wochentag im IC von Stuttgart nach Nürnberg abgespielt hatte:

Julia hatte diesen Tag schon sehr früh begonnen, denn sie wollte am Abend zu einer Veranstaltung gehen. Deshalb war sie schon am Nachmittag auf dem Nachhauseweg, und dieser Weg führte sie ins Bordbistro des IC, wo sie sich eine Tasse Kaffee gönnen wollte. Als sie sich nach einem Platz umsah, saß da am letzten Tisch ein Afrikaner, der offensichtlich katholischer Priester war. An mehreren anderen Tischen saßen ebenfalls einzelne Leute, aber Julia wollte diesen Afrikaner dort nicht alleine sitzen lassen und gesellte sich zu ihm. Sie hatte eigentlich nicht vorgehabt, sich mit diesem Mann zu unterhalten. Doch im Zeitungskiosk hatte sie heute eine neue Ausgabe der Zeitschrift ‚Écoute' gekauft. Das tat sie öfter, um ihr Französisch wenigstens ein bisschen durch Lesen zu trainieren, um das schon Gelernte nicht wieder zu vergessen. Diese Sprache aber auch zu sprechen, dazu hatte sie so gut wie keine Gelegenheit.

Als sie das Heft auf den Tisch legte, sprach der Priester sie auf Französisch an. Damit hatte Julia nicht gerechnet, doch sie fasste sich ein Herz, kramte ihren ganzen Wortschatz zusammen und plauderte mit diesem Katholiken über ... Gott und die Welt, im wahrsten Sinne des Wortes. Er leitete ein Waisenhaus in Burundi. Deshalb sprachen sie auch über den furchtbaren Bürgerkrieg, der nur kurze Zeit zurück lag.

Sie streiften viele verschiedene Themen, und Julia erinnerte sich heute nur noch daran, dass sie diesem Priester im Verlauf ihrer Unterhaltung ganz unverblümt ihren eigenen Standpunkt in Sachen Religion dargelegt hatte.

Julia sprach davon, dass sie sich im Laufe der Jahre immer wieder auch mit Informationen über Hinduismus, Buddhismus, Islam und anderen Spielarten des Christentums beschäftigt habe. Die zutreffendste Definition von Gott sei für sie die der Hindus: »Alles ist göttlich! « Womit gemeint war, dass grundsätzlich jedes Element, jedes Teilchen - ob winzig oder riesengroß - Teil des gesamten ‚Göttlichen Wirkens' war.

Schon lange sah Julia das Christentum eher als eine ‚Anleitung zum friedlichen Zusammenleben' - obwohl der ursprüngliche friedfertige Aspekt dieser Religion von schon so vielen Mächtigen in den Staub getreten worden war. Nicht nur die Ränkespiele der Päpste um die Macht, nicht nur die Inquisition mit ihren Hexenverbrennungen - auch die Eroberungsfeldzüge, besonders die der Spanier und Portugiesen in Süd- und Mittelamerika, zogen eine goldverbrämte kirchliche Blutspur rund um die Welt. Christlich?! Die Nachfahren der Mayas, deren heutige Lebenssituation Julia vor drei Jahren auf der Halbinsel Yucatan direkt vor Ort erlebte, litten noch heute unter diesen Ereignissen. Trotz ihrer tiefen Religiosität, mit der sie die Riten der katholischen Kirche - zwangsläufig! - übernommen hatten, galten sie dort immer noch als Menschen zweiter Klasse, denen man offenbar keine Intelligenz zutraute. Das Trauma lebt weiter ...

Dass es eine höhere Macht gab, eine höhere Intelligenz, die man als »göttlich« bezeichnen konnte, das glaubte Julia durchaus. Auf erstaunliche, um nicht zu sagen: wundersame Weise waren schon so manche ihrer sehnlichsten Wünsche erfüllt worden, und schon manches Mal hatte sie das Gefühl gehabt, es müsse da ein Schutzengel gewesen sein ... Diesem Allwissenden Allmächtigen war sie unendlich dankbar – für alles, was ihr widerfahren war - auch für das Negative!

Irgendwann hatte sich später immer herausgestellt, dass es trotzdem gut für sie gewesen war.

Dass sie die christliche Marienverehrung aber als ein scheinheiliges Feigenblatt der durch und durch männlichen Kirche betrachtete, mit dem die Frauen raffiniert dazu gedrängt worden waren, die ihnen von den Männern zugewiesene Rolle als Dienerinnen zu akzeptieren, das behielt Julia lieber für sich ...

Doch sie konfrontierte diesen katholischen Priester mit ihrer festen Überzeugung, dass noch keine der Religionen, die es im Laufe der Jahrtausende auf dieser Welt schon gegeben hatte, auf ewig überdauerte – ob es nun die Götter und Riten der Inkas, Mayas und Tolteken, die der Griechen und Römer oder die der Ägypter waren. Alle diese Götterkulte waren verschwunden - und genau das würde nach ihrer Meinung früher oder später auch mit den Religionen geschehen, die aktuell vorgaben, sie hätten die alleinige Wahrheit für sich gepachtet.

Ihr Gegenüber nahm das nachsichtig und freundlich lächelnd zur Kenntnis, erzählte dann, dass er nach seiner Rückkehr in der Hauptstadt von Burundi ein neues Amt antreten werde und deshalb nun schon seit Wochen einen Nachfolger für sein Waisenhaus einarbeite.

Dann klingelte sein Mobiltelefon, und plötzlich sprach dieser afrikanische Priester... lupenreines Deutsch! Kein Wunder: er hatte in Erlangen studiert - und Julia hoffte, dass sie sich mit ihrem autodidaktisch angeeigneten Französisch nicht allzu sehr blamiert hatte.

*

Sie sah das Flammeninferno leuchtend hellorange lodern und - erwachte. Es war also nur ein Traum. Eigentlich… schade!

Was wäre denn geschehen, wenn sie es endlich gewagt hätte, diesen Papierstapel anzuzünden? Vielleicht wäre es gar nicht aufgefallen, heute, wo doch überall die Sonnwendfeuer brannten?!

Nun, natürlich nicht mitten auf der Straße, so direkt vor dem Haus. Da hätte sie den ganzen Papierberg schon weiter weg bringen müssen, in den Wiesengrund zum Beispiel. Dort gab es einen Grillplatz. Auf dem hätte sich das Zeug ja auch in kleineren Portionen verbrennen lassen, und wahrscheinlich hätte kein Mensch davon Notiz genommen.

Aber direkt vor dem Haus, mitten auf der Straße, da wäre in spätestens drei Minuten die Feuerwehr zum Löschen gekommen und dieser Papierkram wäre als rußgeschwärzter durchnässter Haufen auf dem Asphalt kleben geblieben, für dessen Entsorgung sie dann sicher auch noch hätte sorgen müssen! Ganz zu schweigen von dem Ärger mit den Behörden und natürlich den Kosten für einen solchen Löscheinsatz! Wahrscheinlich hätte sie sich für diesen Spuk auch eine saftige Strafanzeige eingehandelt, wegen vorsätzlicher Brandstiftung oder sogar gefährlichen Eingriffs in den Straßenverkehr.

Sie war sich nicht ganz sicher, ob ihr das auch dann drohte, wenn sie die Lösung mit dem Grillplatz vorziehen würde. Trotzdem fing dieser Gedanke an, ihr immer besser zu gefallen. Der einzige Umstand, der sie noch immer zögern ließ, dieses Vorhaben auszuführen, bestand darin, dass sie zu ihrem großen Ärger nicht wusste, ob und - wenn ja – welche ihrer eigenen eventuell wichtigen Dokumente unter diesen Riesenstapeln aus Zeitungen, Prospekten und Notizzetteln verschwunden waren.

Doch wenn schon: notfalls könnte man sich davon Kopien schicken lassen, oder etwa nicht? Bliebe nur noch die Frage zu klären, wie sie diese riesigen Haufen an Papier am schnellsten zu diesem Grillplatz bringen könnte. So, wie sie die Sache einschätzte, würden bei diesen Mengen von Papier wohl einige Fuhren dazu notwendig werden. Wie lange könnte das insgesamt dauern? Wann spätestens müsste sie folglich damit beginnen?

Der Aufwand war nicht so leicht einzuschätzen, wie sie eigentlich gehofft hatte. Immerhin hatte so ein Stapel Papier ganz beträchtliches Gewicht, das wusste sie aus Erfahrung. Zwei bis drei Stunden könnte der Transport also schon in Anspruch nehmen, bis die gesamte Aktion abgeschlossen wäre. Und zwischen den einzelnen Transporten lägen alle diese Unterlagen dann einfach so in der Landschaft, für jeden zugänglich, der vielleicht Neugier verspürte, fremde Briefe zu lesen.

Was müsste sie tun, um das zu verhindern?

Während sie seufzend aufstand und sich in der Küche Kaffee zubereitete, grübelte sie darüber nach. Das Einfachste wäre wahrscheinlich, eine Plane zu besorgen, die sie über die Papiere legen und mit Steinen beschweren könnte. Es durfte allerdings keine durchsichtige Plane sein, damit man nicht erkennen konnte, was darunter lag. Eine blaue Bauplane also? Farblich wäre die zwar etwas auffällig, aber es sähe andererseits doch auch offiziell aus...

Sie überlegte, wie groß nach ihrer Erinnerung die Feuerstelle auf diesem Grillplatz war. Metrische Maße zu schätzen, lag ihr zwar nicht besonders, doch etwa einen Meter konnte der Durchmesser schon betragen.

Wie viele von den Papieren passten da hinein, ohne über den steinernen Rand auf die Wiese hinaus zu rutschen?

Wie oft müsste sie da nachlegen, bis alle Papiere vernichtet sein würden?

Womit sollte sie den Stapel anzünden?
Einfach so, mit einem Feuerzeug?

Sicher, Papier brannte leicht, aber ein ganzer Berg davon? Sollte sie das Material vorher vielleicht mit Benzin oder Petroleum tränken? Nein, das würde sicher einen sehr starken Geruch entwickeln und vielleicht auch eine gefährliche Stichflamme erzeugen, von der man nicht wissen konnte, in welche Richtung sie ausschlagen würde. Also doch nur das Feuerzeug nehmen und die Papierschicht vom Rand her anzünden? Dort läge das Papier nicht so stark geschichtet. Wäre es aber denkbar, dass brennendes Papier aufgeweht und über die steinerne Einfassung hinausfliegen würde? Es konnte ja starker Wind aufkommen, was dann?

Plötzlich erschienen ihr diese Papierberge beinahe unüberwindlich, riesiger als je zuvor, und erschrocken stellte sie fest, dass sie noch immer zu feige war und wohl auch zu bequem, die Sache tatsächlich in Angriff zu nehmen. Was wäre, wenn...

Doch wenn es nie ein Ende nehmen würde mit seinen Zeitungsstapeln, seinen Schmierzetteln, seinen Papierbergen, wenn das Zimmer in einem Jahr immer noch wie eine Müllhalde aus Altpapier aussähe, wenn...

Egal was dann käme, egal was Walter fragen, was Walter dann sagen würde: eines Tages würde sie es tun!

*

Sehr verehrte Anwesende,
liebe Gäste, liebe Freunde,

ich begrüße Sie alle auf das herzlichste und freue mich sehr, dass Sie sich die Zeit genommen haben, heute, am

Vorabend des 21. November 2005, den zweiundsiebzigsten Geburtstag meines verstorbenen Mannes Walter Zahorka mitzufeiern, bei dem er durch viele seiner Texte mitten unter uns sein kann. Von den Freunden und Kollegen meines Mannes, die diesen Abend für ihn organisiert und gestaltet haben, werden Sie noch einmal Bekanntes und vielleicht auch einiges Unbekannte über diesen Lyriker Walter Zahorka hören.

Allen Freunden, die heute Abend für ihn und über ihn sprechen oder ihn musikalisch begleiten werden, danke ich ganz herzlich für ihre Verbundenheit, und bei Wolfgang Senft bedanke ich mich sehr für die viele Arbeit und Mühe, die er sich mit der Vorbereitung dieses Abends gemacht hat.

Der bekannte und umtriebige Lyriker und Publizist, der Schriftsteller Leopold Walter Zahorka, mein Mann, Euer Freund, hat uns in diesem Frühjahr gänzlich unerwartet und viel zu früh verlassen. Seine Freunde, die ihn selbst lange Jahre kannten und ihm oft begegnet sind, haben sich und mir zu seinem 72.sten Geburtstag die interessante Frage gestellt: >Wer war eigentlich dieser Walter Zahorka?<

Ich gestehe offen, dass diese Frage auch für mich als seine zweite Ehefrau, ja vermutlich sogar für seine frühere Ehefrau Hildegard und auch für seine Kinder, mit denen er immerhin 30 lange Jahre gelebt hat, gar nicht so leicht zu beantworten ist. Und Sie alle werden es mir hoffentlich nachsehen und verzeihen, wenn mir trotz der vielen Monate seit seinem Tod bei meinen Gedanken über Walter das eine oder andere Mal die Stimme möglicherweise nicht so ganz fest bleibt, denn die sogenannte Trauerarbeit, die habe ich noch lange nicht bewältigt, die fängt mit meiner Arbeit an seinen Manuskripten im Grunde genommen jetzt erst richtig an.

Nun, dieser Walter Leopold Zahorka, das war ganz sicher

- einer, den man nicht so ohne weiteres in irgendeine Schublade stecken könnte, dazu war er viel zu vielseitig und vielschichtig;

- einer, der durch seinen familiären Hintergrund - mit einer tschechischen Babička, die auf ihre Tschechoslowakei sehr stolz war, und mit einer halb österreichisch-deutschen, halb tschechischen Mutter, die es in den Verhältnissen von 1933 bis 1945 als Alleinerziehende sicher nicht leicht gehabt hatte - der also auch und gerade wegen seiner deutsch-tschechischen Abstammung mit seinen Texten und seinen Aktionen immer versuchte, allen Menschen begehbare Brücken zu bauen;

- einer, der mit seiner immensen Belesenheit, seiner Herzlichkeit und seinem Humor, aber auch mit seiner Schlitzohrigkeit viele Menschen für sich gewinnen konnte;

- einer, der, wie er selber immer sagte, am liebsten Liebesgedichte schrieb:

> Gottseidank und leider
> bin ich ein Mensch
> Flügel schenkte mir nicht die Natur
> nur den Verstand ihre Anleitung zu begreifen
> um sie mir selbst zu basteln
> Flugzeuge nenne ich sie
>
> Auf einer Rose kann ich mit ihnen nicht landen
> wie ein Schmetterling

Da muss ich schon selbst hinaufsteigen
auf der Leiter der Liebe zu ihr
von Sprosse zu Sprosse
von Dorn zu Dorn

Guck mal aus der Wäsche Liebling
Da bin ich

- Das war aber auch einer, mit dem zu leben es als Partner gar nicht so leicht gewesen ist. Er hat es einmal so formuliert:
-

Am Rangierbahnhof unserer Beziehung
spielen wir beide Lokomotivführer
Weichensteller will keiner von uns sein
deswegen kracht es so oft

- Ja, das war auch einer, der gerne etwas angeschoben, dann aber weiterdelegiert hat;

- einer, der z.B. immer wieder einmal zu mir sagte: »Merke dir gut, was ich erzählt habe. Du musst einmal meine Memoiren schreiben«, und dem ich dann immer antwortete: »Setz die endlich hin und fang selber damit an, sonst bleiben sie ungeschrieben.«,

- das war eben einer, der – wenn er ins Erzählen kam – in seiner lebhaften Art fast ohne Punkt und Komma so viel Interessantes mitzuteilen hatte, dass man es schon hätte mitschreiben müssen, um sich das alles merken zu können;

- und nicht zuletzt war das einer, der über seine eigenen Schwächen lachen konnte.

Zu seinem siebzigsten Geburtstag, den wir im November 2003 hier in diesem Saal gefeiert haben, hatte er sich von mir gewünscht, dass ich mein Gedicht über ihn, die scherzhaft-boshafte Ballade vom Pseudo-Hausmann, rezitieren solle.

Damals hatte ich ihm geantwortet: »Ach, nicht schon wieder«! und hatte dann stattdessen eine Geburtstagsrede verfasst, in der ich ihm abschließend sagte: »Ich wünsche Dir und mir, dass wir auch die nächsten dreißig Jahre noch viele schöne Dinge zusammen erleben können!« Ja, sehr schön wäre das gewesen, aber leider hat es nicht sollen sein … und dass es anders kam, daran hat mein lieber Walter – ach nein, ich will nicht sagen, selber Schuld … sagen wir lieber, dazu hat er selber schon ein gerüttelt Maß beigetragen.

Ohne seine Zigaretten (manchmal fünf, aber manchmal auch fünfzehn am Tag) konnte und wollte er als kreativer Denker nun mal nicht sein, auch wenn er das oft behauptet und ein paar Mal sogar wenigstens für vier Wochen ausprobiert hat. Er brauchte diese Räucherstäbchen einfach zu seiner Inspiration, und ohne Kaffee mit einem mehr oder weniger kleinen Schuss Cognac wäre jeder noch so sonnige Morgen für ihn einfach farblos geblieben:

> Um die Wette mit meiner Lunge
> rauche ich
> Um die Wette mit meiner Leber
> saufe ich
> Um die Wette mit Literaten
> schreibe ich
> Gedichte die streicheln
> oder auch schmerzen können
> Suche dir aus!

Dieses Gedicht hat Walter ganz sicher etliche Male auch seinem Hausarzt rezitiert, einem liebenswerten Griechen, mit dem er sehr gerne philosophierte.

Die Medikamente, die er von diesem Philosophen-Bruder verschrieben bekam – nun ja, die hat er zwar schon ausgepackt und vielleicht auch drei oder vier Tage lang eingenommen ... aber da war eben dieser Beipackzettel, auf dem stand so manche möglicherweise unangenehme Nebenwirkung, und überhaupt und außerdem... diese Pillen, die hätte man ja täglich regelmäßig und auch noch möglichst pünktlich nehmen sollen...

Also, in Anbetracht all dieser Umstände und Umständlichkeiten hat es dieser kleine und doch so große böhmische Gauner dann vorgezogen, dieses Giftzeug lieber in seiner Schublade verschwinden zu lassen.

Ja, diese Schublade - darin hat sich in diesem Frühjahr dann plötzlich so manches wiedergefunden, was nicht bei mir angekommen war: die neue Chipkarte meiner Krankenkasse für 2005 z.B., ganz brav noch im ungeöffneten Kuvert verpackt, oder auch ein sehr wichtiger Brief gewichtigen Inhalts an Herrn Walter Z., diesmal geöffnet und sicher auch gelesen, ein Brief, mit dessen Inhalt – hätte ich davon Kenntnis erlangt – er zu seinen Lebzeiten mit mir ganz sicher erheblichen Ärger bekommen hätte, wenn – ja, wenn er ihn eben nicht in dieser besagten Schublade hätte verschwinden lassen ... obwohl, ‚verschwinden lassen' wollte er ihn ja vielleicht gar nicht, eben nur mal auf die Seite legen, um ihn dann – bei plötzlich auftretendem Papierbedarf – auf der blütenweißen leeren Rückseite als Notizzettel für ein neues Gedicht zu verwenden, für eines oder sogar für mehrere, Platz genug war da vorhanden ... auf der Rückseite, wohlgemerkt. Und die Mahnungen zu diesem Brief, die ereilte selbstverständlich das gleiche Schicksal.

Das Schicksal, das hat es mit Walter Zahorka, diesem Schriftsteller, diesem großen Idealisten, aber auch Egoisten, eigentlich immer gut gemeint, auch in schlechten Zeiten; denn immer dann, wenn er es wieder einmal dringend nötig hatte, war von irgendwo her Unterstützung gekommen, sei es

- bei seinen Aktionen im Prager Frühling, als er Straßenschilder vertauschen half, um die sowjetischen Panzer in die Irre zu führen

- bei der Flucht der ganzen Familie aus der von den Russen besetzten Tschechoslowakei

- bei seiner Ankunft in der BRD und der Suche nach einer Wohnung für die Familie

- bei seiner idealistischen Benefiz-Aktion, dem Fußmarsch durch Italien zu Gunsten von Behinderten und

- bei seiner Protestfahrt durch Europa für die Bürgerrechtsbewegung Charta 77 in seiner Heimat Tschechien

- bei seinem Neuanfang 1996, der ihn am DUDA-Eck nach Arbeitslosigkeit und kurzer Obdachlosigkeit dann als Verkäufer des „Straßenkreuzer" gerade mir über den Weg schickte

- bei seinen Veröffentlichungen durch den Straßenkreuzer für den Straßenkreuzer, für den er sich auch noch nach unserer Heirat lange als ehrenamtlicher Mitarbeiter in der Schreibwerkstatt engagierte

-       bei seinen Freunden und Kollegen im Werkkreis Literatur der Arbeitswelt und bei der Regionalgruppe Nürnberg des ‚Verbandes Deutscher Schriftsteller', die ihn trotz oder vielleicht gerade wegen seiner kleinen Schwächen gerne mochten und tolerierten, die ihn für eine Amtsperiode sogar zu ihrem Vorsitzenden wählten

-       und zuletzt – das muss ich, im Nachhinein betrachtet, wohl so sagen – zuletzt auch bei seinem Abschied von dieser Welt.

Schmerzlich war es für mich, dass er selber auf die falsche Spur gelotst hat, dass er die untersuchenden Ärzte durch das Jammern über seinen gebrochenen, aber doch schon längst verheilten Rückenwirbel irregeführt und damit unglücklicherweise von der eigentlichen Ursache seiner akuten Schmerzen abgelenkt hatte.

Schmerzlich, traurig – und doch barmherzig zugleich. Denn vielleicht ist ihm dadurch vieles erspart geblieben, was ihn in seinen letzten Wochen oder Monaten hätte unglücklich werden lassen.

Ein Walter Zahorka, der nicht mehr wenigstens einmal in der Woche mit seinen vielen Freunden gemütlich in einer Kneipe gesessen hätte, der dort bei ‚Gregor Samsa' dann nicht mehr in fröhlicher Runde seine neuesten Gedichte vorstellen und immer wieder auch mit Fremden darüber hätte diskutieren können – einfach unvorstellbar.

Sein Herrgott, an dem er viel gezweifelt und an den er doch irgendwie geglaubt hat, war gnädig mit ihm, diesem kleinen und so manches Mal wohl auch großen Sünder, der er war. Walter stellte oft

FRAGEZEICHEN

Und wo bleibst Du immer
Allmächtiger ohne Macht
In Eschede nicht dabei gewesen
nicht in Kaprun
auch nicht am Bodensee
früher mal nicht in Auschwitz
später nicht beim Prager Frühling

Nur im Weihrauch der Kirchen
oder demütig hinaufgehoben
ins Kichererbsenfeld der Sterne

finden wir
den Glauben an Dich zu bewahren
nicht leicht

oder:

Walfischchen
mit blinzelnden Äuglein
durchschwimmen das Sternenmeer
Irgendein Jonas
sitzt dort im Cockpit
und führt sie sicher zum Ziel
Mitreisende verbindet
der Glaube an ihn

Ja, dieser Zweifler und Dichter, den ich auch gerade wegen all seiner lieben Unzulänglichkeiten sehr vermisse, dieser leidenschaftliche Fliegerfan Walter Zahorka hat in diesem unendlichen Sternenmeer über uns nun hoffentlich endlich seinen Lieblingsflieger und Lieblingsdichter, sein großes Vorbild Antoine de Saint Exupérie getroffen, und zusammen werden sie sicher immer wieder einmal am Planeten des kleinen Prinzen vorbeifliegen, um dort die kleine Rose zu grüßen.

Im Gedenken an Antoine de Saint Exupérie schrieb er:

Für Euch Zurückgebliebene
pilotiere ich mein Poesieflugzeug
allen Naturelementen trotzend
durch die Finsternis
Eure
     ja
          eben
Eure Träume
mit Ikarus' Flügeln
weitertragend
zur ersten Sekunde
nach der Nacht

Und als meinen heutigen Geburtstagsgruß bekommt Walter von mir nun doch noch einmal mein Gedicht – oder ist es doch *sein* Gedicht? – zu hören, damit dieser Abend den verschmitzt zwinkernden Tonfall bekommt, für den dieser Poesiepilot, dieser Lyriker und charmante Erzähler Walter Zahorka, berühmt und beliebt war:

»Ballade vom Pseudo-Hausmann

Der Schlüssel dreht - nanu, zwei Mal?
Schon wieder nicht zu Hause!
Zum Donnerwetter noch einmal,
wo steckt denn der Banause?

Beim Frühstück hat er doch geschwor'n,
dass er uns Kaffee macht.
Mit einem Male ist mein Zorn
gleich wieder neu entfacht.

Staubgrau und schmutzig blinzelt mich
der Zimmerteppich an -
Ich ärgere mich fürchterlich
über diesen Mann!

Die Wäsche ist noch triefend nass -
wie kann denn das nur sein? -
und neblig trüb das Fensterglas,
das ist mehr als gemein.

Seit Wochen geht das nun schon so:
Er tut als ob er täte,
worum ich ihn mal ernst mal froh
von ganzem Herzen bäte.

Doch pilgert lieber er stattdessen
von einem Ort zum andern,
mit Literaten sich zu messen
und die Kultur durchwandern!

Wetten – er wird mir an der Tür
gleich mir eine Rose geben
und sagt: ich konnte nichts dafür -
es hat sich so ergeben!

Die Wohnung sieht – oh Schreck oh Graus –
spuck' ich nicht in die Hände,
ganz sicher noch genauso aus
am nächsten Wochen... *Ende!*

Doch auch das war Julia von Walter in Erinnerung geblieben:

Oft hatte er seine erste Ehefrau Hildegard und auch die Kinder Walter jun. und Hildusch in vielerlei Hinsicht überfordert, und er konnte nicht mit Geld umgehen.

Zu diesem existenziell wichtigen Zahlungsmittel hatte er nie ein vernünftiges Verhältnis. So kam es, dass er sich in seiner neuen Heimat viele Dinge kaufte, die er dann jedoch vom Lohn seiner mickrigen Gelegenheitsjobs und von dem schmalen Einkommen seiner Frau Hildegard - die eigentlich ausgebildete Erzieherin war, hier im Krankenhaus aber nur einen Job als Helferin bekommen hatte - letztendlich nicht bezahlen konnte.

Wenn Walter – wieder einmal – ganz spontan illustre Gäste mit nachhause brachte, dann wusste seine Hildegard nicht, was sie diesen Persönlichkeiten vorsetzen sollte; denn „Schmalhans" war oft Küchenmeister, und die zurückhaltende, sanfte, leise und zierliche Frau musste erleben, dass Walter ihr einmal den Suppentopf aus der Hand schlug, weil er etwas anderes auf dem Teller haben wollte.

Auch für den Umgang mit seinen Kindern hatte er wohl oft nicht die nötige Geduld aufgebracht. Seine Tochter erinnerte sich an so manche Schläge mit dem Hosengürtel…

Als er deswegen zuerst Frau und Familie verlor, er dann alle Mahnungen und Zahlungsbefehle ignorierte (denn er hatte sie vermutlich noch ungeöffnet auf der Rückseite als Notizzettel verwendet), ging der Gerichtsvollzieher bei ihm ein und aus, und folgerichtig verlor er nicht nur alle Bilder, die ihm seine Freunde geschenkt hatten, sondern letztlich auch seine Wohnung.

Die zahlreichen wertvollen Bilder, die ihm z.T. viele seiner Künstlerfreunde geschenkt hatten, wurden zwangsversteigert, als er seine Wohnung schließlich räumen musste. Walter Zahorka wurde obdachlos.

WIE NIEMAND ZU SCHEITERN WAGT

In meiner verwahrlosten Wohnung
voller vergilbter Bilder
vergangener Lieben
zwischen Gestern und Morgen
zwitschern Vögel
eines Paul Klee
denn Künstler sein
heißt scheitern
wie niemand zu scheitern wagt
meint Samuel Beckett
und ich nicke ihm zu
und ein
glaubend an Erwachen

***

Oft hatte Walter ohne Scheu davon erzählt, dass er im Keller der Gaststätte schief, in welcher er zu dieser Zeit kellnerte und quasi das „Faktotum", das „Mädchen für Alles" war. Mit dem Hund der Wirtsleute ging er „Gassi" durch die Nürnberger Altstadt und verfasste dabei hunderte Gedichte. Als Manuskriptmaterial dienten ihm dabei sämtliche Bierdeckel, Kellner-Rechenblöcke, Briefkuvert-Rückseiten…

Den größten Teil seiner damaligen Gedichte schrieb Walter „für Julia", in die er unsterblich, aber hoffnungslos verliebt war:

Schaue aus Deinem Fenster hinauf
zum dunkelblauen Nachthimmel
Er ist ein Briefumschlag
Deine Adresse steht drauf
in Sternenschrift gezeichnet
damit sie jeder Himmelsbote lesen kann
und in der rechten Ecke oben
der Vollmond
wie eine große goldene Briefmarke
Öffne diesen Brief
erst vor Sonnenaufgang
Er ist geschrieben auf der Morgenröte
Drei Worte stehen drin
milliardenfach wiederholt
in diesem unendlichen Brief
meiner Liebe zu Dir

***

Satelliten meiner Sehnsucht
kennen schon lange und zutraulich
die geschlossene Landschaft
deines Körpers
Manchmal begleite ich sie
von deinem Haarscheitel
bis zum Venusberg
um nach dem Blitz
unserer Verschmelzung
einzuschlafen

***

In meiner einzigen Weltsprache
die ich gelernt
versuche ich Liebesgedichte zu schreiben
Rückert und Rilke
drehen sich im Grabe rum
vor Lachen
aber Mehring klatscht mir zu
und Brecht ist sogar eifersüchtig

nicht auf meine Gedichtlein -
auf Dich

***

   Verliebt, so dachte sich Juia insgeheim, war Walter eigentlich immer, doch am meisten wohl… in sich selbst, und sie fragte sich, ob es vielleicht die Traumata seiner Kindheit waren, die er nicht bewältigen konnte?

ERKENNTNIS

In meinem Herbst
fand ich auf der kalten
nassen Straße eine Mutter
Ich beugte mich tief zu ihr
nahm sie in die Hand
und sagte
MAMINKO
Sie blieb kalt
wie damals in meiner Kindheit
so kam es mir jedenfalls vor

als ich mir die Sechseckige
in meine Jackentasche schob
mir
einer alten eingerosteten Schraube
die manchmal
wahrscheinlich noch kälter war
zu den eigenen Kindern

Eltern sein
müsste man lernen
besser noch studieren
am besten gleich beim Meister
JOHANN AMOS COMENIUS
der in Naarden schläft
über 400 Jahre schon

***

Auch an Walters Erzählung über die Besatzung durch die Deutschen in der damaligen Tschechoslowakei erinnerte sich Julia noch genau. Der Landrat der Kreisstadt Budweis war eines Tages wieder einmal zum Großvater, dem stellvertretenden Bürgermeister, zu Besuch gekommen und hatte den damals achtjährigen Walter freundlich gefragt: „Na, kleiner Mann, was willst du denn später einmal werden?"

Der Naseweis hatte wie aus der Pistole geschossen geantwortet: „Wenn ich groß bin, dann werde ich Pilot, und dann bombardiere ich die Deutschen, und weil ich ‚Heilen' kann, können sie mir gar nichts tun!"

Großvater, Mutter und Großmutter waren schneeweiß geworden. Doch zum Glück lächelte der Landrat nur nachsichtig, strich dem kleinen Walterchen übers Haar, verabschiedete sich freundlich und fuhr wieder ab.

„Du kleiner Idiot!" hatte der Großvater dem kleinen Enkel zugerufen. „Willst du denn, dass wir alle nach Auschwitz kommen?"

Der Großvater, Leopold Schweighofer, wurde 1945 vertrieben und kam – schon hochbetagt -, wie Walter erst spät erfahren hatte, in ein Sammellager bei München. Die Familie hat danach nie wieder etwas von ihm gehört.

> Ich roch noch ein wenig
> am Schießpulver des Zweiten Weltkriegs
> Ein bisschen süchtig geblieben
> singe ich manchmal
> für mich so ganz alleine
> wie ein zwölfjähriger Knabe
> das England-Lied
> Damals ein kleiner Pimpf gewesen
> später dann Gruppenführer
> der Pionier-Organisation
> kann ich auch
> Die Partei hat immer Recht
> anstimmen
>
> Epigonen beider Epochen
> verabscheue ich bemitleidend

***

Keine Frage: Er war ein liebenswerter, aber egoistischer Idealist, ein kleiner „Schlawiner", dem der böhmische Schalk im Nacken saß und der am liebsten die ganze Welt verbessert hätte - natürlich im sozialistischen Sinne, so wie er ihn verstand.

Zweifellos besaß er aber immer einen Schutzengel, dachte Julia, besonders in der Zeit, als sein miserabel bezahlter Arbeitsplatz verloren ging, weil die Wirtsleute aufgaben, und als Walter dann zunächst den Weg zum Sozialamt nicht fand...

Dieser Schutzengel sorgte eines Tages dafür, dass Walters Wege sich mit denen des Sozialpädagogen Wolfgang A. Senft kreuzten, der für die Caritas tätig war und der ihm den Weg in die Wärmestube der Caritas und zum „Straßenkreuzer" wies, wo er nicht nur wieder regelmäßig warme Mahlzeiten bekam, sondern auch neuen Lebensmut.

Mit meinen dritten Zähnchen
zurück zum Leben durchbeißen
Schon knabbere ich tapfer
an harter Rinde des Alltags
und reichst Du mir
ein einziges Glas Wasser
berühre ich Sterne

***

Wie Julia erfahren hatte, bekam er dann vorübergehende eine Bleibe in einer kleinen Pension und wurde wenig später Mitarbeiter in der Schreibwerkstatt des Magazins für Menschen in sozialer Not. Außerdem wurde Walter Zahorka auch „Straßenkreuzer"-Verkäufer, und an seinem Verkaufs-Stammplatz am „DUDA-Eck" in Nürnberg - dem früher beliebten und bekannten Schuhhaus, das es heute nicht mehr gibt - mischte das Schicksal für Walter eines Abends die Karten neu.

Eine Dame mittleren Alters, die gerade von der Abendschule der IHK auf dem Nachhauseweg war und nur noch achtzig Pfennige Wechselgeld in ihrer Manteltasche hatte, wollte mit diesen paar Groschen noch etwas Gutes tun und schenkte sie ihm. Wer diese Dame war? Dreimal darf geraten werden...

Walter ergriff diese Gelegenheit, um die fremde Dame einzuladen zu seiner nächsten Lesung, die am vierten Januar in einem russischen Restaurant in der Altstadt stattfinden würde. „Wissen Sie", sagte er, „ich bin nämlich Dichter und habe vor vielen Jahren in meiner Heimat schon einen Staatspreis für junge Dichter gewonnen!" Und dann zeigte er dieser Dame sein neuestes Gedicht, das er auf seiner Schreibmaschine geschrieben hatte:

Ich glaube nicht an Pechbringer
Ein schwarzes Kätzchen
kann mir hundert Mal am Tag
über den Weg laufen
und verstreutes Salz
erschreckt höchstens Schaufel und Besen
Ich glaube mehr an Glücksbringer
und das ist meine alte Schreibmaschine
und ein neues Gedicht das aus ihr
seine lange Zunge streckt
Und es ist der heutige Morgen
der wie ein Briefträger
Liebesbriefchen verspricht
und besonders Du bist es

Hmm

Die Dame war sehr interessiert. Sie las das Gedicht und dachte bei sich: Das hat Qualität! Das ist nicht einfach nur so ein Allerwelts-Gedicht... Und sie sagte ihm zu, ganz sicher zu seiner Lesung zu kommen. Die allerdings fiel „ins Wasser", denn die Wirtin hatte vergessen, die versprochenen Werbeflyer zu verteilen – was dann zu einer Privatlesung in kleinstem, aber erlesenem Kreis führte, denn auch Nadu Schmidt, eine renommierte Nürnberger Mundart-Dichterin, war mit ihrem Mann und einigen anderen Freunden gekommen. Es wurde ein fröhlicher wunderbarer Abend, und selbstverständlich kam die nun schon nicht mehr ganz fremde Dame auch zur nächsten Lesung...

Julia, die auch in Walters Freundeskreis herzlich aufgenommen wurde, arbeitete zu dieser Zeit schon lange in einer Immobilienverwaltung. Nach einiger Zeit ihrer Bekanntschaft sorgte sie dafür, dass Walter Zahorka eine kleine Ein-Zimmer-Wohnung mit Kochnische bekam. Dafür war sie das Wagnis eingegangen, für ihn eine Mietbürgschaft zu übernehmen... Sie übernahm auch sonst sehr viel für ihn, bis sie eines Tages überlegte, dass es nicht nur finanziell für beide von Vorteil sein würde, wenn er zu ihr zöge und sie beide heiraten würden.

Ihre Freundin reagierte darauf sehr erschrocken und sagte: Der Mann ist ein Schmarotzer. Doch das sah Julia anders und schlug diese Warnung in den Wind... Der Sozialpädagoge Wolfgang A. Senft, der Walter den Weg zurück ins „normale" Leben geebnet hatte, schrieb darüber 2005 in seinem Nachruf für Walter, sie habe „den Stern Walter Zahorka noch einmal zum Leuchten gebracht".

Alles hat - mindestens - zwei Seiten. Es kommt immer nur auf den jeweiligen Blickwinkel an.

Als Walters zweite Ehefrau wurde Julia schon bald nach ihrer Heirat unvermittelt zur Pendlerin, und zwar täglich zwischen Nürnberg und Stuttgart. Siebenuhrachtundzwanzig bis Neunzehnuhrsechs oder auch erst Einundzwanziguhrsechs... im Wechsel mit Fünfuhrachtundzwanzig bis Sechzehnuhrsechs... oder auch erst Neunzehnuhrsechs – waren die Abfahrt- und Ankunftszeiten des IC auf ihrem täglichen Arbeitsweg. Doch schon vor dem Verlassen des Hauses gab es reichlich Stress – verbale Verhinderungen, Palawer über eigentlich Unwichtiges... Walter bereitete für seine Frau immer zwei Tassen Kaffee, obwohl sie bei all dem, was es früh morgens für sie zu tun gab, bis zu ihrem Aufbruch meistens nur eine halbe Tasse schaffte. Die halbe Tasse Restkaffee trug er ihr dann regelmäßig bis zur Tür hinterher, denn sie musste doch noch austrinken... Aber sie war ohnehin schon wieder spät dran und schafft es immer gerade noch so, dass ihr der Zug nicht vor der Nase wegfuhr. Der nächste wäre erst in zwei Stunden gefahren...

Jeder Tag begann mit dieser Hektik, und er endete sehr häufig damit, dass er ihr kurz vor Mitternacht unbedingt noch die so ungeheuer wichtigen Neuigkeiten aus dem „Spiegel" vorlesen wollte... doch um Fünf klingelte für sie der Wecker.

„Ich will mit positiven Gedanken einschlafen", sagte sie, „und bleib bitte morgen früh so lange im Bett, bis ich aus der Türe bin!" Das hätte sie allerdings (sprichwörtlich) auch gleich dem ‚Ochsen auf der Fleischbrücke' sagen können...

Dass Walter Zahorka zu seinen Lesungen relativ pünktlich erschien, lag meistens daran, dass Julia ihn schließlich in letzter Minute doch noch mit dem Auto hinbrachte. Wer weiß, wann er sonst dort angekommen wäre...

Und es gab da eine Schublade: Walters Schublade, die Julia erst Tage nach seinem Ableben öffnete. Was sie da fand, waren viele ungeöffnete Briefe - auch solche, die eigentlich an sie adressiert gewesen waren – und... Rechnungen, alle natürlich noch unbezahlt und rückseitig verwendet als... ? Richtig: Notizzettel !

Auf seinen Wegen durch die Künstlertreffs der Stadt Nürnberg und durch seine Stammkneipen war Walter eines Tages über zwei Neonazis „gestolpert", die erkennbar am Zugang zur Rolltreppe an der U-Bahnstation Plärrer standen. Walter – engagierter Gegner von Rechtsradikalen – konnte es sich (in angetrunkenem Zustand) nicht verkneifen, zu sagen: „Wie die Väter, so die Söhne, dröhne, Hitlertrommel, dröhne!"
Zwei Stunden später erhielt seine Frau einen Anruf aus der Erler-Klinik. Sie sollte Walter dort abholen. Die beiden Nazis hatten ihn die Rolltreppe hinabgestoßen, und Walter hatte sehr viel Glück, dass er sich bei diesem Sturz nur die Schienbeine blutig geschlagen hatte.

In der Erler-Klinik landete er ein Jahr später wieder, aber mit sehr viel schwerwiegenderen Folgen. Er war auf der vereisten Zugangstreppe zur U-Bahn ausgerutscht, als er unbedingt den beinahe schon wieder abfahrenden Zug noch erreichen wollte. Dieser Treppensturz hatte ihm einen gebrochenen Rückenwirbel beschert und zu wochenlangem Aufenthalt im Bett verurteilt. Zwar konnte er diese Zeit zuhause verbringen; doch ohne viele Hilfsmittel, die seine erfinderische und praktisch veranlagte Frau ihm „bastelte", wäre die Heilung vielleicht nicht so gut verlaufen.
So manches Mal stolperte Walter in reichlich angetrunkenem Zustand durch Nürnbergs Altstadtgassen. Zwar saß er an einem Glas Weizenbier bis zu zwei Stunden, wenn er wie üblich Bierfilze und Rechenblöcke der Kellner mit seinen neuesten Eingebungen bekritzelte; denn schließlich musste er jeden Gedanken sofort zu Papier bringen, bevor der sich

wieder verflüchtigt hatte. Doch er genoss dazu nur allzu gerne einen Slivovitz oder böhmischen Rum… Wenn er in diesem Zustand spät nachts die Haustüre aufschloss, dann war seine Frau Julia – sicherheitshalber – schon einmal Schlafen gegangen; andernfalls hätte ein sehr heftiges Gewitter die Nacht zerrissen …

Eines solchen Abends war das längst überfällige Gewitter dann tatsächlich losgebrochen, und Walter war wutentbrannt wieder zur Türe hinausgestürmt. Da entschloss sich die nicht weniger erzürnte Julia dazu, ihm seine Reisetasche zu packen. Sie suchte alle Utensilien zusammen, die er für die nächsten zwei oder drei Tage brauchen würde, legte noch ein paar Geldscheine dazu und stellte ihm diese Tasche vor die Wohnungstüre. Die Tür schloss sie ab und ließ den Schlüssel stecken.

Etwa eine Stunde später hörte sie, dass die Haustüre ging und war gespannt, was nun passieren würde. Der Versuch, die Wohnungstüre aufzuschließen, musste zwangsläufig misslingen. So geschah es auch, und nach mehreren missglückten Anläufen und vergeblichem Läuten herrschte für einige Minuten völlige Stille. Dann fiel die Haustüre wieder ins Schloss.

Der nächste Tag war ein Samstag, und früh am Morgen klingelte es an der Tür. Nach langem Zögern und reiflicher Überlegung entschloss sich Walters Ehefrau, ihm doch noch einmal eine Chance zu geben und öffnete ihm schließlich. Julia hatte noch genau vor Augen, wie zerknittert und etwas durchgefroren Walter die Wohnung betreten hatte und beichtete, dass er auf einer Wiese unter einem Apfelbaum geschlafen habe.

Sie sagte ihm, dass er das nächste Mal, falls er es wieder soweit kommen ließe und es ein solches Mal geben sollte, mit absoluter Sicherheit auf der Straße stehen werde, trotz seines Alters. Es könne nicht sein, dass sie sich Woche für Woche diesen Dauerstress antue, um auch für seinen Lebensunterhalt zu sorgen, und als Dank zu Hause einen Mann vorfinde, der die Wohnung im Chaos versinken lässt, der es wichtiger findet, in seine Künstlertreffs zu gehen, als seine Frau im Haushalt zu unterstützen. Wenn er nicht in sich gehe, würde er die Konsequenzen tragen müssen…

Der zerknirschte und reumütige Walter Zahorka nahm sich daraufhin etliche Wochen selbst an die Kandare und kam danach - Schritt für Schritt - langsam, aber sicher, wieder in seinen alten Schlendrian zurück.

Als sie ihm aus der Biographie von Marcel Reich-Ranicki vorlas, stand darin, dass alle Lyriker Egoisten wären, und sie fragte ihn: „Woher kennt der dich so gut?"

Aber die langen gemeinsamen Gespräche über Gott und die Welt, ihre gleichen vielseitigen Interessen, die vielen berührenden Augenblicke, wenn sie über traurige Szenen in einem Film beide zugleich weinten und sich dabei die Hände reichten, die gleiche Wellenlänge eben – all das wog vieles andere auf.

Gerne erinnerte sich Julia auch daran, dass Walter für das Nürnberger Magazin für Menschen in sozialer Not, den „Straßenkreuzer". mehrere Benefiz-Lesungen organisierte und zum Verkauf für die Straßenkreuzer-Verkäufer mehrere lyrische und satirische Bändchen veröffentliche. Danach verlegte dann der Geest-Verlag seinen Lyrikband „Erschlossene Landschaften" und gemeinsam mit dem ukrainischen Schriftsteller Serhij Zhadan veröffentlichte Walter den zweisprachigen deutsch-ukrainischen Band „Listy Romea".

Serhij Zhadan, ein studierter Germanist, den Julia auch heute noch immer wieder einmal persönlich trifft, wenn er im Literaturhaus der Stadt auf Einladung des

Partnerschaftsvereins eine Lesung hält, gehört heute mit seinen grotesken satirischen Romanen wie „Hymne auf die demokratische Jugend", „Depeche Mode", „Mesopotamien" und „Die Erfindung des Jazz im Donbass", besonders aber mit seinem preisgekrönten Roman „Internat" zu den besten und auch in Deutschland bekannten Schriftstellern der Ukraine. Er wurde mit dem Friedenspreis des Deutschen Buchhandels ausgezeichnet.

Die gute Verbindung und Freundschaft zu seinen Schriftstellerkollegen in Charkiw, der Partnerstadt Nürnbergs, führte Walter Zahorka in der Zeit zwischen 1998 und 2004 mehrmals im Auftrag des Amtes für Internationale Beziehungen und zusammen mit den ehrenamtlichen Vorständen des Partnerschaftsvereins Nürnberg-Charkiw in die Ukraine. Dort fanden in Charkiw dann zusammen mit anderen Nürnberger Schriftstellerkollegen im „Nürnberger Haus" und am Gymnasium 23 mehrfach Lesungen mit den Dichterkollegen aus Charkiw statt. In diesem Gymnasium, das inzwischen auch von russischen Raketen stark beschädigt wurde, unterrichtete seinerzeit die Dichterin Oleksandra Kowaljowa ukrainische Schüler in der deutschen Sprache.

Die Lesungen der deutschen Schriftsteller fanden sehr viel Interesse und die kulturellen Beziehungen zwischen den beiden Städten wurden ständig vertieft. Bei solchen Treffen waren die Teilnehmer immer privat untergebracht. Walter übernachtete daher oft bei der Mitarbeiterin des Kulturdezernats, Natalja Woronina, und erlebte die missliche wirtschaftliche Lage der Ukraine am eigenen Leib; denn der Strom wurde immer wieder stundenweise abgedreht und in den Wintermonaten stellte man in der Nacht die Heizung ab. Das hatte zur Folge, dass Natascha am nächsten Morgen zuerst das in einem Eimer eingefrorene Wasser wieder auftauen musste, damit man sich Waschen konnte...

Als „Hermann-Kesten-Stipendiaten" aus Nürnbergs Partnerstädten kamen im Gegenzug auch die Schriftsteller aus Charkiw zu Lesungen in die Stadtbibliothek nach Nürnberg, und ein soziales Projekt ermöglichte es auch Kindern aus der Tschernobyl-Zone, in Nürnberg einige Ferienwochen zum Kräftesammeln und Erholen verbringen zu können.

Erst jetzt wurde Julia wieder bewusst, dass Walters Ur-Ur-Urgroßvater der in Tchechien sehr bekannte Petr Chelčický (1390 – 1460) war, Prediger, Theologe und Gründer der Kirche der Böhmischen Brüdergemeinde (Jednota bratrska), der sich zu Jan Hus bekannte und auch als Schriftsteller bekannt wurde. Sicher wäre dieser Urgroßvater stolz auf seinen engagierten und literarisch umtriebigen Ur-Ur-Urenkel gewesen.

Vielleicht hätte er ihm aber auch deutlich gesagt, dass er sich vor zu viel Tabak und zu viel Alkohol besser in Acht nehmen solle. Beides hat sein Ur-Ur-Urenkel reichlich genossen, und alles hinterlässt Spuren, welcher Art auch immer.

Seine Arterien haben Walter Zahorka das viele Nikotin übelgenommen und wurden brüchig. Bemerkt wurde das – wie so oft – zu spät. Der Arzt im Krankenhaus entschuldigte sich, dass man dieses äußerst seltene Phänomen auf dem Röntgenbild nicht hatte erkennen können und dass es trotz langen Bemühens nicht gelungen sei, ihn zu reanimieren... Julia hat es ihm nicht zur Last gelegt. Sie hatte erfahren, welche großen Risiken eine vielleicht „gelungene" Notoperation für Walter zur Folge hätte haben können; denn häufig kommt es bei einer so langwierigen Operation zu einem Schlaganfall, und deshalb war es so, wie es kam, für Walter - ganz in seinem Sinne - die bessere Lösung.

Und so hat am 28. Februar 2005 ein Aneurysma am Herzen, das der Symptome wegen zunächst einen Herzinfarkt vermuten ließ, seinem quirligen, unsteten und umtriebigen Leben ein jähes Ende bereitet.

In vielen Gesprächen, die zum größten Teil natürlich aus seinen lebhaften Monologen bestanden, hat Walter sich an viele ihm unvergesslich gebliebene Episoden seines unsteten und umtriebigen Lebens erinnert und darauf gehofft, dass, durch seine Julia daraus einmal eine Biographie entstehen würde. Diesen Wunsch hatte sie ihm, wenn auch spät, schließlich 2017 erfüllt.

Bald auf dem halben Weg zu Dir
vom Winter zum Frühling
da bleibe ich sitzen und warte
Zwischen Schneeglöckchen und Nachtfrost
warte ich auf Dich
Du kommst
das weiß ich
Den Wolf deiner Gleichgültigkeit
hetzt Du nicht auf meine Spur
das weiß ich
und auch
dass Du mich nicht erfrieren lässt
Ich warte
Du kommst

Walter Zahorka

Ein immer lauter werdendes Motorengeräusch riss Julia aus ihrer Gedankenversunkenheit. Sie richtete ihren Blick in den Himmel und entdeckte eine Cessna, die über der Bucht in Richtung des kleinen Berggipfels unterwegs war, auf dem eine neue Buddha-Statue im Entstehen war. Als ihre Augen auf dieser noch unfertigen riesigen Statue angelangt waren, kam ihr unvermittelt und ganz deutlich wieder in den Sinn, woran sie sich erst vor wenigen Wochen zuhause auf ihrem Balkon erinnert hatte:

Der bedeckte, noch dunkle Morgenhimmel hatte zu sehr früher Stunde über ihrem Haus ein Schaufenster offen gelassen, durch das sie Sterne sehen konnte. Dort vorne links erkannte sie den großen Wagen, und genau über ihr stand Cassiopeia. Sie genoss diesen Anblick und lauschte dabei auf die leisen, weit entfernten Geräusche, die von der Hauptstraße herüberdrangen. Genüsslich trank sie einen Schluck aus ihrer Tasse mit frisch gebrühtem Kaffee. Als sie dabei ihren Kopf weiter nach hinten neigte, fiel ihr zu ihrer Überraschung auf, dass da noch eine Cassiopeia zu sein schien, links vom Großen Wagen, und viel kleiner, aber ganz klar auch ein „W". Während sie noch darüber nachgrübelte, welches denn nun das richtige „W" sei, schob sich lautlos blinkend ein Flugzeug in Richtung Südwest über den Himmel.

Das konnte noch nicht die Maschine sein, mit der die Freundin ihrer Schwägerin bald nach Kalkutta starten würde. Die war jetzt morgens um Halb-Fünf gerade erst mit dem Zug in Frankfurt angekommen und stand vermutlich in der Warteschlange am Check-in-Schalter.

Es war schon fünfundzwanzig Jahre her, dass auch sie in Frankfurt nach Indien eingecheckt hatte, zu einer Rundreise, die sie drei Wochen mit Bus und Flugzeug quer durch dieses riesige Land geführt hatte. Am Ende dieser Reise stand für sie damals ebenfalls Kalkutta. Die anderen Reiseteilnehmer waren schon von Bombay aus, das seit einigen Jahren nun wieder Mumbai hieß, in die Heimat zurückgeflogen. Sie aber hatte einen Anschlussaufenthalt in Kalkutta gebucht, um dort endlich ihren alten Brieffreund zu besuchen, mit dem sie damals schon seit zwanzig Jahren in Kontakt stand.

Der Himmel über ihr wurde beinahe unmerklich heller. Allmählich verblassten die Sterne und mit ihnen auch das Gefühl, in diesem unfassbar riesigen Universum nur ein zweibeiniges Staubkorn zu sein.

Über Indiens Landschaften war ihr der Himmel märchenhaft erschienen, weitab von den Großstädten. Am Tag hatte ein himmlischer Maler ganz verstreut kleine weiße Wölkchen in ein strahlendes Blau hineingetupft, und bei Nacht entfaltete sich ein glitzerndes Firmament in seiner vollen Pracht.

Doch diese Pracht spiegelte sich bei Tag nur in den zahlreichen Tempeln wider und in den Fürstenpalästen, die zum größten Teil längst zu Hotels geworden waren, damit die enormen Kosten für ihren Erhalt aufgebracht werden konnten.

Auf den Straßen hingegen war von all dieser Pracht der Vergangenheit nicht mehr viel zu erkennen, nicht einmal an den stattlichen Bauten der ehemaligen Kolonialherren, aus deren Dächern längst Büsche und Bäume wuchsen.

Ob sich daran in den vergangenen fünfundzwanzig Jahren etwas verändert hatte? Durch die Medienberichte der jüngsten Zeit hatte Julia erfahren, dass es in den Großstädten viele moderne Neubauten gab. Hatte sich das Alltagsleben der Bevölkerung durch all die technischen, vor allem elektrotechnischen und digitalen Errungenschaften der letzten Jahrzehnte spürbar verbessert?

Das konnte wohl nur die Freundin ihrer Schwägerin richtig einschätzen, die selbst schon mehr als dreißig Jahre in den

USA lebte und die jetzt nur eine kurze Visite bei indischen Verwandten und Freunden machen würde.

Auch Tochter und Schwiegersohn von Julias langjährigem Brieffreund waren als IT-Ingenieure vor Jahren in die USA gegangen.

Vor nun schon fünfunddreißig Jahren hatte Sen mit seinem gleichfalls indischen Kollegen am Mittagstisch in der Kantine gesessen, als Julia sich zu den beiden an den Tisch setzte. Sie fand es ärgerlich und unangenehm, ja sogar beschämend, dass keiner der anderen Mitarbeiter das tat. Außerdem war sie natürlich neugierig, woher die beiden kamen und welchen Beruf sie ausübten. Als sie erfuhr, dass diese beiden Inder frisch gebackene Elektroingenieure waren, die für ein halbes Jahr zum Praktikum in diese Firma gekommen waren, staunte Julia nicht schlecht. Mit einem Deutschkurs am Goetheinstitut hatten sie sich auf ihre Zeit in Deutschland vorbereitet. Doch Julia nutzte diese Mittagsbekanntschaft als eine gute Gelegenheit, ihr Englisch zu üben.

Sie blieb mit Sen in Briefkontakt, besorgte ihm im Laufe der nächsten Jahre ein Uher-Tonbandgerät bester Qualität und informierte ihn ein- bis zweimal jährlich mit ihren Briefen über alles, was in Deutschland geschah, philosophische Anmerkungen inbegriffen. Er ließ sie wissen, dass auch seine Frau es liebte, ihre Briefe zu lesen. Swapna hatte Sanskrit studiert, die indische Hochsprache vergangener Zeiten, vergleichbar vielleicht mit Europas Latein oder Alt-Griechisch, denn beide gehörten der Kaste der Bramahnen an, der höchsten hinduistischen Gesellschaftsschicht.

Bald schon hatte Sen bei seinem Arbeitgeber, einem großen Elektrokonzern, gekündigt und eine eigene Firma gegründet. Ab und zu bat er Julia um Unterstützung bei kleinen Gefälligkeiten und einmal übersetzte sie für ihn sogar eine technische Anweisung, für die sie lange vergeblich nach der Übersetzung für den Begriff »bördeln« suchte.

Unterstützung aus dem Internet gab es damals noch nicht. Schließlich umschrieb sie dieses Wort durch eine längere Beschreibung des Vorgangs, den sie aus ihrem Berufsalltag gut kannte; denn sie war im Einkauf für Werkzeuge und Maschinen tätig und mit diesen Begriffen vertraut.

Die Briefwechsel mit Sen halfen Julia sehr dabei, mit ihren Englischkenntnissen ‚am Ball' zu bleiben, obwohl sie diese Sprache beruflich später nur selten gebrauchte. Doch auf ihre Rundreise hatte sie sich dann noch einmal gründlich vorbereitet und beharrlich den Grundwortschatz von Langenscheidt geübt. Diese Fleißarbeit kam ihr auf dieser Reise, ihrer ersten großen Fernreise, sehr zu Gute.

Indien – das war eine völlig andere Welt, faszinierend und erschreckend zugleich:

So viel kunterbuntes Menschengewimmel, so viel lärmenden Verkehr, so viel Hitze und Staub, so viele herrliche Paläste, so viele riesige Tempel, so viele Opfergaben bringende Gläubige, aber auch so unglaublich viele bettelnde und körperlich verkrüppelte Menschen!

Schon fast am Ende der langen dreiwöchigen Rundreise angekommen, erklärte die noch junge Reiseleiterin nach der Besichtigung eines Tempels auf Julias Nachfrage hin, dass viele der total verarmten Familien – aus der Kaste der ‚Unberührbaren' -, die auf der Straße lebten, schon bei ihren Babys die Gliedmaßen absichtlich verkrüppelten. Damit ließ sich beim Betteln gutes Geld verdienen! Die Touristen waren durch diesen Anblick immer zu Tränen gerührt und öffneten ihre Geldbeutel…

Julia war schockiert.

Dann erinnerte sie sich daran, dass sie während der Vorbereitung auf diese Reise in dem sehr ausführlichen Reiseführer noch viel schrecklichere Dinge gelesen hatte: die Geburt eines Mädchens war für jede Familie auch heute noch ein Unglück, eine große finanzielle Belastung; denn obwohl es gesetzlich längst verboten worden war, musste die Familie der Frau noch immer eine hohe Mitgift an die Familie des künftigen Ehemannes bezahlen, um das Mädchen verheiraten zu können. Tat sie das nicht, dann blieb ihnen die Tochter ein Leben lang auf der eigenen Tasche sitzen.

Die Mitgift und die Heirat selbst konnte eine Familie meist nur bezahlen, indem sie zum Geldverleiher ging und große Schulden machte.

Doch die eigentliche Katastrophe kam erst danach. Alle Zeitungen waren immer wieder voll mit Meldungen darüber, dass unglücklicherweise wieder einmal eine junge Frau in ihrer Küche verbrannt war. Es gab ganz offensichtlich eine raffinierte Methode, sich die junge Frau, die traditionsgemäß stets gezwungen war, in das Haus ihrer Schwiegereltern zu ziehen, durch ein arrangiertes Unglück in der Küche am Herd vom Hals zu schaffen. So konnte der untröstliche Witwer sich bald schon ein neues Opfer suchen...

Für die Familie von Julias Freund Sen trafen solche fürchterlichen und kriminellen Verhältnisse Gottseidank nicht zu. Er und seine Frau lebten in großem Wohlstand. Als Swapna mit ihrem zweiten Kind schwanger war und gesundheitliche Probleme bekommen hatte, da hatte der Arzt die Eltern gefragt, ob sie dieses Kind denn wirklich haben wollten, denn er stellte fest, dass es wieder ein Mädchen werden würde. Er war sehr überrascht, dass sie beide ‚Ja' sagten, und Sen erzählte seiner deutschen Freundin Julia, dass es jetzt nur ein Problem gäbe: wenn er sterben würde, dann müsste wohl einer seiner Schwiegersöhne den Holzstapel anzünden, auf dem er verbrannt würde. Normalerweise war diese Zeremonie traditionell die Aufgabe des ältesten Sohnes.

Auf ihrer Sonnenliege in dem thailändischen Hotel hoch über dem Strand schoss Julia sekundenschnell der Gedanke durch den Kopf, dass seine beiden Töchter in der Zwischenzeit schon längst studiert hatten und verheiratet waren. Die ältere der beiden war mit ihrem Mann, einem IT-Ingenieur, auch einige Jahre in den USA gewesen. Sen hatte Julia aber schon vor einem Jahr wissen lassen, dass seine Tochter bald zurückkommen würde, um seine Firma zu übernehmen.

Zusammen mit seiner älteren Tochter, der damals Fünfzehnjährigen, die ein privates College besuchte und schon sehr neugierig war auf diese ihr noch unbekannte Deutsche, hatte ihr Freund Sen Julia im Februar 1991 vom Flughafen abgeholt. Mit Sens typisch indischer Limousine schon älterer Bauart waren sie zu dem Mittelklassehotel gefahren, das Julia für diesen Anschlussaufenthalt zusammen mit der Rundreise bereits im Voraus gebucht hatte. Für den nächsten Tag trafen sie Verabredungen zu Besichtigungen in dieser Millionenstadt und für den übernächsten Abend bekam Julia eine Einladung zum Abendessen in Sens Haus.

Seine Frau Swapna hatte offenbar den ganzen Tag nur damit verbracht, indische Spezialitäten für die deutsche Freundin ihres Mannes zu kochen und Julia, die von ihrem Mittagsimbiss noch gesättigt war, stand sprachlos vor einer reich gedeckten Tafel! Sie wollte ihre Gastgeberin nicht enttäuschen und schon gar nicht beleidigen, aber selbst für einen sehr hungrigen Magen wäre das alles viel zu viel gewesen! Julia war in einem königsblauen Seidensari, ihrem Souvenir aus Hyderabad erschienen und bekam Komplimente darüber, wie fachgerecht sie dieses Kleidungsstück gebunden hatte. Sie ließ sich von Swapna gerne Empfehlungen geben, was sie von all diesen aufgetischten Köstlichkeiten unbedingt probieren sollte, und sie genossen zusammen einen sehr entspannten Abend.

Als Julia ihren Gastgebern von den Erlebnissen auf ihrer Rundreise erzählte, da erinnerte sie sich auch an eine

Episode, die sich auf einer Tagesfahrt mit dem Reisebus ereignet hatte: Der Bus hatte Probleme mit der Motorkühlung und wurde in einem kleinen Dorf in die dortige Werkstatt gefahren. Es war ein neuer Kühlschlauch nötig, der aber erst besorgt werden musste. Die Reiseleiterin ließ sich erklären, dass es mindestens eine Stunde dauern würde, bis der Bus wieder fahrbereit sein konnte. Deshalb hatten nun alle Teilnehmer diese Stunde zur freien Verfügung und gingen in alle Richtungen auseinander.

Julia hatte nur ein kurzes Stück vor dem Dorf einen Teich gesehen, in dem eine ganze Herde Wasserbüffel badete. Dorthin ging sie nun zurück und beobachtete junge Männer dabei, wie sie ihre Wasserbüffel mit langen Bürstenbesen sauber schrubbten. Das schien den Tieren sehr gut zu gefallen, ja, sie genossen es sichtlich! Julia hatte ihren Fotoapparat zur Hand genommen, fotografierte vergnügt diese Szenerie und wollte dann von der gegenüberliegenden Seite, die einen freien Blick auf eine wunderbare Landschaft erlaubte, ebenfalls Fotos machen. Doch in der Zwischenzeit war sie von einer ganzen Horde von Kindern umringt, die sie schon neugierig beobachtet hatten und die nun unbedingt auch mit auf ein Foto wollten. Sobald Julia den Fotoapparat in Position brachte, schob sich die ganze Kinderschar davor und versperrte die schöne Aussicht. Ein Foto mit dieser Schar, das wäre ja in Ordnung gewesen, aber nur noch diese Kinder – auf jedem Bild?! Das wurde Julia dann doch zu viel und sie machte verärgert ein paar Schritte rückwärts, um einen Standplatz zu bekommen, von dem sie über die Kinder hinwegsehen konnte. Plötzlich sackte sie in die Tiefe - ihr linkes Bein war weg!

Mehr verblüfft als erschrocken blickte sie nach unten und musste erkennen, dass sie in ein Loch getreten war, in dem vorher sicher einmal ein Straßenbegrenzungspfosten gesteckt hatte. Da brach sie in ein schallendes Gelächter aus, das sie regelrecht durchschüttelte, und die Dorfkinder, die gerade noch sehr erschrocken alle einen Schritt zurückgewichen waren, stimmten sehr erleichtert in Julias Lachen mit ein!

Auch Swapna und Sen lachten nun mit, waren aber froh, dass nichts weiter passiert war.

Danach erfuhr Julia mehr über den Haushalt einer Inderin, über die für Europäerinnen völlig unbekannten und ungewohnten Schneidegeräte: Es gab lange gebogene Messerklingen, die auf einem schweren Holzbrett senkrecht in die Höhe standen und auf dem Fußboden stehend dazu benutzt wurden, großes Gemüse zu zerteilen, indem man es von oben nach unten über diese Klinge zog. Sie erfuhr auch, dass Swapna eine Hausangestellte hatte, die im Haushalt und in der Küche mithalf. Diese Bedienstete war ihrem Ehemann schon vor Jahren davongelaufen und hatte bei Sen und seiner Frau Asyl und Arbeit gefunden. Sen erzählte, dass dieser Ehemann es einige Male mit Gewalt versucht hatte, seine Frau wieder in sein Dorf zurückzuholen, aber Sen hatte das erfolgreich verhindern können.

Neben ihrem Arbeitslohn standen dieser Haushaltshilfe auch jährlich zwei neue Saris aus Baumwolle zu. Das war allgemein üblich. Morgen wollte Sen deshalb zum Markt gehen und solche Kleidungsstücke für diese Frau aussuchen.

Durch Sen lernte Julia damals auch die schönen Stadtteile dieser Millionenstadt Kalkutta kennen, die sauber und gepflegt waren und durch viel Grün, viele Bäume und große Parkanlagen herrliche Erholung boten. In einem solchen Distrikt stand sein Haus, das auf vier Etagen von der gesamten Familie bewohnt wurde.

Eines Nachmittags unternahm Julia alleine einen Ausflug zum Botanischen Garten. Den Rückweg wollte sie gerne per Taxi machen, denn es war sehr heiß geworden. Schon vor ihrem Reiseantritt hatte sie gelernt, dass man besser erst nach einem festen Pauschalpreis fragen solle, bevor man einstieg. Der Fahrer nannte ihr einen Betrag, den er haben wollte – nach Julias Erinnerung waren es zwölf amerikanische Dollar.

So viel?!

Julia schüttelte lachend den Kopf und erklärte ihm, dass sie höchstens acht Dollar zu zahlen bereit war, doch der Taxifahrer beharrte auf Zwölf.

Da zuckte Julia ihre Schultern, drehte sich um und begann, die lange Straße am Park entlang zu Fuß zu laufen. Sie war aber nur etwa dreißig Meter weit gekommen, als das Taxi neben ihr anhielt. Der Fahrer schien zwar leicht verärgert, dass sie sich nicht hatte über den Tisch ziehen lassen, doch er rief ihr zu, acht Dollar wären nun doch o.k....

Mit dem Taxi, das – mangels einer Klimaanlage - mit offenen Fenstern wieder in den Verkehrstrubel der Innenstadt zurück fuhr, kam Julia noch einmal vorbei an einem unsagbar kläglichen Anblick von Zuständen, die sich zuhause im fernen Deutschland niemand vorstellen konnte. Vor den Häuserwänden waren zeltartig alle Arten von Planen gespannt, unter denen komplette Familien auf dem Bürgersteig ihren Platz im Leben eingenommen hatten. Deren gesamtes Familienleben spielte sich dort ab, in aller Öffentlichkeit. Ihren Lebensunterhalt konnten sie nur als Tagelöhner oder durch Betteln verdienen. Sie klopften an den Verkehrsampeln an die Scheiben der Fahrzeuge, die bei Rot dort halten mussten, um den Autofahrern und den Fahrgästen einige Kleinigkeiten feil zu bieten oder ihre Dienste als Fensterputzer anzubieten.

Wasser, das wichtigste Element überhaupt, bekamen diese Ärmsten der Armen von Pumpbrunnen, die auf öffentlichen Plätzen aufgestellt waren. Dort putzten sie sich die Zähne mit einem Stückchen Sandelholz, dort wuschen sie ihre Wäsche und auch sich selbst, indem sie sich voll bekleidet unter diesen Wasserschwall stellten, der in Kopfhöhe sprudelte, wenn einer den Hebel bediente.

Auch ihre Notdurft mussten diese Menschen auf der Straße verrichten, denn öffentliche Toiletten gab es nicht.

Während ihrer Rundreise hatte eine der Teilnehmerinnen, eine ältere Dame, mitten in Neu Delhi plötzlich ein unaufschiebbares Bedürfnis verspürt und eindringlich und nervös die Reiseleiterin gefragt, wo sie denn schnellstens eine Toilette finden könne. Sie befanden sich gerade an dem Ring vor der Mauer des Roten Forts. Die Szenerie war dem Burggraben in Nürnberg ähnlich. Der Graben hatte an dieser Stelle jedoch nur geringe Tiefe und der Abhang war nicht sehr steil.

Die Reiseleiterin sagte der beunruhigten Dame, sie solle hinter die niedrige Mauerabgrenzung steigen, die den Graben um das Fort von der Straße trennte. Dann trommelte sie alle übrigen Reisegäste zusammen und bildete mit ihnen eine Kette, ähnlich wie bei einem Freistoß vor dem Fußballtor. Der ängstlich dreinblickenden älteren Dame erklärte sie, dass sie sich nicht zu genieren brauche, hier sei das ganz normal und kein Mensch würde überhaupt davon Notiz nehmen …

*

In der letzten Woche ihres Aufenthalts in Kalkutta, das Jahrzehnte später nun wieder seinen ursprünglichen Namen Kolkata bekommen hatte, hatte ihr alter Freund Sen dann Julia das Angebot gemacht, dass sie mit seinem engen Geschäftsfreund, Herrn Karmakar, einen Abstecher in die Teeplantagen unterhalb des Himalaya machen könne. Das ‚indische' Englisch von Herrn Karmakar war für Julias Ohren allerdings sehr gewöhnungsbedürftig! Ihre Unterhaltung wäre sehr schwierig und vielleicht einseitig geworden, wenn Julia nicht so fleißig geübt hätte.

Immerhin verschaffte ihr die Vorbereitung zu dieser Kurzreise ungeahnt Einblicke in den indischen Verwaltungsalltag. Auf Flugtickets nach Bagdogra mussten Normalsterbliche nämlich wochenlang warten. Doch es gab Touristen-Kontingente, was in diesem Fall auch für Mister Karmakar von großem Vorteil war. Und so stellte sich Julia in die Warteschlange vor dem Büro, in welchem sie diese Flugtickets beantragen konnte.

Als sie nach einer gefühlten Stunde dieses Büro schließlich betreten durfte und darauf wartete, ein Formular zu bekommen, das sie ausfüllen sollte, fand sie sich plötzlich mitten im 18. Jahrhundert wieder.

Eine Vielzahl schwergewichtiger antiker Schreibtische füllte diesen Raum, und auf den alten Holzschränken, die auch als Zwischenwände fungierten, stapelten sich lose Akten, die – nach welchem System auch immer – durch Schnüre gebündelt und kunstgerecht sortiert waren. Darüber surrten an der Decke dieses Raumes mehrere Ventilatoren, vertrieben die feuchte Hitze und verteilten den Staub der Jahrhunderte gleichmäßig.

Das Flugzeug der Indian Airlines aber, das sie zwei Tage später nach Bagdogra brachte, war modern, obwohl Julia ungläubig staunend beobachtete, dass auch lebende Hühner und anderes Geflügel in kleinen Käfigen als ‚Handgepäck' mit an Bord kamen.

Von Bagdogra weiter nach Siliguri, der größten Stadt in der Teeregion von Darjeeling, fuhren Mr. Karmakar und Julia mit dem Zug. An diesem Verkehrsknotenpunkt legten sie einen Tag Pause ein. Sofort fiel Julia hier auf, dass die Gesichtszüge der Menschen, die an dem kleinen Café an der Ecke vorübergingen, ausgeprägt tibetisch waren.

Doch es gab noch viel mehr zu entdecken in dieser Mischung aus romantischer morbider Kolonialvergangenheit und hartem Lebensalltag. Die vom feuchtwarmen Klima stark in Mitleidenschaft gezogenen Gebäude, die von Engländern hier einmal errichtet worden waren, erinnerten Julia an die Kulissen alter Abenteuerfilme.

Ein paar Straßen weiter waren Kinder im Alter von etwa acht Jahren damit beschäftigt, Kokosfasern in die neu mit rotem Leder bezogene Sitzbank einer Kutsche zu füllen, die später auf der Vorderseite noch mit Ziernägeln zu schließen sein würde. Noch einige hundert Meter weiter bergab brachten in der nun beginnenden Dämmerung einige Fischer ihren Fang aufs Trockene, den sie in dem beschaulichen Fluss geangelt hatten.

Geschlafen hatte Julia in dieser Nacht wenig, denn das einfache Hotelzimmer verfügte zwar über einen Ventilator und Moskitonetze, doch die Hitze, die auch in der Nacht nur wenig nachließ, hinderte sie trotzdem daran, durchzuschlafen. Dann stand das Taxi vor der Tür, das Mr. Karmakar für die Fahrt zur Teeplantage bestellt hatte.

Julia hatte keine Ahnung davon, dass diese Fahrt noch einmal mehr als fünf Stunden dauern würde. Doch die herrliche Landschaft entschädigte für alle Strapazen. Auf dieser langen Autofahrt hatte Mr. Karmakar sehr viele Fragen, denn für ihn war es einfach unvorstellbar, dass eine Frau alleine in der Welt herumfuhr. Eine Frau brauchte doch unbedingt männlichen Schutz!

Er schüttelte ungläubig den Kopf, als sie ihm erklärte, dass sie sich als alleinstehende Frau sehr wohl fühle und in Deutschland wunderbar alleine zu Recht käme. Sie versuchte, Mr. Karmakar klar zu machen, dass so etwas in Deutschland ganz normal war. Doch das passte einfach nicht in seine Weltanschauung, in seine Ordnung. Deutschland musste auf einem anderen Planeten liegen! Das war für ihn eine völlig andere unverständliche Welt.

Die Besitzer der Teeplantage, die Mr. Karmakar besuchte, wunderten sich ebenfalls über diese allein reisende Frau, doch als Gast begrüßte man sie sehr höflich und man führte Julia durch den Teil der Plantage, in dem gerade geerntet wurde.

Am nächsten Tag fuhr sie der älteste Sohn des Plantagenbesitzers dann mit dem Jeep durch das ganze Areal, das riesige Ausmaße hatte. Er erklärte Julia, dass jemand, der hier alleine unterwegs war und eventuell verunglückte oder gar von einer Schlange gebissen wurde, erst nach Tagen gefunden werden könne. Deshalb sei hier niemals ein Mensch alleine unterwegs, und auch die Pflückerinnen, die sich hier gut auskannten, gingen nur in Gruppen.

Von Mr. Karmakars Freunden erfuhr Julia auch, dass der Besitzer einer Teeplantage gegenüber seinen Arbeitern große soziale Verpflichtungen habe. Er sei derjenige, der die Hütten für seine Arbeiter baute, der eine kleine Krankenstation mit Arzt zur Verfügung stellte, und als Dorfvorsteher habe er auch dafür zu sorgen, dass die Kinder seiner Arbeiter eine Schule hatten, in der sie unterrichtet werden konnten. Als Gegenleistung war es selbstverständlich, dass die Kinder seiner Arbeiter später auch wieder seine Arbeiter wurden.

Die Pflückerinnen lieferten am späten Nachmittag pünktlich ihre Ernte ab. Jeder der großen geflochtenen Körbe wurde an einer Federwaage gewogen und das jeweilige Gewicht neben dem Namen der Frau in einem Buch vermerkt. Danach erhielten die Frauen je nach persönlicher Tagesernte ihren Tageslohn.

An jedem neuen Arbeitstag rückten die Gruppen der Pflückerinnen eine Parzelle weiter vor. Sie zupften dabei in Hüfthöhe immer nur die obersten zarten drei Blättchen jeder Pflanze und warfen sie in den langen Korb, den sie auf dem

Rücken trugen. Auf diese Weise wurde dafür gesorgt, dass die Teesträucher immer die gleiche Höhe behielten. Den durchaus nötigen Schatten bekamen Pflücker und Pflanzen von einzeln stehenden hohen Bäumen, die dafür bereits vor Jahrzehnten gut verteilt in der ganzen Plantage gezielt gepflanzt worden waren.

Die tägliche Ernte gelangte sofort in die schalenartigen Metallwannen, die wie industrielle Laufkatzen in Kopfhöhe im Kreis in der ganzen Halle herumfuhren. Durch den Kontakt mit Sauerstoff wurden die Teeblätter langsam dunkler. Sie fermentierten bis zu dem von den Arbeitern gewünschten Grad, bevor sie dann geschnitten wurden.

Sollte es jedoch grüner Tee werden, so wurden die Blätter nicht zum fermentieren herumgefahren, sondern kamen sofort in eine geschlossene Trommel, in der sie zum Trocknen herumwirbelten.

Die kleinen Brösel aber, die beim Schneidevorgang der fermentierten Blätter immer anfielen – als Abfall sozusagen, wie man es Julia erklärt hatte -, waren dann die Füllung für die Teebeutel. Diese enthielten deshalb mehr Gerbsäure als der um ein Vielfaches teurere Tee, den man bei uns dann in unterschiedlichen Sorten und Qualitäten in den Tee-Fachgeschäften bekommen konnte.

Unter diesem Aspekt hatte Julia das noch nie betrachtet.

Unabhängig von den Gewinnspannen des Handels: musste man es nicht - schon wegen des hohen und im wahrsten Sinne des Wortes ‚handwerklichen' Arbeitsaufwands in der Teeplantage – anerkennen, dass wirklich guter Tee durchaus seinen Preis wert war?

Preiswert – hatte dieser Begriff seinen ursprünglichen Sinn verloren?

*

Er hatte mindestens zwei Gesichter.

Und er hatte es fertig gebracht, dass nur seine Kinder davon wussten. Das, was sie später manchmal hilfesuchend über ihn erzählten, wollte keiner glauben – keiner von denen, die Abhilfe hätten schaffen können: die Nachbarn nicht, seine Freunde aus der Sudetendeutschen Landsmannschaft nicht und auch nicht die Jugendfürsorge des Sozialamtes. Keiner bemerkte, dass dieser Mann auch eine sehr problematische Seite hatte.

Hatte er selbst ein unbewältigtes Trauma? Konnte einer, der von seinen eigenen Eltern schon als Kind an einen Zirkus ‚verkauft' worden war, wirklich ein normales Leben führen? Waren seine Eltern froh gewesen, gerade ihn loszuwerden? Da hatte man zuhause endlich wenigstens einen Esser weniger...

Im Zirkus hatte er es bis zum ‚Untermann' in einer sehr bekannten Artisten-Pyramide gebracht und war mit dieser Truppe einmal sogar in Paris im ‚Wintergarten' aufgetreten, ganz in der Nähe des ‚Moulin Rouge'. Entsprechend dieser im wahrsten Sinne des Wortes ‚tragenden' Rolle hatte er eine sehr kräftige untersetzte Statur und sah aus, als ob ihn nichts und niemand umwerfen könne.

Doch der frühe Krebstod seiner Frau hatte ihn in eine Situation gebracht, mit der er völlig überfordert war. Er fing an, mehr als je zu trinken, und tyrannisierte seine Älteste, wenn etwas nicht so lief, wie er es wollte. Doch nicht nur das: er drohte Karin stets damit, dass er ihren kleineren Geschwistern etwas antun würde, dass er die beiden erschlagen würde, wenn sie nicht gehorchte...!

Eines Abends kam sie von einem Kinobesuch nachhause und fand ihre kleine Schwester völlig verstört in einer Ecke kauernd vor, während ihr kleiner Bruder sich unter dem Bett im Schlafzimmer verkrochen hatte, wie Espenlaub zitterte und bitterlich weinte. Doch es gelang Karin nicht, herauszufinden, was vorgefallen war. Beide Geschwister hatten zu viel Angst, etwas zu erzählen, was auch immer das gewesen sein mochte.

Die Nachbarin war empört über eine derart verlogene Geschichte.

Wie konnte diese undankbare Tochter nur so über ihren Vater reden?! Die Sozialarbeiterin der Eisenbahn war darüber ebenfalls unbeschreiblich erbost. Jeder wusste doch, wie hilfsbereit und einsatzfreudig dieser in jeder Hinsicht engagierte Mann war!

Mehrmals im Jahr war er für gute Zwecke mit der Sammelbüchse unterwegs und dabei immer sehr erfolgreich. Er verstand es einfach, die Leute mit humorvollen lockeren Sprüchen und treuherzigem Blick zu einer Spende zu bewegen; für Spenden, die dann vom Bayerischen Roten Kreuz unter anderem dazu verwendet wurden, vielen behinderten Menschen einmal im Jahr einen Urlaub zu ermöglichen, bei dem er wieder seine Freizeit opferte, um die Behinderten als ehrenamtlicher Betreuer zu begleiten.

Und jetzt kam dieses pubertierende Gör daher, behauptete derart schlimme Dinge von ihm und weigerte sich außerdem hartnäckig, ihren Ausbildungsvertrag bei der Bank zu kündigen?! Schließlich waren da doch noch zwei weitere Geschwister, die versorgt und erzogen werden mussten! Die Älteste war jetzt beinahe erwachsen. War es da etwa nicht ihre verdammte Pflicht und Schuldigkeit, die Aufgaben der verstorbenen Mutter zu übernehmen?!

Wie konnte es sein, dass dieses Mädchen nicht gehorchen wollte? Sie bestand starrköpfig darauf, ihre Lehre als Bankkauffrau zu Ende zu bringen.

Was waren das für Flausen? Die sollte man ihr austreiben. Die sollte gefälligst das tun, was ihr Vater von ihr verlangte: einen Mann heiraten, den er schon für sie ausgesucht hatte, in die – von ihm schon angemietete – Nachbarwohnung einziehen und sich dann brav um Mann, Vater und Geschwister kümmern! So gehörte sich das!

Aber Karin spielte nicht mit.

Sie hatte dem Direktor ihrer Firma erklärt, sie habe ihrer Mutter auf dem Sterbebett das Versprechen geben müssen, dass sie ihre Ausbildung unter allen Umständen abschließen würde. Und der Direktor, ein für damalige Verhältnisse ungewöhnlich aufgeschlossen und modern denkender Mann, war davon tief beeindruckt. Er erklärte dem Vater, dass der Ausbildungsvertrag erfüllt werden müsse - und rettete Karin damit ihre berufliche Zukunft.

Karins Vater erkrankte viele Jahre danach schwer. Ein Grund dafür war sicher seine Alkoholsucht gewesen, doch – wie sich erst zu spät herausstellte – vor allem eine falsche Diagnose seines Hausarztes, der ihm deshalb völlig nutzlose Medikamente verschrieben hatte. Die Nebenwirkungen dieser Pillen aber waren tragisch: Karins Vater musste in eine geschlossene Abteilung eingewiesen werden und vegetierte noch Jahre dahin, geistig verwirrt und höchstens auf dem Stand eines Dreijährigen. Zum Schluss hielt ihn nur noch künstliche Ernährung am Leben ...

Am Leben?!? Einer der Ärzte gestand Karin, dass auch er diesen Zustand gerne beenden würde, wenn er es nur dürfte...

Als der Tod Karins Vater dann endlich erlöste, erfuhr sie völlig überraschend, dass es da noch ein paar andere Kinder gab, die auch seinen Namen trugen! Nie hatte er davon erzählt, dass es aus seiner ersten Ehe drei Söhne gab. Nun hatte Karin die heikle Aufgabe, diese unbekannten Halbbrüder über das Ableben ihres Vaters zu informieren. Zu ihrer großen Erleichterung ergaben sich daraus angenehme Gespräche mit diesen neuen Familienmitgliedern. Für einige Jahre blieben die Kontakte bestehen, bis das Interesse wieder abebbte.

Karin und Julia waren dicke Freundinnen, seitdem Julias erste Banknachbarin nach einem halben Probejahr die Handelsschule hatte verlassen müssen. Der frei gewordene Platz neben Julia wurde Karin zugeteilt.

Von Anfang an verstanden sie sich sehr gut und Karin hatte Julia gefragt, ob sie Lust hätte, mit ihr zum nächsten wöchentlichen Treffen ihrer Jugendgruppe zu gehen. Es sei da immer sehr nett, es würde dort auch gebastelt und von Zeit zu Zeit machten sie Wanderungen und Zeltlager.

Julias Eltern kannten Karin inzwischen auch ganz gut und waren deshalb einverstanden. Vermutlich dachten sie sich, dass Julia in Begleitung dieser vernünftigen Freundin dort gut aufgehoben wäre. Da wusste man wenigstens, mit wem sie unterwegs war!

Von da an besuchte auch Julia ziemlich regelmäßig die Falken-Jugendgruppe, die sich in einem gut renovierten uralten großen Fachwerk-Bauernhaus traf, das durch seinen ganz eigenen Charme auf wunderbare Weise zu einer guten Atmosphäre beitrug. Im Erdgeschoß befanden sich große Zimmer, die sich gut für Gruppenaktivitäten anboten, und im Obergeschoß gab es mehrere kleinere Zimmer, die auch Übernachtungsmöglichkeiten boten.

Geburtstage, Fasching und viele andere Festivitäten konnte man dort in dem sehr breiten Hausflur feiern, der vor Jahrhunderten sicher einmal die Hofeinfahrt für das Pferdefuhrwerk gewesen sein mochte. In dem geräumigen Zimmer rechts von diesem Hausflur fanden die Gruppentreffen statt, die in regelmäßigen Abständen auch aus Diskussionen über aktuelle Jugendthemen bestanden, zu denen engagierte Stadträte und Kommunalpolitiker eingeladen wurden.

In den Räumen links vom Hausflur aber residierte Ossi, der als Ingenieur in einer namhaften Firma tätig war, die

Falken-Gruppe leitete und - sozusagen als Hausmeister - das ganze Haus in Schuss hielt. An der Eingangstüre zu Ossis Räumlichkeiten prangte eine naturbelassene Holztafel, in die mit dem Lötkolben die Skizze eines Mannes mit großem Strohhut eingebrannt war, der an einem Tisch unter einer Palme saß, über welcher geschrieben stand: »Joe Brösel, der Erfinder der Brotsuppe«.

In diesen bestens dafür geeigneten Räumen wurde eines Tages auch die Besuchergruppe der Gäste aus Nizza einquartiert; denn Nürnberg hatte eine französische Partnerstadt und diese Gäste für zwei Wochen ein volles Programm. Selbstverständlich fanden auch mit der Falken-Gruppe einige Treffen statt und so kam es, dass Julia bei diesem geselligen Beisammensein mit Musik, gutem Essen und freundschaftlichen Reden sich (auf Englisch) sehr gut mit einigen der jungen Franzosen unterhielt, von denen ihr einer ganz besonders gut gefiel. Umgekehrt schien das auch so zu sein. Die beiden verabredeten sich zu kleineren Privatführungen durch die Geschichte der Stadt und ließen dabei auch so belastete Orte wie das Reichsparteitagsgelände nicht aus. François war ganz Kavalier, und sogar die respektablen Begleitpersonen seiner Gruppe akzeptierten es sehr freundlich, dass Julia auch bei anderen Ausflügen der französischen Gruppe mit dabei war.

Als es für die Gäste aus Nizza an der Zeit war, wieder nachhause zu fahren, da war es für François ganz klar gewesen, dass Julia ihn bald in seiner Heimatstadt besuchen würde. Es galt schließlich schon als fest vereinbart, dass die Falken in Nizza einen Gegenbesuch machen würden, und so hatte Julia eher fröhlich als traurig dem abfahrenden Zug nachgewinkt.

*

Jahrzehntelang war sie felsenfest davon überzeugt, dass sie - damals wie heute - ganz sicher auf der ‚richtigen' Seite gestanden hätte, auf der Seite der ‚Guten'. Etwas anderes war überhaupt nicht möglich, war für sie einfach unvorstellbar.

Doch je älter sie wurde, je öfter sie Berichte las, Filme sah, Erzählungen von Zeitzeugen hörte, desto häufiger kamen ihr Zweifel. Hätte sie damals wirklich die richtige Haltung gehabt, hätte sie das bei all den Bedrohungen durchgestanden? Hätte sie selbst für christliche Nächstenliebe und Gerechtigkeit ihren Kopf riskiert?

Mit Entsetzen dachte sie darüber nach, ob es denkbar wäre, dass auch sie sich hätte manipulieren lassen. Dass auch sie aus Furcht den Kopf eingezogen und weggeschaut hätte. Oder sogar aus Überzeugung?

Welches Umfeld hätte damals ihre Gedanken beeinflusst? Und in welche Richtung?

Wieder einmal dankte sie aus vollem Herzen diesem Allmächtigen Allwissenden mit Beklommenheit dafür, dass es ihr durch die »Gnade der späten Geburt« erspart geblieben war, sich entscheiden zu müssen, sich bekennen zu müssen, auf wessen Seite man stand. Hätte sie damals wirklich das Rückgrat gehabt, sich gegen dieses Verbrecher-Regime zu stellen? Hätte sie es wirklich in Kauf genommen, selbst deswegen verhaftet und verurteilt zu werden?

Gottseidank war sie nicht in eine solche Situation gekommen...

Julia erinnerte sich daran, dass sie einmal ein altes Anwesen in Fürth zu verwalten hatte, das von einer schon betagteren Hausmeisterin betreut wurde. Die alte Dame hatte ihr erzählt, dass Henry Kissinger mit seiner Familie im Haus gleich nebenan gewohnt hatte. Ein frecher Bub sei das gewesen, der den Leuten ständig dumme Streiche spielte, und einmal habe er ihr sogar einen Ziegelstein an den Kopf geworfen – weshalb, das sagte sie nicht...

Henry Kissinger, der freche Lausbub aus Fürth, hatte es bis zum Außenminister der Vereinigten Staaten von Amerika gebracht. Die Hausmeisterin aber saß noch immer in dem alten Haus in der kleinen Gasse in Fürth und bestellte monatlich einmal eine Spezialfirma, die dann die Fäkaliengrube leerte.

*

Von ihrem Balkon aus konnte das Schulkind Julia jeden Tag den älteren Mann beobachten, der mit seinem kleinen Hund, einem Terrier-Mischling, am Alten Kanal spazieren ging. Er war klein, von untersetzter Statur, trug stets einen Hut und hinkte. Deshalb hatte er auch einen Gehstock. Manchmal begegnete sie ihm auf dem Nachhauseweg von der Schule. Er grüßte immer freundlich zurück, wenn sie freudestrahlend »Hallo«! rief, wartete, bis sie seinen Hund gestreichelt hatte und ging dann weiter.

Sie dürfe nie mit einem Fremden mitgehen, hatte die Mutter ihr eingeschärft. Das hatte Julia durchaus verstanden. Weshalb sie das nicht sollte, wusste sie zwar nicht genau, hatte aber auch nicht nach dem Grund gefragt und machte sich darüber weiter keine Gedanken.

As sie den dickeren kleinen Mann mit seinem Hund wieder einmal traf, hatte sie gerade ihre Hausaufgaben erledigt und nun jede Menge Freizeit. Deshalb spazierte sie einfach neben den beiden her und stellte plötzlich fest, dass sie schon im Biergarten der großen Gastwirtschaft angekommen waren. Dort stellte der Mann der seinen Gehstock an die Kante eines Tisches, setzte sich und fragte Julia freundlich, ob sie denn auch gerne eine Kartoffelsuppe essen möchte. Überrascht und erfreut sagte Julia ‚Ja' und setzte sich ihm gegenüber. Der Mann bestellte zweimal Kartoffelsuppe, Julia plauderte und plauderte und streichelte den Hund, der einen kleinen Napf mit Wasser bekommen und sich geduldig zu ihren Füßen niedergelassen hatte.

Die Kartoffelsuppe schmeckte wunderbar. Während Julia noch daran löffelte, sah sie sich ein wenig an den Nachbartischen um und erkannte plötzlich zu ihrem Schreck, dass da zwei Tische neben ihnen eine Dame saß, die sie kannte: Tante Elise! Blitzartig fiel Julia dabei wieder ein, dass sie doch nicht mit einem Fremden hätte mitgehen dürfen. Sie hätte sich jetzt gerne schnell versteckt, doch es war schon zu spät, die Tante hatte sie gerade erkannt und winkte freundlich herüber. Da musste sie natürlich zu ihrer Tante an den Tisch gehen und diese begrüßen. Danach durfte sie wieder zurück zu ihrer Suppe.

Die Tante hatte nicht weiter nachgefragt, mit wem sie da unterwegs war und Julia hatte ihr nur erzählt, dass sie mit dem Hund spazieren gegangen war. Aber einige Tage später wusste das dann schließlich auch Julias Mutter, denn die hatte ihre Schwester in der Innenstadt getroffen. Es folgte die zu erwartende Standpauke und Julia bekam für eine ganze Woche Hausarrest. Dabei war dieser Hundebesitzer für sie doch gar kein Fremder, sie traf ihn doch beinahe jeden Tag! War die Mutter etwa nur deshalb so misstrauisch, weil der Mann hinkte?

Den Hund streichelte Julia nach diesem Ereignis immer noch gerne, doch sie ging nur noch einige wenige Schritte mit den beiden und kehrte dann schnell wieder um.

Julia liebte Hunde. Sie liebte auch Katzen und überhaupt alles, was da so »kreuchte und fleuchte«, also kroch oder herumflog, ob das nun Eidechsen waren, Käfer oder Vögel. Sie liebte es schon immer, alle diese unterschiedlichen Kreaturen zu beobachten. Selbst vor Ratten oder Mäusen hatte sie keinerlei Angst. Weshalb auch?

Spinnen waren zwar nicht unbedingt ihre Lieblingstiere, doch Julia hatte auch sie immer wieder mit Interesse beobachtet. Die Jungs aus der Nachbarschaft hielten manchmal einen Weberknecht an seinen langen Beinen fest und rannten damit den Mädchen nach, die dann kreischend davonliefen. Doch Julia hatte überlegt, dass an diesen langen dünnen Spinnen eigentlich nichts gefährlich sein konnte, wenn die Jungs diese Insekten in der Hand hielten, und sie hatte es mit etwas Herzklopfen ausprobiert, auch einen solchen Weberknecht anzufassen. Sie griff nach diesem dünnen Beinchen – und hatte es in der Hand, ganz ohne Spinne! Die hatte ihr Bein ‚aus verteidigungsstrategischen Gründen' einfach abgeworfen und war geflüchtet. Das tat Julia sehr leid, denn sie hatte die Spinne ja nicht beschädigen wollen. Aber wie konnte es sein, dass die Jungs die Spinne festhalten konnten? Julia beschloss, das nächste Mal nach zwei Beinchen zu greifen und – hatte Erfolg!

An einem schönen Sommertag, an dem sie mit ihrer Mutter »Hollerschtraibälä«, diese herrlich duftenden Holunderblüten, gepflückt hatte, liefen sie beide auf dem Heimweg an der Uferböschung des Alten Kanals entlang. Julia erinnerte sich noch gut daran, dass plötzlich in Windeseile etwas großes Dunkelbraunes über ihren Fuß rannte und blitzschnell im Gebüsch verschwand. »Pass' auf, eine Ratte!« hatte ihre Mutter entsetzt gerufen, aber da hatte sich die Bisamratte, dieses pelzige Nagetier, schon längst in seinem Versteck in Sicherheit gebracht. »Oh!« war alles, was Julia vor Überraschung sagen konnte. Aber sie sagte das nicht in erschrockenem Tonfall, sondern überaus erstaunt, und sie hätte dieses possierliche Tier gerne länger als zwei Sekunden betrachtet.

Warum hatte ihre Mutter Angst vor so einem kleinen Pelztier?

In der Kriegszeit, so erzählte ihr die Mutter später, war sie eines Tages bei Bekannten auf die Toilette gegangen. In diese Toilette hatte sich genau zu diesem Zeitpunkt auch eine Ratte verirrt, und weil sie sich, wie alle Leute, vor Ratten fürchtete, nahm sie einen Zimmerbesen und wollte die Ratte damit erschlagen. Kein Wunder, dass dieses Tierchen sich bedroht sah, als es mit dem großen Besen in eine Ecke getrieben wurde. Es war in seiner verzweifelten Lage ganz plötzlich hochgesprungen, hatte kurz zugebissen und dann einen Fluchtweg gefunden.

Julias Mutter saß der Schreck über diese ‚Begegnung der anderen Art' offenbar noch immer in den Knochen. Doch Julia konnte die Todesangst der kleinen Ratte gut verstehen, und diese von allen Leuten übelst beschimpften, gefürchteten und verachteten Tierchen taten ihr sehr leid.

Jahrzehnte später hatte Julia Zeit, Geld und Gelegenheit gehabt, um sich eine lange Rundreise durch Indien leisten zu können. Dort lernte sie, dass man nicht nur Kühe, sondern auch Ratten zu »heiligen Tieren« erklären konnte; denn eine Ratte war das »Reittier« des sehr beliebten hinduistischen Gottes Ganesha, des elefantenköpfigen Sohnes von Gott Shiva. Ratten verkörpern Intelligenz und Stärke. Und deshalb gab es in Indiens Hauptstadt Neu-Delhi mitten in der Altstadt einen großen Park, in dem jeden Abend pünktlich um siebzehn Uhr viele Hindus zusammenkamen, um die große Schar der dort lebenden Ratten zu füttern.

So wollte Julia es nun zwar auch nicht übertreiben, aber: so konnte man es eben auch sehen.

War das nicht alles nur eine Frage des Standpunkts?

Es gab ja sogar Hunde, die sich die Zähne putzen ließen! So einen Hund hatte Julia als kleines Mädchen gekannt. Das war ein Scotch-Terrier-Weibchen, hieß Druxa und gehörte der

Nachbarin ihrer Großmutter. Druxa schleckte für ihr Leben gerne Pudding - natürlich aus ihrer hundeeigenen Puddingschüssel. Und wenn sie diese Schüssel blitzsauber ausgeschleckt hatte, dann stellte sie sich vor ihr Frauchen und ‚bleckte' die Zähne. Das war die Aufforderung, dass Frauchen ihr jetzt bitte die Zähne putzen sollte, was Frauchen auch gerne und gründlich tat - mit einer Zahnbürste und Zahnpasta, selbstverständlich!

Eines Tages stolperte die kleine Julia über eines von Druxas Hundespielzeugen und... fiel prompt mit ihrem Gesicht mitten hinein in Druxas Puddingschüssel! Die wollte aber keinesfalls auf ihren geliebten Pudding verzichten, und deshalb schleckte sie der noch auf dem Boden liegenden Julia fleißig das Gesicht wieder sauber. Darüber hatten sich Julia, ihre Mutter und Druxas Frauchen dann halb totgelacht, und die kleine Terrier-Dame hielt ihren Kopf schief und wunderte sich mit großen Knopfaugen über diesen plötzlichen Heiterkeitsausbruch der Zweibeinerinnen!

*

Genauso verwundert hatte Kater Sindbad sie beobachtet, als sie mit einem zum Schlag erhobenen Pantoffel im schmalen Zugang zur Speisekammer stand und nun schon zum x-ten Male daneben geschlagen hatte – die Maus war einfach immer schneller als sie!

Sindbad hatte sie von seiner Jagd mit nach Hause gebracht und beim Spielen im Flur dann entwischen lassen. Verblüfft hatte Julia dabei zugesehen, wie diese kleine graue Maus sich flach wie ein dünner Pappkarton unter dem kleinen

Türspalt zur Speisekammer durchgeschoben hatte und darin verschwunden war.

Doch in der Speisekammer konnte diese Maus unmöglich bleiben. Die würde dort alles anknabbern und sich in diesem Schlaraffenland häuslich niederlassen! Da half alle Tierliebe nichts: die Maus musste gefangen werden. Aber wie?

Nun saß der grau getigerte Kater also in der geöffneten Türe und sah seinem Frauchen dabei zu, wie es vergeblich versuchte, diese flinke schlaue Maus aus jedem neuen Versteck aufzustöbern und im Vorbeihuschen mit dem Pantoffel zu treffen.

‚Na, sooo würde das heute nichts mehr werden', dachte sich der Kater wohl nach einiger Zeit geduldigen Abwartens, und als die freche Maus wieder einmal an der Wand entlang in Richtung Türe rannte und Julias Pantoffelschlag dabei knapp entwischt war, schlug Sindbad kurz entschlossen einmal mit seiner Katzenpfote zu – und die Maus war erledigt.

Sindbad, - der einmal ein Seefahrer hätte werden sollen, wenn es nach den Vorstellungen ihres Mannes gegangen wäre und Herbert sich eine eigene Segeljacht hätte leisten können, - war ein wunderbarer Kater! Er, der eigentlich ein Hauskater gewesen war, war nun sehr gerne Freigänger, doch nach seinen Beutezügen kam er gerne in Frauchens Bett und kuschelte sich neben ihren Füßen oder rollte sich auf dem Kissen direkt neben ihrem Kopf ein, genüsslich und zufrieden schnurrend.

Als sie ihn aus dem Tierheim in Neumarkt mit dem Transportkorb zu sich nach Hause gebracht hatten, da war er gemächlich und mit hoch erhobenem Schwanz vom Flur gleich in die Küche stolziert, hatte den Futternapf beschnuppert und zu erkennen gegeben: Hier gefällt es mir!

Sehr einsam war er gewesen - er, der einjährige Kater in einem Heer von süßen Katzenbabys, die im Tierheim herumwuselten. Julias Sohn Chris hatte natürlich unbedingt eines dieser drolligen hübschen Kätzchen haben wollen, doch Julia war sofort der graue Kater aufgefallen, der über diesem Meer von Katzenkindern auf dem obersten Brett eines Katzenbaumes lag und sehr traurig dreinblickte. Die Pflegerin hatte ihr erklärt, dass dieser Kater zusammen mit seiner Schwesterkatze abgegeben worden war, weil die Leute umgezogen waren und dort im neuen Heim keine Katzen mehr haben durften. Die Schwesterkatze war vor einigen Tagen schon an andere Leute vermittelt worden und nun war dieser Kater der einzige übriggebliebene ‚Erwachsene'.

»Den nehmen wir«, sagte Julia zu ihrem Sohn, der gleich dagegen protestierte, weil die kleinen Kätzchen alle ja so allerliebst waren. Doch Julia wollte diesen großen grauen Kater. Es war Liebe auf den ersten Blick.

Sie erklärte ihrem Sohn, dass die kleinen Katzen ja auch sehr bald schon genau so groß sein würden wie es dieser Kater jetzt war. Und bis dahin würde so eine kleine Katze sehr viel zerkratzen, umwerfen und kaputt machen. Solche Befürchtungen brauchten sie bei dem ausgewachsenen Kater nicht zu haben. Julias Mann Herbert sah das genauso, und so holten sie den großen grauen Kater am nächsten Tag ab und Julia nannte ihn ‚Sindbad', weil er ja vielleicht bald schon mit ihnen zusammen auf einem Boot unterwegs sein würde.

Aber aus dem Boot wurde nichts, denn Herberts Segelträume zerbrachen an seinen finanziellen Realitäten. Stattdessen schaukelte Sindbad lieber in dem großen Hängekorb neben dem Kaminofen, wenn Julia nicht gerade selber darin saß.

Und wenn es Sindbad nicht gegeben hätte, dann hätte Julias ihren Entschluss, sich von Herbert zu trennen, vielleicht schon viel früher in die Tat umgesetzt. Doch sie konnte sich nicht vorstellen, den geliebten Kater alleine in diesem Haus zurück zu lassen - was eines ferneren Tages dann aber schließlich doch so kommen musste. Bis dahin sorgte der graue Tigerkater dafür, dass sie sehr viel Freude mit ihm hatte, und Chris bekam in seinem Zimmer unter dem Dach auch jeden Tag Katzenbesuch. Hätte Julia allerdings damals schon gewusst, dass Katzen viel stärker an ihren Bezugspersonen hängen als an ihrer Umgebung, ja dann …

Wenn Julia abends kleinere Spaziergänge machte, dann lief Sindbad vor und neben ihr her, verschwand kurz in dem einen oder anderen Nachbargarten und kam mit ihr wieder nach Hause zurück. Diese Angewohnheit hatte er sich wahrscheinlich deshalb zugelegt, weil Julia ihn eine Woche nach seinem Einzug mit Halsband und Leine nach draußen geführt hatte – jeden Tag ein paar Minuten und ein paar Meter mehr, so lange, bis sie davon überzeugt war, dass er seine Umgebung kennengelernt hatte und seinen Weg nach Hause jetzt sicher alleine finden würde.

Es hatte Julia unendlich traurig gemacht, als sie das alles hinter sich lassen musste. Doch eines Tages war der Punkt gekommen, an dem sie Nägel mit Köpfen machte. Ihren Sohn Chris hatte sie schon darauf vorbereitet. Sie hatte ihn gefragt, ob er sich vorstellen könne, die nächste Zeit vorübergehend bei seinem Vater zu wohnen, bis sie eine passende Wohnung gefunden habe. Er solle Bernd fragen, ob dieser damit einverstanden wäre, denn schließlich hatte der ja auch wieder eine neue Familie.

Als Chris dann freudestrahlend seine Sachen gepackt und im Dachboden bei Bernd eingezogen war, da war ihr das Herz sehr schwer geworden. Hatte sie alles falsch gemacht?

*

Das sonnige Büro lag im ersten Obergeschoß und hatte Platz für drei Schreibtische. An einem davon saß Julia und telefonierte mit Mietern, Hausmeistern und Handwerkern, erteilte Aufträge, prüfte Regiescheine und bearbeitete Handwerkerrechnungen. Ihre Kollegen Friedrich und Michael beschäftigten sich mit ähnlichen Tätigkeiten und führten außerdem auch Wohnungsabnahmen durch, wenn Mieterwechsel anstanden.

Zu den meistbeschäftigten Handwerkerfirmen zählten naturgemäß Elektriker, Sanitärfachleute und Malerbetriebe, mit denen Julia deshalb häufig telefonisch in Kontakt stand, deren Chefs manchmal aber auch kurz im Büro vorbei kamen, wenn Klärungsbedarf bestand. Einer davon kam immer im weißen Arbeitsmantel, so dass man ihn beinahe für einen Arzt hätte halten können.

Natürlich wurde nicht nur über Geschäftliches geredet, man erzählte sich manchmal auch persönlichere Geschichten und tauschte flapsige Sprüche oder auch Witze, die neuerdings bei einigen seltsam getakteten Damen wohl als ‚sexistisch' verbucht und geahndet werden würden; aber Julia kannte solcherlei Spielarten schon von Jugend an, lachte darüber und konnte sehr entspannt damit umgehen. Meistens hatte sie schlagfertig passende Antworten parat.

Seit Julia von Herbert weggezogen war, konnte sie endlich auch ihre starken Verspannungen auskurieren, die ihr schon sehr lange immer wieder heftige Kopfschmerzen verursacht hatten. Zuerst war sie von einem Physiotherapeuten behandelt worden, der während der beiden ersten Massagen, nach langer Bestrahlung mit Rotlicht, große Vorsicht walten ließ. Danach hatte sie die Empfehlung eines Filmberichtes aufgegriffen und sich über die Volkshochschule bei einer Bauchtanz-Lehrerin eingeschrieben. Über das Ergebnis dieser ‚Lockerungsübungen' war sie nach einem Jahr dann so begeistert, dass sie es ihren Kollegen bei einem Betriebsausflug sogar auf der Bühne vorführte. Sie hatte nämlich erfahren, dass die dazu ebenfalls eingeladenen Kollegen aus Deutschland-Ost den Auftritt einer Kindergruppe eingeplant hatten, die fröhliche Lieder trällern würden und sich gedacht, dass man da doch nicht einfach nur so rumsitzen sollte...

Mit einem Augenzwinkern überlegte sie schmunzelnd, ob sie den Antrag, den sie danach spontan von einem der Anwesenden bekam, vielleicht doch hätte annehmen sollen?!? Es war ein Heizungsmonteur aus dem brandneu wiedervereinten Teil der Republik...

Einige Wochen nach ihrer Trennung von Herbert hatte die Nachricht über dieses Ereignis offenbar nicht nur im Kollegenkreis, sondern auch bei den meisten Handwerkern die Runde gemacht.

Als um die Mittagszeit das Telefon klingelte und Julia den Hörer abhob, vernahm sie deutlich eine unverwechselbare prägnante Stimme, die - ohne sich zu erkennen zu geben - sagte: »Ich möchte gerne einmal auf Ihrem Flugplatz landen«.

Wie aus der Pistole geschossen erwiderte Julia in festem Ton: »Geschlossen wegen dichten Nebels!« und legte wieder auf. Verdutzt sahen ihre beiden Kollegen, die nur ihre Antwort gehört hatten, zu ihr herüber. Doch Julia tat, als ob nichts gewesen wäre und fuhr mit ihrer Arbeit fort.

Friedrich und Michael sahen immer noch sehr erstaunt drein und konnten sich keinen Reim machen auf die Worte, die sie soeben vernommen hatten. Dann schüttelte Michael langsam den Kopf, zuckte mit seinen Schultern und wandte sich ebenfalls wieder seiner Arbeit zu.

Keiner der Kollegen traute sich, bei ihr nachzufragen. Der ominöse Anrufer übrigens auch nicht...

Typisch männliche Verhaltensmuster, kam es Julia spontan in den Sinn. Kaum hatte eine Frau keinen Partner mehr, schien sie so etwas wie ‚vogelfrei' zu sein, aber nicht nur für ebenfalls ‚freie' Männer, was ja völlig normal war, sondern auch für vorgeblich brave Ehemänner, die offenbar Abwechslung suchten.

Doch so etwas hatte Julia im Augenblick wirklich nicht nötig – im Gegenteil, was sie jetzt brauchte, waren Gespräche mit fachkundigen Beratern. Die Trennung von Herbert lastete doch schwerer auf ihr, als sie sich selbst eingestehen wollte. Außerdem war wenige Monate nach dieser Trennung auch völlig überraschend noch Julias Vater gestorben. Eigentlich hatte sie geplant gehabt, gemeinsam mit ihm und mit Chris in eine barrierefreie Wohnung zu ziehen, damit sie sich um ihn hätte kümmern können. Aber nun war plötzlich alles anders.

Sie hatte sich deshalb zu Therapiegesprächen bei einer jungen Therapeutin angemeldet und sagte: »Ich wollte schon wieder frei sein, aber so viel Freiheit auf einmal wollte ich eigentlich nicht«.

Im Verlauf dieser Therapiegespräche stellte diese Therapeutin wenig später fest: »Sie sind sehr streng mit sich selbst«. Und als Julia davon erzählte, dass die Baufirma, zu der ihr Noch-Ehemann gewechselt hatte, pleite gegangen war und er deshalb nun arbeitslos sei, weshalb sie ihn finanziell im Augenblick geringfügig unterstütze, da fragte die Therapeutin: »Glauben Sie denn, dass sie noch immer für ihn verantwortlich sind«?

Von dieser Frage war Julia total überrascht. Sie zögerte etwas mit ihrer Antwort, überlegte einige Zeit, wie berechtigt doch diese Frage tatsächlich war und sagte dann: »Nein, Sie haben vollkommen Recht! Er ist ein erwachsener Mensch und selbst verantwortlich für das, was er tut«.

Da erst konnte sie wirklich befreit durchatmen.

*

Wie spitze Nadeln aus Eis peitschte Julia der heftige Wind den Schnee ins Gesicht. Es fühlte sich bitterkalt an und es schmerzte ein wenig, so als ob sie gepiekt würde, aber sie stapfte tapfer neben ihrem Vater weiter durch die bald schon nächtliche Winterlandschaft am ‚Alten Kanal'. Mit der Zeit wurden ihre Wangen rot und eiskalt. Da band der Vater ihr sein Halstuch vor Mund und Nase und machte wieder kehrt.

Trotz des eisigen Windes hatte Julia diesen abendlichen Marsch durch das Schneegestöber herrlich gefunden, denn die vielen weiß verschneiten Bäume waren in der beginnenden Dunkelheit für sie wie ein Märchenwald, und der Schnee unter ihren Füßen knisterte bei jedem Schritt.

Dieser Ausflug der beiden hatte ihrer Mutter nur die Zeit verschaffen sollen, die sie brauchte, um den Christbaum zu schmücken und darunter das Puppenhaus aufzustellen, das der Vater für Julia gebaut hatte.

Sie staunte nicht schlecht, als sie - reichlich durchgefroren - nach ihrem Vater das Wohnzimmer betrat, in dem sich im Grunde beinahe das ganze Familienleben abspielte; denn die Wohnung bestand nur aus zwei kleinen Zimmern, einem sehr kleinen Bad und einer engen Küche, in der neben dem Küchenbuffet und dem Kochherd gerade noch Platz für einen Esstisch war, der gleichzeitig auch als Arbeitstisch diente.

Dieser Tisch hatte ein ausziehbares Untergestellt, in dem zwei große emaillierte Schüsseln eingehängt werden konnten. Darin bereitete Julias Mutter die Sonntagsklöße zu - aus rohen geriebenen Kartoffeln, aus welchen zunächst die Flüssigkeit mittels eines groben Leinentuches ausgewunden wurde und die dann mit durchgepressten gekochten Kartoffeln gemischt wurden. In diesen Kartoffelteig steckte Gunda dann dünne kleine gelbe Stäbchen und zündete diese oben an. Das war Schwefel und roch sehr merkwürdig, aber ihre Mutter sagte, das müsse sein, denn dadurch bliebe der Kloßteig schön weiß.

Weil nun Weihnachten war, stand in der kleinen Küche jetzt auch wieder dieses riesengroße, beige lackierte rohrförmige Ungetüm mit dem schwarzen langen Elektrokabel, das sonst das ganze Jahr über auf dem Dachboden abgestellt war. In dieses runde Riesenrohr kam jedes Jahr die Weihnachtsgans, denn Julias Mutter behauptete noch immer, in der Bratröhre des Gasherdes würde die Gans lange nicht so gut gelingen.

Zu Julias großer Überraschung hatte das Christkind, an das sie damals schon nicht mehr glaubte, diesmal nicht nur das Puppenhaus wieder gebracht, sondern auch noch einen wunderschönen Kaufladen, in dem Julia sogar hinter der Theke stehen konnte. Vati war ein Zauberer! Wie viel Arbeit er sich damit gemacht hatte!

Sie war begeistert von den vielen kleinen Schächtelchen, Schokostückchen und Marzipankartoffeln, die in den kleinen Regalen und Schublädchen lagen. Nun fehlten nur noch die Leute, die bei ihr einkaufen würden. Aber wer sollte das sein?

Vati nahm sich dafür ein paar Minuten Zeit, dann auch Mama, aber danach…? stellte Julia alle ihre Puppen und Teddybären in Reih und Glied hintereinander auf und ‚bediente' einen ‚Kunden' nach dem anderen. Die schöne neue Registrierkasse klingelte, wenn sie auf den richtigen Knopf drückte und dabei ging die Geldschublade auf, in der es Papierspielgeld und kleine Plastikmünzen gab. Wieviel der Teddy bezahlen musste, konnte sie auf den Schildchen im Fenster ganz oben sehen, wenn sie vorher die passenden Tasten gedrückt hatte.

So lange die Schulferien dauerten, durfte sie sich mit dem Puppenhaus und dem Kaufladen beschäftigen, doch dann kam das alles wieder gut verpackt auf den Dachboden – bis zum nächsten Weihnachtsfest.

Auf dem Dachboden benötigte Julias Vater auch Platz für die Kiefern- und Tannenzapfen, die sie jedes Jahr im Herbst gemeinsam aus dem Wald nach Hause brachten. Mit dem Fahrrad fuhren sie damals in die Wälder der Umgebung und banden große Jutesäcke mit den eingesammelten Zapfen auf ihre Gepäckträger. Den Inhalt dieser Säcke schüttete der Vater dann auf dem Dachboden aus, damit die Zapfen trocknen sollten. Die brauchten sie für den schwarzen Zimmerofen, der im Wohnzimmer stand, damit man sie darin mit zerknülltem Papier anzünden und dann Eierkohlen und danach Briketts darauf legen konnte.

Julia konnte sich noch daran erinnern, wie sorgfältig sie damals beim Leeren des Aschekastens darauf achten musste, dass nichts von dem Inhalt daneben fiel. Sie wusste noch, dass vor diesem kleinen ‚Kanonenofen' auf dem Holzfußboden ein gehämmertes schwarzes Blech befestigt war, damit das Holz nicht Feuer fangen konnte, falls einmal etwas Glühendes aus dem Ofen herausfallen würde.

Diese Befürchtung musste sie in dem Haus, in dem sie viele Jahre mit Herbert wohnte, nicht haben. Da gab es Ölheizung. Aber das war eine Schachtheizung mit nur einer Brennstelle zwischen Flur und Wohnzimmer, von welcher ein Luftverteilerschacht nach oben ins Schlafzimmer und ein anderer nach der Seite zum Bad abzweigte. Die Klappen dieser Schächte konnte man je nach Bedarf öffnen oder schließen. Doch gerade im Bad kam so wenig von der Wärme an, dass Julia zusätzlich noch einen elektrischen Heizstrahler über dem Waschbecken anbrachte, damit sie im Winter dort nicht frieren musste.

Herbert hatte dieses alte Haus schon angemietet, als Julia noch mit Bernd verheiratet war. Als sie sich damals dann in Herbert verliebte, den sie an ihrem Arbeitsplatz kennenlernte, hatte sie sehr lange mit sich gekämpft, was sie tun sollte. Die Entscheidung war ihr verdammt schwer gefallen und hatte sie viele schlaflose Nächte gekostet; doch sie hatte schon seit langer Zeit vorher eine lähmende Langeweile empfunden. Genau betrachtet war es eigentlich eher die völlig normale Tagesroutine, in der Julia für sich aber keine Perspektive erkennen konnte. Die Frage, die sie sich damals selbst gestellt hatte, lautete: »Mein Gott, und das soll nun alles Tag für Tag immer so weiter gehen - zwanzig, dreißig Jahre und mehr«? Ob und was sie selbst zu dieser vermeintlichen Langeweile beigetragen hatte, diese Frage stellte sich für sie damals nicht.

Julia wollte sich weiterentwickeln, andere Dinge kennenlernen, und auch mehr von der weiten Welt, von der Herbert so begeistert erzählen konnte.

Dass Herbert ein Schaumschläger war, ahnte sie damals noch nicht. Er sprach über antike Ausgrabungsstätten, über Literatur, Geschichte und Gedichte. Julia schrieb selbst heimlich Gedichte und sie hätte gerne jemanden gehabt, mit dem sie darüber reden könnte. Ihrem Bernd vertraute sie dieses Thema nicht an.

Sie hatte eine unbestimmte Angst davor, dass er sie vielleicht nur auslachen, sie nicht verstehen würde. Bernd war ein überall beliebter, ernsthafter, zuverlässiger und sehr humorvoller Mann, dem seine Familie sehr am Herzen lag. Aber Gedichte? Schwermütige noch dazu?

Herbert dagegen las selbst Gedichte. Er spielte auch Klavier und sang melancholische Lieder aus Schuberts Zyklus ‚Eine Winterreise'.

Aus einem ihr selbst unerklärbaren Grund empfand Julia zu dieser Zeit häufig Schwermut und Weltschmerz. War das eine Spielart von Depression? Darüber hatte sie bis heute noch nie nachgedacht. Außerdem hörte sie im Radio gerne solche Schlager und Lieder, die sehr nachdenkliche Texte hatten und von Abschied sangen.

Worte aber haben Wirkung, setzen sich in den Gedanken fest. Traf das alles damals einfach nur zufällig so zusammen?

An dem Tag, an dem sie Bernd verließ, rief sie bei Bernds Freunden an, die in der Nähe wohnten und bat sehr darum, sie sollten sich in der nächsten Zeit etwas mehr um ihn kümmern, damit er keine Dummheiten machte.

Auf Unterhalt für sich verzichtete sie, denn schließlich legte sie schon immer größten Wert darauf, sich selbst ernähren zu können, und außerdem hatte sie ja einen Job - wenn auch vorläufig halbtags. Auf Notbedarf verzichtete sie ebenfalls: Das besprachen sie beide in gegenseitigem Einvernehmen. Nur der Unterhalt für den gemeinsamen Sohn und das Besuchsrecht waren zu regeln ... freundschaftlich und problemlos. Wie viele andere Paare gab es, die das auch so hinbekamen?

Mit Herbert hatte sie bis dahin nur eine zwar sehnsüchtige, aber platonische Liebe verbunden. Sie ahnte noch nicht, dass sie auch mit ihm keine echte Erfüllung finden würde. Vielleicht war sie sich dabei selbst im Weg? Vielleicht fehlte es aber auch nur an der richtigen Kommunikation? *Dieser* Weg würde noch lange dauern - derjenige, der ihr endlich die richtigen Fragen stellte, kam erst spät.

War das nach der sexuellen Revolution, die Oswald Kolle damals in den Siebzigern ausgelöst hatte, überhaupt noch möglich? Aufklärung - das war doch die Sensation, das Schlagwort gewesen!? Aufklärung - worüber? Über biotechnische, biochemische Vorgänge?

Wer sprach über Gefühle? War das nicht immer noch ein Tabu - damals wie heute? Hatte die christliche Kirche ‚fleischliche Lust' denn nicht als Sünde abgestempelt ...?

Wie viele Väter waren nicht in der Lage, ihren Söhnen Tipps zu geben, was eine Frau glücklich machte - weil sie es selber nicht wussten? Wie viele Frauen hatten sich nie getraut, darüber zu reden?

*

Manchmal bedauerte Julia, dass sie es nie gewagt hatte, sich anderen voll anzuvertrauen. Vielleicht wären einige ihrer Entscheidungen anders ausgefallen... - oder aber auch nicht!? Jedenfalls war es nicht leicht, sich bei Diskussionen mit sich selbst zu widersprechen. Fehlte da doch einiges an Objektivität? Aber konnte es die überhaupt geben?

Was wäre, wenn ... wie es in einem solchen Fall des Falles weitergegangen wäre, konnte das irgendjemand wissen?

Die Entscheidungen, die sie dann nach langen Überlegungen traf, bedeuteten logischerweise, mit den Konsequenzen zu leben – und mit dem schlechten Gewissen, das im einen oder anderen Fall zwangsläufig nicht ausbleiben konnte.

Hätte, könnte, sollte, müsste, wäre – was auch immer: es war so, wie es war, und es war gut so.

Trotzdem stellte sie sich nun spontan die Frage, wie es eigentlich kommen konnte, dass sie zwar in ihrem Berufsleben viele Menschen auf Anhieb durchschauen konnte; dass sie aber im Privatleben immer erst sehr spät »auf des Pudels Kern« gekommen war, den richtigen Durchblick schaffte, obwohl es meistens schon vorher ganz klare und nicht zu übersehende Tatsachen gab, die sie allem Anschein nach jedoch - mit der sprichwörtlichen rosa Brille - großzügig übersehen hatte.

Hatte sie diese Dinge etwa gar nicht wahrnehmen wollen? Egal – das war nun alles längst schon Schnee von gestern...

Schnee! Ein wunderbares, ruhiges, sonnenbeschienenes Bild erschien bei diesem Wort vor ihren Augen, ein unendlich weiter Blick, der von einem Berg über verschneite Baumwipfel hinweg bis hinunter ins Tal glitt. Klare Luft strömte dabei in ihre Lungen und in ihrer Vorstellung atmete sie tief und befreit. In Gedanken ließ sie ihren Blick über ein Meer von glitzernden Schneekristallen streifen, die die Sonnenstrahlen reflektierten – so strahlend, wie sie auch auf diesem herrlich blauen Meeresspiegel dort unten in der weiten Bucht glitzerten.

Skifahren hatte Julia lernen dürfen. Dafür war ihr Vater extra eine Woche mit ihr nach Österreich gefahren und hatte den Teenager in einen Skikurs gesteckt. Prompt hatte sie sich damals insgeheim in den Skilehrer verliebt, wie das in diesem Alter sicher ganz normal war. Der war aber keiner dieser Draufgänger, sondern ein integrer höflicher Mann und hatte das vielleicht gar nicht bemerkt. Doch es hatte ihr sicher Ansporn gegeben, sich bei den Übungsschwüngen nicht allzu dumm anzustellen.

Beim Abschluss-Slalom schaffte sie es tatsächlich, den zweiten Platz zu belegen und bekam dafür eine silberne Ski-Anstecknadel. Bei dem anschließenden ‚Umtrunk' und dem Ausklang dieses letzten Abends lief ihr dann immer wieder ein ziemlich betrunkener junger Schwede über den Weg und ihr auch nach, der ständig vor sich hin rief:»Oh, it's so terrible!« Und dabei drängte er sie schließlich dazu, einen Gegenstand von ihm anzunehmen, der offensichtlich ein verbeulter alter Schöpflöffel war. Sie hatte keine Ahnung, ob und wo der Schwede dieses seltsame Souvenir geklaut hatte, doch es war dekorativ, und lange Zeit hing es Jahre später dann in ihrer Küche an der Wand.

Ski gefahren war sie danach zwar zuhause am Rothenberg noch einige Male, aber so richtig sicher hatte sie sich damals nicht dabei gefühlt. Erst viele Jahre später, als sie mit ihrem Ehemann Bernd und ein paar Bekannten für zwei Tage einen Privat-Skilehrer gebucht hatte, machte es ihr plötzlich richtig Spaß. Nun hatte sie auch keine Angst mehr davor, einen etwas steileren und hügeligen Hang hinunter zu fahren.

Früher hatte sie an solchen Hängen eine Ewigkeit gebraucht, um den ‚Einstieg' zu finden und an irgendeiner Stelle dann endlich doch loszufahren.

Was doch ein paar Stunden privaten Einzelunterrichts alles bewirken konnten! Vielleicht hätte sie den auch auf anderen Gebieten nehmen sollen?

*

Verwundert öffnete sie den blauen amtlichen Umschlag und stellte fest, dass er einen Widerspruch enthielt. Ihr Ex-Mann widersprach darin der Forderung über 10.000 DM, die sie mit Mahnbescheid gegen ihn geltend gemacht hatte. Doch die Begründung, die Herbert dazu abgab, verschlug ihr zunächst einmal für einen kurzen Moment die Sprache. Dann aber lachte sie schallend, ja, sie bog sich geradezu vor Lachen und rief schließlich in den leeren Raum hinein: »Jetzt hast du endlich deine Maske fallen lassen! Jetzt weiß ich, dass mein Vater doch Recht hatte«!

Zehntausend Deutsche Mark, das waren die Schulden, die Herbert bei der Bank hatte, als sie zu ihm zog. Angeblich war das die Summe, die ihn die Scheidung von seiner Edeltraud gekostet hatte. Julias Eltern hatten ihm diese Summe zum Ausgleich seines Kontos dann gegeben – gegen einen Schuldschein zu Julias Gunsten. Diese Schuld hatte sie mehr als zwei Jahre nach ihrer Trennung dann bei ihm eingefordert. Herberts Widerspruch lautete: »Das war mein Anfangskapital für die Eheschließung«.

Doch das hielt auch der Richter für einen Witz, und er verurteilte Herbert zur Rückzahlung dieser Summe. Weil Herberts finanzielle Situation nicht allzu gut war, gestand Julia ihm Ratenzahlung zu, einhundert Mark monatlich. Einige

Jahre kamen diese Raten pünktlich und regelmäßig. Doch dann blieben sie aus, eine Erklärung von Herbert dafür ebenfalls.

Diesmal beauftragte Julia einen Rechtsanwalt damit, die Restschuld einzufordern; denn sie hatte ja einen vollstreckbaren Titel. Aber sie erhielt die Nachricht, dass Herbert bereits längst einen Insolvenzantrag gestellt hatte. Bis zu diesem Zeitpunkt war es ihm gelungen, Schulden in der stolzen Höhe von vierhunderttausend Mark anzuhäufen! Julia verschlug es die Sprache. Wie hatte er das gemacht?

Eigentlich hätte sie es sich denken können: Herbert hatte mehrere Eigentumswohnungen gekauft, die er dann aber offensichtlich nicht zu der für ihn notwendigen Miete an den Mann bringen konnte. Und weil er deshalb seine Hypothekenraten nicht bezahlen konnte, war es zur Zwangsversteigerung gekommen.

Wie er diese Wohnungen überhaupt ankaufen konnte? Weshalb ihm die Banken dafür Geld gegeben hatten, obwohl er keine Sicherheiten bieten konnte?

Herbert hatte sich von seiner neuen Ehefrau, einer Philippinin, die einen Arbeitsplatz in einem Supermarkt vorweisen konnte, eine ‚Generalvollmacht' unterschreiben lassen. Damit hatte er – auch im Namen seiner Frau (die davon angeblich gar nichts wusste) – dann die nötigen Kredite bekommen.

Wäre sie selbst auch darauf hereingefallen?

»Der Mann ist ein ‚Wolf im Schafspelz'«, hatte ihr Vater zu ihr gesagt. Vorausgegangen war ein Zornesausbruch von Herbert, der sich in Anwesenheit von Julias Vater über eine flapsige Antwort von Julias Sohn Chris geärgert hatte. Julia hatte ihrem Vater beschwichtigend erwidert, das sei doch eigentlich ganz harmlos und er müsse nicht so übertreiben.

»Hat er dich etwa schon einmal geschlagen?«, fragte der Vater hartnäckig weiter, aber Julia verneinte diese Vermutung sofort – und erinnerte sich an den zweiten Tag ihrer Urlaubsreise des vergangenen Jahres. Sie waren mit dem Auto unterwegs gewesen nach Otranto, der Hafenstadt am Stiefel Italiens. Dort wollten sie die Fähre nehmen, für die sie schon von zuhause eine Überfahrt nach Korfu gebucht hatten. Übernachtet hatten sie in Lecce, Herbert, Julia und Chris.

Entspannt und etwas melancholisch hatte Julia rund um das kleine Hotel die Menschen beobachtet, die von der Arbeit nach Hause gingen in ihre sauberen kleinen Häuser mit hübschen Gärten. Manche trugen Einkaufstaschen und gingen zu Fuß, andere fuhren mit dem Roller an ihr vorbei. Julia stellte sich vor, wie diese Menschen jetzt ihre Partner und wohl auch ihre Kinder begrüßten und sich dann zum gemeinsamen Abendessen an einen hübsch gedeckten Tisch setzten.

Sie dachte darüber nach, dass Menschen auf der ganzen Welt diese Gemeinsamkeiten hatten: ihre Familien, ihre tägliche Arbeit, von der sie lebten und die sie mehr oder weniger erfüllte, und ihre Träume - von Glück, von einem besseren Leben für sich, vor allem jedoch für ihre Kinder.

Zufrieden mit sich und der Welt war Julia schlafen gegangen, zufrieden hatte sie mit Chris und Herbert gefrühstückt und zufrieden und gleichzeitig erwartungsvoll war sie dann losgefahren, weiter in Richtung Otranto.

Dann hatte Herbert sie am Steuer abgelöst.

Die Straße verlief an der Küste entlang. Links lag der Strand und an der rechten Straßenseite parkten unendlich viele Autos. Dazwischen überquerten Männer, Frauen und Kinder in Badekleidung diese Straße. Doch Herbert fuhr kein Schritttempo, und Julia krallte sich an ihrem Sitz fest und hielt beinahe den Atem an in der Erwartung, gleich würde etwas

Schreckliches passieren. Aber es geschah nichts, Herbert hatte Glück – und alle Badefreudigen auch.

In Otranto angekommen, hatten sie das Auto im Fährhafen geparkt und waren dann auf die Suche nach einem netten Restaurant gegangen. Heute musste keiner von ihnen mehr fahren, und so tranken sie zum Abendessen Wein. Der Wein löste Julias Anspannung, die sie während der ganzen Fahrt gefangen gehalten hatte, und als sie auf dem Weg zurück zum Fährhafen waren, machte sie Herbert den Vorwurf, dass er an diesem Strandabschnitt zu viel riskiert habe und viel zu schnell gefahren sei. Als Herbert das bestritt, gab es einen heftigen Wortwechsel und zornig schmetterte Julia daraufhin ihre Umhängetasche zu Boden. Da gab ihr Herbert eine Ohrfeige.

Julia hielt eine Sekunde inne. Dann sah sie ihn fest und herausfordernd an und sagte ganz langsam und ruhig: »Ich bin *nicht* die Edeltraud – ich bin die, die zurückschlägt!« Und genau in diesem Moment hatte sie das auch schon getan.

Verdutzt und sprachlos stand er da, als Julia ihre Tasche aufhob, ihren Sohn an der Hand nahm und wortlos ging. Wohin, das wusste sie noch nicht. Was sie nun tun sollte, auch nicht. In ihrem Kopf drehte sich ein ganzes Karussell aus Gedanken.

Gab es in Otranto eine deutsche Vertretung, ein Konsulat? Wenn ja, dann war um diese Zeit sicher niemand mehr dort anzutreffen. Es war jetzt Wochenende. Sie wäre gezwungen, für sich und Chris ein Zimmer zu nehmen. Das hätte sie mit dem, was sie gerade in ihrem Portemonnaie hatte, vielleicht gerade noch bezahlen können, aber was würden Zugfahrkarten nach Deutschland kosten?

Und wollte sie das überhaupt? War die ganze Szene nicht einfach lächerlich?

Sie setzte sich mit Chris an der Pier auf eine Bank, versuchte, ihm den Vorfall so psychologisch verständlich wie möglich zu erklären und plauderte mit ihm dann über Belangloses, betrachtete den Sonnenuntergang und atmete tief durch ...

Nach einer Weile hatte Julia auf die Uhr gesehen und festgestellt, dass die Fähre in einer halben Stunde abfahren würde. Da war sie mit ihrem Sohn langsam zum Parkplatz zurückgegangen und hatte das Auto nach den Anweisungen des Personals auf das Parkdeck gefahren. Dann hatte sie sich zusammen mit Chris und Herbert auf das Personendeck der Fähre begeben und dort einen geeigneten und möglichst windgeschützten Platz gesucht, denn die Überfahrt würde die ganze Nacht dauern.

Über den hässlichen Vorfall hat keiner auch nur ein Wort gesprochen, und der Urlaub auf dem Campingplatz neben der Segelschule wurde ein schönes Erlebnis.

In dem großen alten Olivenbaum vor ihrem Zelt gab es mindestens drei Stockwerke, in denen Eidechsen, Käfer, Zikaden und Hornissen wohnten. Die Hornissen wohnten in der dritten Etage. Sie brummten laut im Vorbeifliegen, waren aber völlig harmlos und belästigten auch beim Grillen vor dem Zelt nie, im Gegensatz zu den Wespen, die mit ihren kleinen, aber wirkungsvollen Beißwerkzeugen von den abgenagten Knochen der Koteletts eifrig noch so manches Stückchen Fleisch abknabberten, so schwer, dass sie es gerade noch schafften, damit zu starten.

Juli beobachtete sie schmunzelnd dabei und gab ihrem Sohn Chris den Rat, nie nach den Wespen zu schlagen, aber immer erst jeden Bissen auf der Gabel genau anzuschauen, bevor er ihn sich in den Mund schieben würde und auch sein Getränk zu kontrollieren, ob vielleicht schon eine Wespe darin schwamm.

Diese Kontrolle war auch allabendlich am Imbissstand des Campingplatzes notwendig, denn die Wespen liebten Pommes frites.

Die Insel war nicht sehr groß. Es genügte ein Wochenende ohne Segelkurs, um alle Ortschaften zu erkunden. Sie fuhren querfeldein über staubige Sandstraßen, durch abgelegene kleine Dörfer, in denen beinahe über jedem Hauseingang Weinreben hingen. Eine dürre alte Frau mit zerknittertem Gesicht kutschierte, hoch auf dem Kutschbock sitzend, auf einem sehr schmalen Weg eine beladene Eselskarre an ihnen vorbei. Julia hatte die Frau freundlich gegrüßt und die rief etwas zurück, das für Julia klang wie „Xerete" oder „Cherete", und weil das faltenreiche verwitterte Gesicht dieser Frau grimmig wirkte und nur schwer zu deuten war, wollte sie unbedingt wissen, ob das vielleicht eine Beschimpfung gewesen sein sollte. Doch mit Hilfe ihres kleinen Wörterbuches fand sie dann heraus, dass die alte Frau ihnen nur ein »Servus«! zugerufen hatte.

Chris hatte die Gelegenheit bekommen, jeden Tag mit dem längst erwachsenen Sohn des Segellehrers selber in einer kleinen Jolle segeln zu dürfen. Das machte ihm durchaus Spaß, und mit den beiden Enkelkindern des Lehrers kam er auch gut klar. Julia übte derweil fleißig vormittags die Praxis des Segelns unter den Anleitungen des Lehrers und nachmittags unter den Anweisungen von Herbert, der schon längst seinen Segelschein B besaß, bald auch den C-Schein machen wollte und schon davon träumte, Kapitän zur See zu sein. Er bewunderte den berühmten Einhandsegler Rollo Gebhard, dessen Vorträge sie schon besucht hatten, und Herbert hätte gerne genau wie dieser auch eine Weltumseglung gemacht, am liebsten schon morgen…

Den Theorie- und Praxis-Test für die A-Schein-Prüfung und den Binnen-Motorbootführerschein bestand Julia. Doch auf einem Segelboot war sie danach nur noch ein einziges Mal, als Herbert einen Überführungstörn für die nagelneue Segelyacht eines Architekten durchführte, zu dem auch ein sehr netter Arbeitskollege mit Segelerfahrung und ein Segler-Ehepaar aus Herberts Zeit in München eingeladen waren.

Während dieser zwei Wochen auf See setzten und rafften sie Segel, wechselten sich am Ruder und in der Kombüse ab, genossen die herrliche blaue Weite des Meeres und den leisen Gesang des Windes in den Wanten, brachten vor dem Anlegen im Hafen die Fender aus, warfen Anker und befestigten die Taue an den Bollern. Der Törn ging von La Spezia vorüber an Viareggio nach Calvi auf Korsika, dem ersten Ziel ihrer Reise. Interessiert besuchte Julia dort die gewaltige Festung, die auf dem Felsen thronte. Der Speisesaal der Garnison war prunkvoll dekoriert mit Rüstungen und Waffen aller Art aus vielen Jahrhunderten. Ein junger Deutscher mit sächsischem (oder thüringischem?) Akzent begleitete sie auf ihrem Rundgang und erzählte, auf welchen verschlungenen Wegen er vor einigen Jahren zur Fremdenlegion gekommen war, welchen Tagesablauf sie hier pflegten und wie hoch sein monatlicher Sold war.

Sie hörte ihm aufmerksam zu und fragte oft nach. Insgeheim aber war Julia erschüttert darüber, dass dieser junge Mensch sich im Grunde genommen vollkommen heimatlos fühlte.

Am nächsten Morgen segelten sie weiter bis zur Hauptstadt Ajaccio, dann weiter nach Bonifacio, La Maddalena und Porto Vecchio, wieder hinauf bis nach Bastia und danach endete dieser Segeltörn nach einer urplötzlich sehr ungemütlich gewordenen Überfahrt auf schäumenden Wellen, die nur noch unter Motor möglich war, bei stürmischer See und bei Windstärken von Sechs bis Acht schließlich im Hafen von Portoferraio auf Elba.

In diesen zwei Wochen, die sie zum größten Teil sehr genießen konnte, hatte Julia jedoch herausgefunden, dass sie für ein Zusammenleben auf so engem Raum nicht die geeignete Teilnehmerin war, denn die Fragen und die sicher gut gemeinten Ratschläge der anderen Frau an Bord gingen ihr nach wenigen Tagen unbeschreiblich auf die Nerven. Julia war deshalb doch froh und erleichtert, als dieser Törn beendet war.

Wie viel psychologisches Training mochten wohl dreißig Jahre später die Astronauten in der ISS hinter sich bringen, um dort nicht irgendwann aufeinander los zu gehen?

Auf Julias Segeltörn hatte ihr zumindest der Landgang im Hafen spätestens am Abend täglich ein Ventil verschafft, doch ein Ausstieg aus der Raumstation ... aus Raum und Zeit?!

*

Aus Raum und Zeit wäre sie auch 1991 beinahe gefallen, als sie damals mit der Maschine aus Kalkutta (Kolkata) am frühen Abend in Bombay (Mumbai) landete. Zwar verging geraume Zeit, bis Julia endlich ihr Gepäck in Empfang nehmen konnte, doch ihr Rückflug nach Deutschland würde erst um Fünf Uhr morgens starten! Wohin in der Zwischenzeit? Sie durchquerte die riesige Halle dieses Flughafens und kam schließlich resigniert zu der Erkenntnis, dass sie wohl die ganze Nacht in einer möglichst ruhigen Ecke auf ihrem Koffer sitzen müsse.

Dasselbe hatten sich offensichtlich auch schon viele andere Reisende gedacht, die vor dem gleichen Problem standen und sich dort, verstreut über eine beachtliche Fläche, schon mehr oder weniger häuslich eingerichtet hatten. Seufzend gesellte sich auch Julia dazu. Sie fand einen

Platz neben einer noch sehr jungen Frau, die mit dem Rucksack unterwegs war und mit der sie schon kurz darauf ins Gespräch kam. Als sie angeregt mit dieser Australierin darüber plauderte, dass es in dem ganzen Flughafen nirgendwo eine andere bequemere Aufenthaltsmöglichkeit gab, beteiligte sich nach einigen Minuten auch ein junger Mann aus Schweden an dieser Unterhaltung. Sie stellten gemeinsam fest, dass es eine sehr ungemütliche Nacht werden würde, obwohl sie alle Schlaf dringend nötig hätten.

Da fragte Julia, ob sie nicht zusammen ein Zimmer in dem Hotel nehmen wollten, das in größerer Entfernung von der Halle aus zu sehen war. Die beiden überlegten gar nicht lange und nahmen diesen Vorschlag freudig an. Sie beschlossen, mit dem Taxi dorthin zu fahren, erklärten dann dem freundlichen Herrn an der Rezeption ihren Zimmerwunsch und bekamen tatsächlich ein freies Zimmer mit großem Bett. Dann teilten sie sich den Zimmerpreis, fuhren mit dem Aufzug in die siebente Etage und stellten alle Drei ihre Gepäckstücke im Zimmer ab. Von dort genossen sie noch einmal einen herrlichen Blick auf die Millionenstadt Bombay bei Nacht, zogen ihre Schuhe aus und legten sich - sehr ermüdet von den vorangegangenen Stunden - voll bekleidet nebeneinander in das große Hotelbett.

Da jeder einzelne von ihnen zu einer anderen Uhrzeit wieder aufstehen musste, hatten sie - jeder für sich - ihre kleinen Reisewecker gestellt, sich dann noch reihum eine Gute Nacht und alles Gute für die Heimreise gewünscht und die Augen zufallen lassen. Richtig fest und tief geschlafen hatte wohl keiner von ihnen, doch alleine schon das bequeme Bett sorgte dafür, dass sie sich ausgeruht fühlen konnten.

Der Erste, der sich leise wieder auf die Socken machen musste, war der junge Schwede. Sein Flugzeug würde schon um Drei Uhr starten. Eine halbe Stunde danach klingelte auch Julias Wecker. Sie warf noch einmal einen kurzen lächelnden

Blick auf die schlafende Australierin und trug dann ihren Koffer auf Zehenspitzen aus dem Zimmer.

Am Check-in-Schalter erwartete sie jedoch eine unangenehme Überraschung: sie sollte zweihundertdreißig Dollar nachbezahlen - für Übergepäck!

Übergepäck? Julia überlegte, wie das sein konnte. Dann fiel ihr ein, wie viele Souvenirs sie in diesen fünf Wochen Indien gekauft hatte. Da war einiges zusammengekommen – einschließlich des herrlichen königsblauen Saris mit der Goldstickerei. Der alleine hatte angesichts der Stoffmenge schon Gewicht! Aber zweihundertdreißig Dollar... hatte sie jetzt nicht mehr.

Sie erklärte der jungen Dame hinter dem Schalter sehr selbstbewusst, dass ihr ganzes Barvermögen noch einhundertzwanzig Dollar betrage, und wenn das nicht ausreiche, dann wäre es ihr egal, was die Fluggesellschaft mit dem Koffer machen würde.

Die junge Dame bat um etwas Geduld, ging in das Büro ihres Chefs und kam erst nach etwa fünfzehn Minuten wieder zurück. Freundlich lächelnd sagte sie Julia, dass die Sache mit einhundertzwanzig Dollar erledigt wäre, Julia bezahlte den Betrag und konnte endlich einchecken.

Die Bahnfahrt von Frankfurt nach Nürnberg war bereits im Reisepreis enthalten, so dass Julia, die am späten Abend endlich in Nürnberg am Hauptbahnhof angekommen war, nur noch eine Fahrkarte für die Straßenbahn benötigte. Dafür hatten die fünf DM, die sich noch in ihrer Geldbörse befanden, gerade noch ausgereicht ...

»Wenn einer eine Reise tut, dann kann er was erzählen!«

Mit diesem Gedanken war Julia - nach der weiten Rundreise durch so viele Erinnerungen - auf der Terrasse ihres Hotels im fernen Thailand zu weit vorgerückter Stunde wieder in der Gegenwart angekommen. Noch immer etwas versonnen, ließ sie nun entspannt alle ihre Rückbesinnungen mit zufriedenem Lächeln ausklingen.

Schon wieder triefnass vom Pool zurückgekommen, hatte Hannes sich gerade abgetrocknet und neben sie auf die Liege gesetzt. Mit aufforderndem Seitenblick fragte er, ob sie jetzt vielleicht doch endlich auch eine Kleinigkeit essen wolle. Es war in der Zwischenzeit bereits Abend geworden. Immer noch gedankenverloren sah Julia ihn an. Dann aber nickte sie lachend, seufzte tief, stand schwungvoll auf und warf ihr glockiges Strandkleid über.

In einem der Hotels in der gegenüberliegenden blauen Bucht wurde sicher schon wieder eine der vielen chinesischen Hochzeiten gefeiert, denn von dort flogen hunderte Lampions wie leuchtende Lichtpunkte strahlend hell in den nachtblauen Himmel, schwebten federleicht immer höher und es sah beinahe so aus, als würden sie schon bald die Sterne berühren. War das ein gutes Zeichen?

Auch Hannes, der eigentlich eher Unromantische, war nun leise neben sie getreten und beobachtete mit ihr fasziniert dieses funkelnde Schauspiel. Sanft legte er seinen Arm um sie und hielt zärtlich ihre Hand.

War sie endlich angekommen?

***

Inhalt

Der Ausblick, ...11

Ganz sicher fehlte ihr..20

Noch heute war Julia ziemlich fassungslos 24

Katzen hatte Julia 35

»Ich denke gerade an so viele Ereignisse 40

Seine Mutter wusste bis heute nichts 42

Sie konnte sich gar nicht mehr daran erinnern 44

Zumindest im Sommer 51

Ich habe ihm nie eine Chance gegeben«, ...55

Die Frage, die sich Julia … aufdrängte 58

Im Vorwort zu Walters Lyrikband 62

»Kurze Geschichte Böhmens und Mährens« 65

Julias Vater 70

Julias Großmutter 73

In dieser kleinen Küche...79

Mit den Tugenden und Fähigkeiten......................................82

Spätestens an dem Tag..87

Mit sehr gemischten Gefühlen 92

Die Schwägerin rief an...97

Für diesen Sonntag 99

Kunigunde und Theodor 107

Henriette genoss diesen herrlichen Sonnentag 109

Ihre Lehrzeit hatte Henriette	114
In seiner schlesischen Heimat	116
Von ihrer direkten Nachbarin	119
Als junges Mädchen	124
Schon als Junge	126
Bereits einige Jahre vor Kriegsbeginn	127
Diese Frage hatte	134
Ihre Berufswahl stand an	138
Diesmal also	143
Auch die Freunde und Kameraden	147
Der kleine Herbert im fernen München	151
Einen kleinen Hund	155
Vier Mal am Tag	165
»In der Zitadelle von Besançon...«,	168
In drei Minuten würde ihr Zug fahren	173
Sie sah das Flammeninferno	179
Sehr verehrte Anwesende,	181
FRAGEZEICHEN	189
Doch auch das war Walter:	189
Ein immer lauter werdendes Motorengeräusch	209
In der letzten Woche	218
Er hatte mindestens zwei Gesichter	223
Jahrzehntelang war sie felsenfest davon überzeugt	228

Von ihrem Balkon aus 229
Genauso verwundert 233
Das sonnige Büro 237
Wie spitze Nadeln aus Eis 240
Manchmal bedauerte Julia 245
Verwundert öffnete sie 247
Aus Raum und Zeit 254

Die auf den Seiten 57 bis 66 verwendeten Zitate wurden auszugsweise entnommen aus:

- »Der nationale Diskurs unter Einfluss von Kriegspropaganda, Kirche und Folklorismus – Zur Entwicklung serbischer Selbstwahrnehmung«
  von *Srdjan Petkovic,*
  (s)eine von der Fakultät für Gesellschaftswissenschaften der Universität Duisburg-Essen, Standort Duisburg, genehmigte Dissertation (zur Erlangung des Dr. phil.)

- »Das LOS der deutsch-tschechischen Nachbarschaft«
  »Kleiner Spiegel der gemeinsamen Geschichte über zwölf Jahrhunderte« (Beitrag zur Wiederherstellung der guten Nachbarkontakte), nach ältern und neueren historischen Quellen zusammengestellt
  von ThDr. Jiři Otter

- »Flucht und Vertreibung«
  Detlef Brandes (1938-1950) in:
  Europäische Geschichte Online (EGO)
  hg. vom Institut für Europäische Geschichte (IEG), Mainz 2011-02-09.
  URL: http://www.ieg-ego.eu/brandesd-2011-de
  URN: urn:nbn:de:0159-20101025367 [JJJJ-MM-TT]:

- »Kurze Geschichte Böhmens und Mährens«
  von Johann Neudert

- »Leg' nicht dein Ohr auf die Gleise«
  Ausschnitte aus dem *Vorwort* von
  Manfred Schwab, Autor aus Gräfenberg

Weitere Taschenbücher von Jutta Jarosch:

Walter Zahorka
Biografie eines Zugvogels aus dem Böhmischen
Segelflieger, Fallschirmspringer, Journalist,
Lyriker und Aktivist
 (Titel der Erstausgabe 2017:
 „Nürnberg liegt in Tschechien")
150 Seiten
13,90 €

ISBN: 978-3-9826030-4-9

NACHT mitten am Tag
Politische Erinnerungen eines Nicht-Politikers
Autor: Vu Thu Hien
Neubearbeitung der 2001 von
Le Bach gefertigten Übersetzung
aus dem Vietnamesischen
607 Seiten
23,99

ISBN: 978-3-9826030-0-1

Jutta Jarosch

Walter
Zahorka

Biografie
eines Zugvogels
aus dem Böhmischen

Warum Nürnberg eigentlich in Tschechien liegt

Jutta Jarosch hat eine Biografie des Schriftstellers Walter Zahorka vorgelegt und ein Buch von Vu Thu Hien übersetzt

Vor 13 Jahren starb der Wahl-Nürnberger Schriftsteller Walter Zahorka (1933–2005). Jetzt erinnert ein kleines Buch an den Autor, der 1969 aus seiner Heimat fliehen musste.

„Nürnberg liegt in Tschechien" heißt die Biografie, die Jutta Jarosch aus Texten und Erzählungen ihres verstorbenen Mannes zusammengestellt und im Eigenverlag herausgebracht hat.

Walter Zahorka, am 21. November 1933 im böhmischen Tschistei bei Rakonitz geboren, hatte Marxistische Philosophie studiert und war ein begeisterter Anhänger von Alexander Dubcek und seiner Vision eines „Sozialismus mit menschlichem Antlitz". Nach dem Ende des Prager Frühlings und dem Einmarsch der sowjetischen Truppen floh Zahorka 1969 mit seiner Familie nach Deutschland und landete schließlich in Nürnberg.

Hier machte er sich bald einen Namen als Interpret der verbotenen tschechoslowakischen Literatur. Immer wieder engagierte sich der „heimatlose Poesie-Pilot" für politische und soziale Ziele. Zum Beispiel protestierte er 1983 mit einer Fahrrad-Tour durch ganz Europa gegen die Besetzung seiner Heimat. Er war als Vorsitzender der Regionalgruppe Nürnberg des Verbandes Deutscher Schriftsteller (VS) aktiv und arbeitete in den letzten Jahren viel für die Obdachlosen-Zeitung Straßenkreuzer.

Der Titel der Biografie bezieht sich auf ein Gedicht von Walter Zahorka: „Nürnberg liegt in Tschechien / Ein Nürnberger bin ich / Stolz trage ich in meiner Brusttasche/ einen Pass / mit der Aufschrift „Ceska Republika" /

Meine Hauptstadt / heißt Straßburg." Neben Gedichten enthält das Bändchen persönliche Anekdoten, Notizen und Erinnerungen.

Vietnamesischer Kollege

Durch Walter Zahorka lernte Jutta Jarosch im Jahr 2001 auch den vietnamesischen Autor Vu Thu Hien kennen, der damals im Rahmen des PEN-Programms „writers in exile" in Nürnberg weilte. Vu Thu Hien, der 1933 in Hanoi geboren wurde, verbrachte während der kommunistischen Diktatur in Vietnam ohne Urteil neun Jahre in Lagerhaft. Auf Zigaretten- und Bonbonpapierchen hielt er seine Erfahrungen und Beobachtungen im Lager fest. Diese Notizen bilden die Grundlage für seinen erschütternden Tatsachenroman „Nacht mitten am Tag", den Jutta Jarosch jetzt neu übersetzt hat. STEFFEN RADLMAIER

Aus seinen Texten, Gedichten und Notizen hat Jutta Jarosch eine kleine Biografie gestrickt: Der 2005 gestorbene Wahl-Nürnberger und Schriftsteller Walter Zahorka, der sich als „heimatloser Poesie-Pilot" gesehen hat. Foto: Karlheinz Daut

ⓘ Walter Zahorka/Jutta Jarosch: Nürnberg liegt in Tschechien. Biografie eines Zugvogels. 142 Seiten, 8,55 Euro.
Vu Thu Hien: Nacht mitten am Tag. Politische Erinnerungen eines Nicht-Politikers. 607 Seiten, 16 Euro.

Vu Thu Hien

NACHT
mitten am Tag

Politische
Erinnerungen eines
Nicht-Politikers

Thematik des Buches:

Ein freundlich lächelnder Mann hält einen Fahrradfahrer an, um ihn etwas zu fragen, und nur wenige Augenblicke später findet sich dieser Radfahrer in einem Auto der geheimen Staatspolizei wieder, das ihn in ein geheimes Gefängnis bringt und für die nächsten neun Jahre ohne Prozess oder Urteil in Umerziehungslagern verschwinden lässt. Die Lebensumstände dort sind unvorstellbar. Nur durch eiserne Disziplin und Körpertraining schafft er es, zu überleben. Viele seiner Leidensgenossen haben nicht so viel Glück. Der totalitäre Staatsapparat entledigt sich seiner Oppositionellen.

Vu Thu Hien hat die leidvolle Erfahrung gemacht, dass sich in Vietnam nach dem Sieg von Ho Chi Min die Methoden seiner Nachfolger denen des großen Nachbarn China angepasst haben.

Jutta Jarosch

*

> *Dieses Buch ist ein verspäteter Blumenkranz, ein zusätzliches Räucherstäbchen auf dem Grab all der unglücklichen Opfer einer dunklen Periode, jener unglückseligen Menschen, die die Wiederherstellung der Gerechtigkeit nicht mehr erleben können.* <

Vu Thu Hien

Printed by Amazon Italia Logistica S.r.l.
Torrazza Piemonte (TO), Italy